·北京师范大学史学探索丛书·

儒学近代之境
——章太炎儒学思想研究

张昭军 著

北京师范大学出版集团
BEIJING NORMAL UNIVERSITY PUBLISHING GROUP
北京师范大学出版社

图书在版编目(CIP)数据

儒学近代之境：章太炎儒学思想研究/张昭军著．—北京：北京师范大学出版社，2011.5
（北京师范大学史学探索丛书）
ISBN 978-7-303-12098-7

Ⅰ．①儒… Ⅱ．①张… Ⅲ．①章太炎（1869～1936）-儒家-哲学思想-研究 Ⅳ．① B259.25

中国版本图书馆 CIP 数据核字（2011）第 016416 号

营销中心电话	010-58802181 58808006
北师大出版社高等教育分社网	http://gaojiao.bnup.com.cn
电子信箱	beishida168@126.com

出版发行：北京师范大学出版社 www.bnup.com.cn
　　　　　北京新街口外大街19号
　　　　　邮政编码：100875

印　　刷：	北京联兴盛业印刷股份有限公司
经　　销：	全国新华书店
开　　本：	170 mm × 230 mm
印　　张：	18
字　　数：	252千字
版　　次：	2011年5月第1版
印　　次：	2011年5月第1次印刷
定　　价：	38.00元

策划编辑：李雪洁	责任编辑：李雪洁　王　雪
美术编辑：毛　佳	装帧设计：毛　佳
责任校对：李　菡	责任印制：李　啸

版权所有　侵权必究
反盗版、侵权举报电话：010-58800697
北京读者服务部电话：010-58808104
外埠邮购电话：010-58808083
本书如有印装质量问题，请与印制管理部联系调换。
印制管理部电话：010-58800825

北京师范大学史学探索丛书
编辑委员会

顾　问　何兹全　龚书铎　刘家和　瞿林东　陈其泰
　　　　郑师渠　晁福林
主　任　杨共乐
副主任　李　帆　易　宁
委　员（按姓氏笔画排序）
　　　　马卫东　王开玺　王冠英　宁　欣　汝企和
　　　　张　皓　张　越　张荣强　张建华　郑　林
　　　　侯树栋　耿向东　梅雪芹

出版说明

在北京师范大学的百余年发展历程中，历史学科始终占有重要地位。经过几代人的不懈努力，今天的北师大历史学院业已成为史学研究的重要基地，是国家"211"和"985"工程重点建设单位，首批博士学位一级学科授予权单位。拥有国家重点学科、博士后流动站、教育部人文社会科学重点研究基地等一系列学术平台。科研实力颇为雄厚，在学术界声誉卓著。

近年来，北师大历史学院的教师们潜心学术，以探索精神攻关，陆续完成了众多具有原创性的成果，在历史学各分支学科的研究上连创佳绩，始终处于学科前沿。特别是崭露头角的部分中青年学者的作品，已在学术界引起较大反响。为了集中展示北师大历史学院的这些探索性成果，也为了给中青年学者的后续发展创造更好条件，我们组编了这套"北京师范大学史学探索丛书"，希冀在促进北师大历史学科更好发展的同时，为学术界和全社会贡献一批真正立得住的学术力作。这些作品或为专题著作，或为论文结集，但内在的探索精神始终如一。

当然，作为探索丛书，特别是以中青年学者作品为主的学术丛书，不成熟乃至疏漏之处在所难免，还望学界同仁不吝赐教。

北京师范大学历史学院

北京师范大学史学理论与史学史研究中心

北京师范大学史学探索丛书编辑委员会

2010 年 3 月

序

　　近代儒学是中国近代文化史领域中一项具有重要研究价值的课题。由于研究难度较大，所以作者选择了从个案研究进行突破。

　　章太炎是中国近代著名的国学大师，他的儒学思想内容丰富，反映出中国新旧文化交替的诸多特征，无论在近代儒学发展史上，还是在他本人的整个思想体系中，均占有举足轻重的地位，有经学"殿军"之称。研究章太炎儒学思想，对于儒学史、学术史、文化史研究，对于理解中国传统文化怎样走向现代化，对于当代文化建设中怎样处理和对待传统文化，都有重要的借鉴意义。在现有大量关于章太炎研究的成果中，深入系统地探讨其儒学思想的专门性著作尚不多见。本书可以说是弥补了这一薄弱环节。

　　过去对章太炎思想研究侧重于政治思想，论及其儒学思想也多是与政治思想结合在一起。本书从文化史角度切入，紧紧围绕传统文化近代化的主题，把章太炎儒学思想置于整个中国儒学发展的历史长河中动态地把握、置于儒学近代转化和中国传统文化在近代社会条件下嬗变的大背景下来讨论。以此思路，作者把全书分为两大部分，前两章论述章太炎儒学思想的学术流变，后四章分三个方面具体就章太炎儒学思想与儒学近代化的关系展开讨论。纵横结合、布局合理，能够体现出章太炎儒学思想的发展变化、学术特色和时代特征，写出新意。

作者把清初大儒的经世思想、乾嘉学派的朴学传统、清代浙东学术以及师友的学术影响，作为章太炎儒学思想的本源，同时兼顾诸子学、佛学、西学的影响，分析妥帖。关于章太炎儒学思想的演进历程，作者不囿成说，对章氏早年、晚年的儒学思想提出了自己的观点，并进行了认真论证。同时，对一些重要著作的成书时间、思想主旨进行了重新考证。章太炎的儒学学术成就、学术思想及其与现代学术转型的关系，是本书着力论述的重点之一。该书对章太炎经学研究成就的爬梳整理、分析论证，特别是关于《春秋》、《周易》的研究，深入细致，时有补前人未及之处。作者对章太炎儒学史研究的系统考察，论说章太炎已跳出旧学窠臼并开现代学术之端绪，能言之成理、持之有故。章太炎对天人关系、群己关系、儒家道德、儒学宗教性问题的论述，以往研究者鲜有述及，书中提出这些问题并展开论述，把儒学与宗教、道德、哲学问题联系在一起，深化了对儒学近代化的理解，丰富了章太炎儒学思想的内容。

本书注意整体研究与个案研究的结合。如何实现微观与宏观、整体与个案研究的结合，是学术研究的一个难点。该书没有停留在就人论人的水平上，而是把章太炎儒学思想与时代思潮的关系辩证地结合在一起，指出其政治性、时代性和社会性；把章太炎儒学思想融入近代儒学史、中国儒学史中考察，指出章太炎儒学思想自身特点的同时，又看到与近代儒学所存在的共性；注意把握章太炎儒学思想与其他思想的关系，以及在他整个思想中的位置。这些有助于较为客观地对章太炎儒学思想作出评价，也有利于深化近代儒学研究和章太炎思想研究。

"章太炎儒学思想研究"是一项难度较大的课题，不仅需要熟悉中国近代历史，而且要有较为扎实的国学功底。张昭军同志在东北师范大学跟随胡维革教授攻读硕士学位期间就对近代儒学表现出浓厚的兴趣，并发表了一些论文。1996年考入北京师范大学，跟我攻读博士学位，继续研习近代儒学史和文化史。征得我同意，他选择了这一课题作为学位论文，并在1999年顺利通过论文答辩。本书即是他在广泛吸收既有研究成果、听取专家意见后，在博士论文基础上修改而成的。

当然，书中也存有不足之处。诸如作为经学基础的小学与章太炎儒学思想的关系就没有论及，个别问题理解还不够深入或表达有欠准确之处等。这有待今后进一步研究，以臻更为深入、全面。

龚书铎
2001年3月21日

目 录

绪 论 ·· 1

第一章 章太炎儒学思想的学术渊源 ······································ 1
    一、承接传统儒学之统绪 ·· 1
    二、子学、佛学、西学的汇入 ··· 10

第二章 章太炎儒学思想的演进历程 ···································· 20
    一、"谨守朴学","随顺旧义" ······································ 20
    二、从"与尊清者游"到"告谢本师" ····························· 30
    三、"转俗成真",趋于成熟 ·· 48
    四、"回真向俗","切于人事" ······································ 57
    五、思想学术,自成体系 ·· 68

第三章 章太炎对儒学的学术研究(上) ······························ 80
    一、论儒学基本范畴 ··· 80
    二、儒家经学研究 ··· 88

第四章　章太炎对儒学的学术研究（下） ……………… 133
一、儒学史研究 ……………………………………… 133
二、对儒学学术思想的发展及对学术转型的贡献 …… 188

第五章　章太炎对儒家思想的阐释 ……………………… 203
一、论天人关系 ……………………………………… 203
二、论儒家道德 ……………………………………… 213
三、论儒学的宗教性问题 …………………………… 221

第六章　章太炎儒学思想与时代思潮 …………………… 234
一、章太炎儒学思想与改良思潮 …………………… 234
二、章太炎儒学思想与革命思潮 …………………… 238
三、章太炎儒学思想与五四新文化思潮 …………… 247

结　语 ……………………………………………………… 252

主要参考文献和征引书目 ………………………………… 258

后　记 ……………………………………………………… 267

绪　论

儒学是中国传统文化的主流，对中华民族思想品格和文化传统的形成发生过广泛而深刻的影响。历史步入近代以后，儒学一再遭受来自不同方面的冲击，同时又不断获得新的认可、重构和发展。虽然历史选择不同，但儒学与近代（现代）化①的关系问题却一直是近代文化的核心议题之一。历史表明，中国在走向现代化的过程中，儒学是一个无法回避的传统，对它的评价虽可以因人而异，但却不能无视它的存在。因此，我们就不能完全抛开儒学去谈中国文化的现代化问题。深入研究儒学，正是中国文化现代化建设的需要。

儒学在近代的变迁及其历史命运，为我们正确处理上述问题提供了宝贵的历史经验和历史借鉴。从龚自珍、魏源、康有为、梁启超、孙中山、章太炎、陈独秀、李大钊、胡适等先进人士到倭仁、苏舆、叶德辉等旧派人物，他们出于现实斗争和社会变革之需，都曾不同程度地对儒学进行过学术研究、价值评估和历史总结，并试图利用、改造、创新儒学，以便使儒学为现实政治服务。他们的儒学思想理论及其历史实践的成败得失，极

----

①　笔者同意目前学界的看法，把中国近代史界定在1840—1949年之间。"近代化"与"现代化"实指一词，但为了论述方便，笔者暂从传统说法，大体以1919年为界，此前多用"近代"、"近代化"，此后多用"现代"、"现代化"表述。

其深刻而全面地展示了儒学的复杂性及儒学与现代化之间的辩证关系。考察近代儒学的历史变迁，或者说考察近代志士仁人实现儒学近代化的历程，无论是对于寻求民族文化现代化的实践经验，还是对于探讨传统文化的历史价值，都是一个好的基点。而截至目前，系统研究中国近代儒学思想发展历史的专门著作尚属少见，近代儒学史一直是近代文化史和中国儒学史领域中研究较为薄弱的环节。考虑到直接以近代儒学为题进行研究的难度较大，故笔者拟围绕这一课题选择"章太炎儒学思想研究"为研究对象从个案入手进行突破。

章太炎（1869—1936）即章炳麟，初名学乘，字枚叔，后改名为绛，号太炎。浙江余杭人。早年习经学。1897年任《时务报》撰述，因参加维新运动被通缉，流亡日本。1900年剪辫发立志革命，1903年因发表《驳康有为论革命书》和为邹容《革命军》作序，被捕入狱。1904年与蔡元培等发起成立光复会。1906年出狱后赴日本参加同盟会，主编《民报》，与改良派展开论战。1911年回国后，主编《大共和日报》，并任孙中山总统府枢秘顾问。袁世凯窃国后，被委任为东三省筹边使，1913年宋教仁遇刺后参加讨袁，遭袁禁锢，袁死后获释。1917年参加护法军政府，任秘书长。1924年脱离孙中山改组的国民党。"九一八"事变后，拥护抗日救国主张。晚年在苏州设章氏国学讲习会，以讲学为业，直至病故。生前刊有《章氏丛书》、《章氏丛书续编》等著述。

章太炎是近代著名的国学大师，他的儒学思想无论在近代儒学发展史上，还是在他本人的整个思想体系中，均占有十分重要的地位，且较具代表性地反映了近代儒学的历史特点。从20世纪二三十年代至今，章太炎一直是学术文化界较为关注的对象。学界不仅整理出版了《太炎文录续编》（1938年章氏国学讲习会编）、《章太炎政论选集》（中华书局，1977）、《章太炎选集》（上海人民出版社，1981）、《章太炎全集》（上海人民出版社，1982—1997）等多种著作和演讲录，而且有专门性的学术论著相继问世，代表性的如汤志钧编《章太炎年谱长编》（中华书局，1979）、姜义华著《章太炎思想研究》（上海人民出版社，1985）和《章太炎评传》（百花洲文艺出版社，1995）、唐文权与罗福惠合著《章太炎思想研究》（华中师范大学出版社，1986)、何成轩著《章太炎的哲学思想》(湖北人民出版社，1987)、谢樱宁编《章太炎年谱摭遗》(中国社会科学出版社，1987)、章念驰编《章太炎生平与思想研究文选》(浙江人民出版社，1986)与《章太炎生平与学术》(三联书店，1988)、王汎森著《章太炎的思想》(时报文化出版公司，1985)、汪荣祖著《康章合论》(联经出版社，1988)和《章太炎研究》(李敖出版社，1991)、姚奠中与董炎国合编《章太炎学术年谱》(山西古籍出版社，1996)等。这些论著就章太炎的生平、学术、思想及其对近代社会历史的影响作了研究，成就值得肯定。但仍存有明显的不足之处，一些专题研究如在章太炎儒学思想研究等方面依然有待加强。章太炎儒学思想庞杂玄奥、晦涩难懂，研究者多数是迫于他儒学思想的重要地位，才做了些许努力。

大体说来，章太炎儒学思想研究概况如下：

1949年以前，章太炎研究处于草创阶段，有关他儒学思想的研究性成果可谓凤毛麟角。值得一提的是，侯外庐的名著《近代中国思想学说史》(生活书店，1947)，该书第十五、第十六两章堪称是章太炎思想研究的里程碑，其中第十五章"章太炎的科学成就及其对于公羊学的批判"提纲挈领地论述了章太炎的儒学学术成就，对章氏的学术成就和学术精神给予了高度评价，称章太炎是"近代中国第一位系统研究学术史的学者"，是"自成宗派的巨人"。侯氏认为，在经史观上，章太炎赞同章学诚的"六经皆史"说，主张以经为史，具有积极意义。侯氏指出章太炎儒学思想富有逻辑、充满理性主义和历史主义精神，这一分析鞭辟入里，抓住了章太炎儒学思想的特点。此前，梁启超在其《中国近三百年学术史》和《清代学术概论》中述及章太炎的学术贡献时，称赞章氏有廓大古文经学派门径之功，"中岁以后所得，固非清学所能限矣"[1]，但对他在思想史上的贡献囿于门派成见而有贬低倾向。鲁迅在《关于太炎先生二三事》中说章太炎晚年"渐入颓唐"，"身衣学术的华衮，粹然成为儒宗"。[2] 这一说法对后来研

---

[1] 梁启超：《清代学术概论》，96页，上海，上海古籍出版社，1998。
[2] 鲁迅：《关于太炎先生二三事》，《鲁迅全集》(六)，547页，北京，人民文学出版社，1981。

究者影响很大，几乎成为定论。庞俊的《章太炎先生学术述略》（载《华西学报》第4期，1936年4月）、李澄源的《章太炎先生学术述要》（载《中心评论》第17期，1936年7月）出于友情，对章太炎称誉过高，且失于简略。相比之下，许寿裳《章炳麟》（胜利出版社，1946）所辟"国学大师的章先生"一章，述论结合，对章太炎学术思想渊源与治学成就评价较为客观，认为章氏学术是"以朴学立根基，以玄学致广大"。

从20世纪50年代到70年代中叶，中国内地的章太炎研究一度被政治运动打乱。这一时期，台湾学者袁乃瑛发表的《余杭章氏之经学》一文，对章太炎的经学著述进行了分类，基本上反映出章氏经学研究的概貌，缺点是论证不足，缺乏分析和比较。70年代后期，章太炎研究进入新阶段，涉及他儒学思想的论文相继出现。针对章太炎尊孔问题，唐振常撰文指出，章太炎早年尊孔，倡言革命时有反孔的言论，也有尊孔的部分，以后日渐倒退，尊孔日多，反孔日少，终至晚年完全沦为一个尊孔派。他还指出，章太炎与康有为的政治大论战，是和经学今古文之争纠缠在一起的。[1] 汤志钧、任访秋、姜义华在相关论著中也发表了相同的看法。[2] 如何对章太炎儒学思想进行定位，汪荣祖、姜义华、王汎森、陈平原等人结合文化转型，把章太炎儒学思想置于文化近代化的视野下进行考察，指出不能仅从狭隘的儒家传统中去了解章太炎，认为章太炎已超越儒家的范围，超出了今古文的门户与家法。杨向奎在《试论章太炎的经学和小学》一文中提出了不同的意见。他认为，章太炎儒学思想中含有很大糟粕成分，依然是守旧的古文经师，他的经学研究"只是为了政争逞义气"。[3] 这一时期，还出现了几篇深入探讨章太炎儒学学术思想的论文。朱维铮和孙万国分别从不同角度探讨了章太炎与王阳明之间的关系。前者强调从政治思想上来解释

---

[1] 参见唐振常：《论章太炎》，《章太炎吴虞论集》，成都，四川人民出版社，1981。

[2] 参见汤志钧编：《章太炎年谱长编》，北京，中华书局，1979；汤志钧：《改良与革命的中国情怀》，香港，商务印书馆有限公司，1990。姜义华：《章太炎思想研究》，上海，上海人民出版社，1985。任访秋：《简论从批孔到尊孔的章太炎》，载《中州学刊》，1986 (5)。

[3] 参见杨向奎：《试论章太炎的经学和小学》，载《历史学》，1979 (3)。

章氏对王阳明评价的前后变化；后者则进一步指出，章氏对王阳明的评价与其学术思想的关系更为密切。①张恒寿《章太炎对于二程学说的评价》、夏金华《章太炎易学思想蠡测》、张勇《戊戌时期章太炎与康有为经学思想的歧异》②的分析深入细致，丰富了章太炎儒学学术史研究，不过其中有些说法失于准确。唐文权、罗福惠的合著《章太炎思想研究》是这一时期章太炎思想研究的一部力作，书中辟专章探讨章太炎的儒学学术思想，提出章太炎早年治《春秋》、中年治《易》、晚年治《礼》，指出章太炎思想中依次积淀着古文经学、西学、佛学、老庄、儒学五个层次。该书由于不是专门论述章太炎儒学思想的著作，有些论述显得单薄，个别观点也有待推敲。朱维铮《关于晚年章太炎》一文对学界流行的章太炎晚年思想颓唐、学术僵化的说法提出了反对意见，主张重新进行认识。此外，郑师渠在《晚清国粹派：文化思想研究》（北京师范大学出版社，1997）中对章太炎儒学思想与国粹思潮的关系有所论及，汤志钧、汪荣祖分别在《改良与革命的中国情怀》与《康章合论》中就康有为、章太炎经学思想的分歧作了比较。

上述成果积极推动了章太炎儒学思想研究的深入，并为进一步开展专题性研究准备了条件，但也存在一些不足之处。第一，就总体而言，目前学界对章太炎儒学思想的研究缺乏整体性、系统性，不仅没有专门性著作问世，而且多数论者仅是粗为涉猎，论其大概，或者是局限于其中某一细节问题的探讨。一些观点虽有人提出，但并未做认真的论证。第二，多数论者在阐释章太炎儒学思想时，往往从政治思想的角度考虑问题，甚至把他的儒学思想作为其政治思想的依附来看待，忽视其儒学思想在思想文化近代化过程中的意义。有些论者虽然注意到了章太炎儒学思想对于拆解儒家传统的意义，但对其与现代思想之间的联系则论述较少。第三，对其儒学学术成就、学术思想的论述由于难度较大，多数论者在论及这一问题时，或语焉不详，或仅结合社会背景或其政治思想作简要叙述，缺少从学术史角度较为全面深入的讨

---

① 参见朱维铮：《章太炎与王阳明》、孙万国：《也谈章太炎与王阳明》，均载章念驰编：《章太炎生平与思想研究文选》，杭州，浙江人民出版社，1986。
② 分别载《中国哲学》第13辑；《上海社会科学院学术季刊》，1992（4）；《历史研究》，1994（3）。

论。第四，以前的研究注重于他辛亥革命时期思想的探讨，对于他早年、晚年的研究则相当薄弱，特别是对他晚年发表的大批学术论文和讲演记录的价值重视不足，这些学术论文和讲演记录不仅是章太炎晚年儒学思想的反映，更是其一生学术思想的结晶，很有进一步研究的必要。

通过以上考察和总结，笔者认为章太炎儒学思想具有较大的研究价值，值得进一步深入探讨。

章太炎的儒学思想是近代中国特定历史条件下的产物。就文化背景而言，近代中国文化的演变不仅是对西学冲击的回应，而且是中国文化自身传统的继续和发展，是一"由旧趋新"而非"易旧为新"的过程①。在"由旧趋新"的发展形势下，由互相冲突走向会通融合成为近代文化最突出的特征之一。西学东渐引起的文化冲突，加速了近代中国社会文化的变革。为了寻求适应变局的思想武器，理学、今文经学相继"复兴"，经世思潮抬头，学派纷争趋向息争、调和、会通，汉宋调和、古今文兼采成为近代学术的一大现象。儒学内部门户之见减轻，经世思潮的发展，促进了儒学与其他学派的交流，子学、佛学不仅出现了复兴，而且趋于经世致用。儒学、佛学、子学形成了交汇互融的局面。传统文化内部整合的同时，中西文化也走向交流、融合。在这一过程中，儒学的统治地位逐渐被瓦解，儒家伦理支撑的社会秩序被打乱，以儒家价值观为核心的文化信仰体系逐渐崩溃，儒学最后沦为传统文化的一部分，成为人文社会科学的一大门类。可以说，儒学的近代转化是当时文化发展的主流，也是章太炎儒学思想形成最为直接的文化背景。

章太炎儒学思想形成还与当时的矛盾冲突息息相关。步入近代以后，伴随今文经学的复兴，今古文之争成为学术思想界关注的重要问题之一。今文经师对古文经学的批判，一方面反映了以往古文经学研究中存有薄弱环节，另一方面也需要对他们的批判加以清理。正是出于对治学实践的独立思考，

---

① 顾颉刚在《中国近来学术思想的变迁观》中指出，近代思想文化的变迁"是一整然的活动"，"新的呈现，定然为旧的汲引而出；断不会凭空无因而至。所以说'由旧趋新'则可，说'易旧为新'则不可。""由旧趋新"四字可以说是精辟概括。载《中国哲学》第11辑，北京，人民出版社，1984。

章太炎由兼采今文走上了坚定的古文经学道路，同孙诒让、刘师培等人一起组成了古文经学殿军的阵营。而康有为、梁启超等人借用经学宣传变法维新、立宪保皇，使古色古香的经学与近代社会思潮结合在一起，更增加了问题的复杂性，从而出现了"有学问的革命家"章太炎以古文对抗今文、以革命反对改良的局面。可以说，正是在近代中国复杂多变的社会文化环境下，形成了瑕瑜互见、新旧杂陈而又斑斓多彩的章太炎儒学思想。

构建适合于章太炎儒学思想体系的理论框架是一大难点。章太炎儒学思想明显带有近代社会转型期文化的特征，新旧杂陈、中西兼糅，既表异于传统儒学，又与现代新儒学有所不同。我们的理解是，传统儒学是"道"、"学"、"治"合一的一尊之学，它最为主要的有两大系统，即知识系统和义理（价值）系统。探讨章太炎促使儒学由传统一尊之学向现代一门之学转变的历程；探讨章太炎对上述两大系统的总结、改造乃至重建过程；探讨章太炎对于儒学近代化的贡献，以及章太炎儒学思想与社会现实的关系，应是本书要论述的主要内容。

全书凡六章。第一章分析章太炎儒学思想的学术渊源，除西学、佛学、子学的影响外，重点追溯清代儒学对他儒学思想形成的影响。第二章结合历史背景就章太炎儒学思想演进的前后变化作了简要交代，并考证一些代表性著作的成书时间、思想主旨。接下来，用两章篇幅从学术史角度探讨章太炎儒学学术成就、学术思想及其对于学术转型的贡献。笔者不同意把他划为旧时代经学大师的观点，而是强调他对中国学术发展继往开来的贡献。他不仅对传统学术进行了认真总结，而且率先应用现代学术方法和理念，把传统学术推向了新时代。第五章从思想史角度探讨章太炎对儒学的阐释。值得注意的是，与近代多数思想家侧重于对儒学的批判和否定不同，章太炎对天人关系、儒家群己观、儒家道德观以及儒学宗教性问题没有采取简单否定态度，也没有固守传统儒家的价值观念和指导思想，而是力图通过对这些问题重新加以思想阐释来批判、改造和重构以儒学为中心的民族文化，从而达到解放思想、更新观念、实现思想文化现代化的目的，这在一定程度上有利于缓解传统与现代之间的紧张关系。最后一章，论述章太炎儒学思想与时代思潮的关系。儒学由于是封建文化的主体，在近代更多情况下是作为进步思想家批判的对象，或是守旧顽固派拿来对付新思潮新文化的挡箭牌。章太炎对儒家文化有着较为全面的研究和深刻的认识，他没有采取简单化的态度，而是采取了具体分析、具体对待的态度。在戊戌变法时期，受康、梁影响，他一度援经论政，宣传变法；辛亥革命时期，改良派利用今文宣传立宪保皇，他针锋相对，以古文对今文，以革命对保皇，增强了宣传革命的力度。学界一般认为，"五四"以后章太炎思想渐趋保守、学术走向僵化。笔者不同意这种说法，认为这一时期的儒学思想是对其前期思想学术的逻辑发展，而他辛亥革命时期的儒学思想，则直接影响了五四新文化思潮。

第一章　章太炎儒学思想的学术渊源

　　章太炎儒学思想是近代中国特定历史条件下的产物，不仅有着坚实的社会基础，而且有着深远的学术渊源。考镜章太炎儒学思想的学术渊源，理清章太炎儒学思想的来龙去脉，对其有一个宏观的历史把握，有利于我们把研究推向深入。择其要者而言，章太炎儒学思想的学术渊源不外乎以下两大方面。

一、承接传统儒学之统绪

　　章太炎儒学思想是对传统儒学思想的继承和发展。其中明末清初以来的儒学思想与章太炎儒学思想的形成关系最为直接、密切。

（一）清初诸大儒的经世思想

　　1923年梁启超在其《中国近三百年学术史》中曾写道："最近三十年思想界之变迁，虽波澜一日比一日壮阔，内容一日比一日复杂，而最初的原动力，我敢用一句话来包举他，是残明遗献思想之复活。"用"残明遗献思想之复活"来"包举"章太炎儒学思想的成因，未免偏执一端，失于周全。但如果对梁氏的论断稍作修改，说明清之际诸大儒的思想特别是经世思想对章太炎儒学思想的形成有着重要的启迪激发作用，则是成立的。就最初思想变化所起的推动作用而言，"残明遗献"可以说是章太炎儒学思想的主要源头之一。

　　1. 强烈的民族意识

　　在顾炎武、王夫之等清初大儒经世思想中一项突出的内容，即强烈的民族意识。他们挖掘传统儒学中的夷夏观念并加以发挥，形成己说。如顾炎武《日知录》就阐述说："君臣之分，所关者在一身，华裔之防，所系者在天下。故夫子之于管仲，略其不死子纠之罪，而取其一匡九合之功。盖权衡于大小之间，而以天下为心也。夫以君臣之分，而犹不敌华裔之防,而《春秋》之志可知矣。"① "严夷夏之防",这是传统的儒家思想,含有糟粕成分。但由于清初特定的历史环境,在当时民族压迫异常残酷的情况下,这一思想在顾炎武、王夫之及其同时代的众多思想家心目中,可谓根深蒂固。

清初诸儒这种强烈的民族意识,对章太炎儒学思想乃至其整个思想体系的形成产生了重大影响。一是启蒙了章太炎早年的民族意识。我们从章太炎自订年谱以及其他众多回忆资料中,不时都能看到关于华夷观念对他早期儒学思想的影响的记叙。而这一思想观念的重要来源,除历史古籍外,主要就是清初诸儒的著述。在谈到他民族革命思想的渊源时,章太炎曾反复说道:在外祖父朱有虔影响下,顾炎武、王夫之的《日知录》、《天下郡国利病书》、《黄书》等著作使其排满思想常酝酿于胸中。② 二是清初诸儒思想中的这种强烈民族意识,成为他中年以后宣传国粹主义和民族主义思想的知识源泉。1901年,章太炎在告谢本师、申诉走革命道路的理由时即援引顾炎武为榜样说:"弟子以治经侍先生。今之经学,渊源在顾宁人,顾公为此,正欲使人推寻国性,识汉、虏之别耳!"③ 再如他收入《訄书》的《序种姓》一文,不仅在论述历史民族之形成时大量征引了顾、王二氏的原话,而且《序种姓》的中心思想即起源于顾氏:"顾宁人遭东胡乱华,欲综理前典,为姓氏书,先生(指章太炎)仪型宁人,作《序种姓》。"④

2. 初步的民主思想

批判封建君主专制,是明清之际启蒙思想家经世精神的一大体现。顾炎武、黄宗羲、王夫之、唐甄等人的思想一定程度上都带有反对封建专制主义的内容。这些思想尽管还不能与近代民主思想相提并论,但其激烈批判封建专制已有接近于近代民主思想之处。正是因此,近代众多思想家都

---

① 顾炎武:《管仲不死子纠》,《日知录》卷七,《日知录集释》,317页,石家庄,花山文艺出版社,1990。
② 参见汤志钧编:《章太炎年谱长编》,5~6页。
③ 章太炎:《太炎先生自订年谱》,光绪二十七年,载《近代史资料》,1957(1)。
④ 但植之:《蓟汉雅言札记》,载《制言》第25期。

从中吸收"民主"思想的养料。

上述诸人对章太炎的民主思想影响最大的是黄宗羲和王夫之。黄宗羲的《明夷待访录》继承和发展了先秦以来儒家所倡导的民本传统以及"无君论"、"非君论"等思想,对"君为臣纲"的封建伦理道德进行了猛烈抨击。章太炎在众多论说中吸收并挥了黄宗羲的这一思想。他在《上李鸿章书》中称黄氏《原君》篇"知君民之分际"、"陈义甚高"。《冥契》篇不仅摘引黄氏《原君》、《原法》、《原臣》等文为论据,而且继承并高度评价黄宗羲的反对封建君主专制思想。倡导个性解放、呼唤"大公之理"是王夫之思想的特色之一。章太炎对王氏最为推崇。他的《藩镇论》、《分镇》不仅在篇末征引王夫之《黄书》中的《古仪》、《原极》诸篇加以推扬,而且其观点"削藩镇以立宪政者,天下之至公也",正是对王夫之"大公之理"的直接发展。①

3. 务实学风

务实致用是清初学风的一大特色。顾炎武、黄宗羲、王夫之、颜元等人以"经世应务"、"独立求是"的实体实用之学开启一代学风,把中国古代儒家"修身、齐家、治国、平天下"的学术传统贯于实学之中,从学风方面对儒家的"内圣外王之道"作了继承与发展。务实学风深深影响了有清一代的学术方向和学术风格。就章太炎而言,他对务实学风的继承不是株守先儒的一得之见,而是从为学宗旨和精神实质上领会、承接和超越。

兹举顾炎武学风为例。顾炎武学风,简言之就是"博学于文,行己有耻",要求把踏实而广博的学风与内在的道德修养融为一身,实实在在地实现道德文章的贯通。然而,乾嘉学派除戴震等极少数人外,所承袭者仅在于"博学于文"一端,而舍弃了其"经世致用"的根本精神。康、梁为首的改良派,虽继承了其"以经术影响于政体"的风格,但却失掉了"博学于文"的实证态度。只有到章太炎,才真正全面继承和发展了顾炎武学风。于"博学于文",章太炎不仅摒弃了宋明理学"游谈无根"的空疏学风,而且改变了汉学末流重考据而轻义理的弊端,对汉学作了发展。于

---

① 参见章炳麟:《藩镇论》,《五洲时事汇编》第 4 册。

"行己有耻",他反复宣讲道德修养对于社会发展的重要意义。在《革命道德说》中,他不仅把顾炎武所提倡的"知耻"、"重厚"、"耿介"等旧道德转化为革命道德,而且提出"必信"作为补充。章太炎晚年的儒学思想受顾炎武影响更为明显,他的《论今日切要之学》、《适宜今日之理学》以及在无锡、苏州等地讲演的一个主题就是弘扬原儒"修己治人"的精神、倡导顾炎武"博学于文,行己有耻"的学风。

(二)乾嘉学统

从学术史角度考察,章太炎儒学思想自然与乾嘉学派血脉相承。具体说来,与章太炎儒学思想关系密切者是清代朴学之"正统派"。

梁启超论清学,把全盛期之代表人物惠栋、戴震、段玉裁、王念孙、王引之名之曰正统派。正统派,实即清代朴学之中坚。章太炎从师俞樾,俞樾又与戴、段、二王一脉相承,章太炎受正统派影响是不言自明的。不过,如此论说只是泛泛而言,并无多少深意。实际上,若作具体分析,正统派诸子对章太炎儒学思想的影响在不同时期和不同方面是不一样的,有时甚至出现截然相反的情况。大体上说,这种影响与章太炎儒学思想的演进成一逆序倒溯的关系。

章太炎早年的儒学思想主要受戴震后学的影响。章太炎早年治学,濡染的主要是段玉裁、王念孙、王引之等戴震后学的遗风。段氏、二王虽然在考据方法上更加缜密和成熟,并在一些领域取得了超越前人的学术成就,但他们的著作却趋于单纯的考据,在内容上失去了戴震那种反理学的思想精髓,更缺乏对社会现实问题的关注和探讨。正像段玉裁晚年所追悔的那样:"喜言训故考核,寻其枝叶,略其本根,老大无成,追悔已晚。"①到晚清,汉学家不仅在学术上走上为考据而考据的末路歧途,而且在思想上也蜕化为保守的学者。章太炎的老师俞樾,就是其中的一位代表。他要求学生无视滚滚而来的社会潮流,"守先王之道,以待后之学者",致力于

---

① 段玉裁:《博陵尹师所赐朱子小学恭跋》,《经韵楼集》卷八,经韵楼丛书第1种,14页。

"稽古之学"，"抱遗经而究终始"，传继往圣绝学。① 章太炎在俞樾指导下完成的《膏兰室札记》和《诂经札记》，便烙有汉学末流的印痕。这两部札记，虽然也有一些独到之见，但零碎缺乏系统性，一般仅是停留在文字校勘的点滴得失上，从整体上看缺乏蓬勃向上的思想气息。

当然，章太炎也继承了段氏、二王等人的优秀成果。他对王氏父子在文字学方面的成就极为推许，曾称说："高邮王氏，以其绝学释姬汉古书，冰解壤分，无所凝滞，信哉，千五百年未有其人也"②。章太炎语言文字学方面的代表作如《国故论衡》、《文始》、《新方言》、《小学答问》等，就是在广泛吸收段玉裁《说文解字注》、王念孙《广雅疏证》和《经传释词》、俞樾《古书疑义举例》等学术成就基础上完成的。

章太炎对戴震本人学术成就和学术思想的继承和发扬则是在他中年以后。具体说来，戴震对章太炎学术思想的影响主要有以下几个方面：一是从考据中发展出义理。戴震继承顾炎武、黄宗羲等倡导的由文字音训以明经达道的主张，强调"经之至者道也，所以明道者其词也，所以成词者字也。由字以通其词，由词以通其道，必由渐"③，以考据为明道的手段。然而，乾嘉以后，考据学的发展却渐渐疏离了其开创者的初衷，走向烦琐细碎。章太炎不仅十分重视对戴震义理之学的研究，而且继承了其为学精神，写出像《国故论衡》、《菿汉微言》、《菿汉昌言》这样探讨儒学义理的文章。二是社会批判精神。戴震继承并发展了明清之际顾炎武等人的经世特色，能够把说经与社会批判紧密结合起来。章太炎不仅在《清儒》、《学隐》、《释戴》等文中对戴震的反理学精神表示赞许，而且在《思乡原》上下篇中以宋儒程朱为乡愿，文理逻辑一系于戴氏《孟子字义疏证》，如说程朱理学"兼之老聃也，偏得之孙卿、庄周也"；再如批判攻戴的方东树之流"不悟"，是"猥俗之论"，等等。三是知性精神。论者常引"不以人

---

① 俞樾：《诂经精舍课艺文八集序》，《春在堂杂文六编》卷七，5～6页。
② 章太炎：《正名杂义》，《訄书》重订本，《章太炎全集》（三），222页，上海，上海人民出版社，1984。
③ 戴震：《与是仲明论学书》，《戴震全集》（五），2587页，北京，清华大学出版社，1997。

蔽己，不以己自蔽"、"实事求是，不偏主一家"等来概括戴震的学术特色，实质上，这是强调戴震治学的知性精神和科学方法。在这一方面，章太炎不仅继承了戴氏的唯物主义精神，发展了戴氏的理欲观，而且与戴氏缜密严谨近似名家的研治小学方法一脉相承。① 事实上，章太炎在心中也一直是把戴震奉为"师表"、② 推为"圭臬"的③。

（三）浙东学术

论章太炎的儒学思想渊源，不可不提及浙东学派。在《清儒》一文中，章太炎对浙东学派有一精要概括："自明末有浙东之学，万斯大、斯同兄弟，皆鄞人，师事余姚黄宗羲，称说《礼经》，杂陈汉、宋，而斯同独尊史法。其后余姚邵晋涵、鄞全祖望继之，尤善言明末遗事。会稽章学诚为《文史》、《校雠》诸通义，以复歆、固之学，其卓约过《史通》。而说《礼》者羁縻不绝。定海黄式三传浙东学，始与皖南交通。其子以周作《礼书通故》，三代度制大定。唯浙江上下诸学说，亦至是完集云。"④ 章太炎不仅研读过黄宗羲、万斯同、章学诚等人的大量著述，而且曾问学于黄以周，因此，在他身上带有浙东学派的学统。

浙东学派多史学家，以治史著称。在学术思想上，像章学诚明确提出"六经皆史"的口号，强调学术"经世"、学术面向社会的实际；反对"守六籍以言道"，主张"因史以明道"，扩大了对圣人之道的取证范围，以历史为依据，较之前人具有进步性、合理性。在学术史方面，他系统论述了诸子学说与《六经》的渊源关系，认为"六经皆史，而诸子又皆出于六经"，指出儒家与名家、法家一源。他还根据刘歆《七略》把所谓古者官师合一、诸子出于王官说加以发扬光大。在研究方法上，他不仅提倡以经

---

① 参见章太炎：《清儒》，《訄书》重订本，《章太炎全集》（三），157页。
② 参见章太炎：《致吴君遂书》，《章太炎政论选集》，172页，北京，中华书局，1977。
③ 参见吴承仕藏：《章炳麟论学集》，349页，北京，北京师范大学出版社，1982。
④ 章太炎：《清儒》，《訄书》重订本，《章太炎全集》（三），157页。

治史，而且尝试以治史的方法治经。① 章太炎中年以后虽对章学诚时有微词，但对上述观点他都曾一度接受。章太炎在论及经史关系时就曾说过："经与史关系至深，章实斋云'六经皆史'，此言是也。"② 他正是接过章学诚的"六经皆史"，提出了"经就是古人的史，史就是后世的经"③，并赋予"六经皆史"以近代含义。在儒家与诸子的起源问题上，我们从《訄书》、《论诸子学》中不难见到章学诚对章太炎的影响。章太炎宗古文，对秦汉学术史的看法也有与章学诚一致之处。如章学诚推崇刘歆，而章太炎竟至刻一图章自称"刘子骏私淑弟子"。

此外，像浙东学派不拘牵于汉、宋门户，宗陆、王，考据与义理并重等，在章太炎的儒学思想中也有所反映。章太炎浓烈的民族意识，固然系受顾炎武、王夫之思想的影响，但也与浙东学术的熏染有关。梁启超说：章太炎"本是考证学出身，又是浙人，受浙东派黄梨洲、全谢山等影响甚深，专提倡种族革命，同时也想把考证学引到新方向"④。梁氏道出了章太炎与浙东学派的关系。

（四）师友影响

章太炎的儒学思想还直接受到师友学术思想的影响。俞樾、孙诒让、黄以周、谭献、高学治等晚清经儒都曾不同程度地对章太炎进行过帮助和指导。

章太炎从师俞樾问学七年，言传身教，获益良多。章太炎受俞樾影响最大的方面自然是前面提及的乾嘉汉学的治学传统。另一个重要方面，就是诸子学研究。俞樾考治诸子，虽是出于考证经义的需要，服务于经学研究，但却推动了诸子学研究之风的兴起。这一点对章太炎的学术思想影响甚大。章太炎不仅在诂经精舍时期直接在俞樾指导下围绕周、秦、两汉诸子著作进行了系统学术训练，写出了像《膏兰室札记》这样的学术专著，而且诸子学研究也成为他一生治学的一个重要方向。如果追溯诸子学研究

---

① 参见梁启超：《清代学术概论》，69~70页。
② 章太炎讲，诸祖耿记：《历史之重要》，载《制言》第55期。
③ 章太炎：《经的大意》，《章太炎的白话文》，70页，上海，泰东图书局，1921。
④ 梁启超：《中国近三百年学术史》，37页，北京，东方出版社，1996。

对章太炎儒学思想的影响，不能不论及此。还有，俞樾治经，兼采今文，这在章太炎早年的学术研究中也有反映。如章氏的《春秋左传读》就明显采纳了公羊学说。

孙诒让是晚清与俞樾齐名的经学大师，主要著作有《周礼正义》、《墨子间诂》、《尚书骈枝》、《契文举例》、《名原》、《札迻》、《古籀拾遗》等。章太炎对孙氏的学术贡献评价极高，称孙诒让治朴学"精专足以摩挓姬、汉，三百年绝等双"①。《周礼正义》乃集前人研究《周礼》之大成的精湛之作，章太炎誉之为"高文典册，蔚为国光"，"古今言《周礼》者莫能先也"，② 对其推崇有加。《墨子间诂》是晚清子学研究的力作，章太炎认为它的问世推动了墨学的复兴，结束了"儒术孤行"的局面，馨及后世古代思想史的研究。孙、章二人同属于一个学派，章太炎对孙氏如此推隆，受其影响不可避免。

具体说来，从时间上讲，戊戌维新时期章太炎受孙诒让影响较大。这一时期，正是章太炎儒学思想的形成期，当时，他已告别精舍，在一系列重要学术观点和学术思想上都受益于孙氏。俞樾治学受宋翔凤、廖平影响，尊《公羊》而彰《王制》，不以《周官》为周公之书，且"说经好改字"③，这一切在章太炎早年的儒学思想中都有所反映。戊戌时期，章太炎一改杂糅今、古文的做法，固持古文家法，且在学风上趋于严谨征实，其直接原因即源自孙诒让的学术影响。这从当时章、孙二人的多通书信中不难看出。在研究内容上，孙诒让的《周礼》、《墨子》以及文字学研究成就对章太炎影响最大。章氏对古代典章制度的驾轻就熟，对古代礼法的重视，是和孙诒让《周礼正义》对他的影响分不开的。孙诒让引墨入儒，藉以补弊扶偏，以墨行来砥砺品行，挽救世道。章太炎援此为同道，他在晚年的讲演中就曾发扬《墨子间诂》的思想："近人病儒者之柔，欲以墨子

---

① 章太炎：《孙诒让传》，《太炎文录初编》卷二，《章太炎全集》（四），213页，上海，上海人民出版社，1985。
② 同上。
③ 章太炎：《俞先生传》，《太炎文录初编》卷二，《章太炎全集》（四），211页。

之道矫之，孙仲容先生首撰《墨子间诂》以为倡。"① 在文字学方面，不仅章太炎的《新方言》直接得到了孙氏的指导，而且正是读了孙氏《名原》以后，章太炎改变了对甲骨文严斥固拒的态度。总之，章太炎既然称"海内奇硕，自德清、定海二师下世，灵光岿然，独有先生"②。他受孙诒让影响至深当无疑问。

章太炎早年还曾向黄以周、谭献、高学治等著名学者问学，他们不同程度地对章太炎儒学思想的形成产生过影响。黄以周博览群经，尤以礼学见长。他以毕生之力，撰成《礼书通故》百卷，"凡详考礼制，昼夜研索，多正旧说之误，释后人之疑"③。章太炎称赞这部书"盖与杜氏《通典》比隆，其校核异义过之，诸先儒不决之义，尽明之矣"④；称赞其学问"研精故训而不支，博考事实而不乱，文理密察，发前修所未见，每下一义，泰山不移"，在晚清堪与俞樾、孙诒让鼎足而三⑤。章太炎重视"三礼"，治学严谨，和黄以周的熏染是有关的。谭献治经倾向于今文经学，并以文学见长。章太炎曾多次登门受教，并将自己的《春秋左传读》等著述呈览，请他"指其瘢垢"⑥。谭氏文章具有魏晋风格，"于绮丽丰缛之中，存简质清刚之制，取华落实，弗落唐以后窠臼"⑦。章太炎文风由追法秦汉文章改为效法魏晋风格，正是源于此。高学治一生勤于治朴学，曾和章太炎的父亲同在诂经精舍供职。章太炎严谨朴实的学风和高洁正直的学术操行都受过他的影响。他曾对章太炎说："惠、戴以降，朴学之士，炳炳有行列矣；然行义无卓绝可称者，方以程、朱俔也。视两汉诸经师，坚苦忍形，遁世而不闷者，终莫能逮。夫处陵夷之世，刻志典籍，而操行不衰，常为法

---

① 章太炎：《儒行大意》，载《国学商兑》，第1卷第1号，1933年6月出版。
② 章太炎：《与孙仲容书》，《太炎文录初编》卷二，《章太炎全集》（四），163页。
③ 缪荃孙：《黄先生墓志铭》，《清代碑传全集》，1195页，上海，上海古籍出版社，1987。
④ 章太炎：《黄先生传》，《太炎文录初编》卷二，《章太炎全集》（四），214页。
⑤ 参见章太炎：《说林下》，《太炎文录初编》卷一，《章太炎全集》（四），119页。
⑥ 章太炎：《致谭献书》，载汤志钧编：《章太炎年谱长编》，31页。
⑦ 钱基博：《复堂日记补录·序》，载谭献：《复堂日记补录》，《念劬庐丛刻初编》第2册。

式,斯所谓易直谅中,君子也。小子志之!"① 这种德才相长的教育对日后章太炎成为一个卓越的学者和思想家功不可没。

二、子学、佛学、西学的汇入

章太炎的儒学思想不是对传统儒学的简单继承,而是在发展和改造传统儒学的基础上形成的。在这一形成过程中,子学、佛学、西学的作用不可低估。它们虽然不是章太炎儒学思想的正宗源头,但从一定意义上说,正是由于它们的旁路楔入,才使章太炎独具特色的儒学思想形成成为可能。

(一)"摭拾诸子"

诸子活跃于先秦,但诸子学却兴盛于晚清。在晚清,无论是陈澧、王先谦、俞樾、孙诒让等传统学者,还是谭嗣同、梁启超、严复等启蒙思想家,都十分注重诸子学的研究。受时代风气熏染,章太炎对诸子学研究也表现出浓厚的兴趣,并取得了巨大成就。

章太炎所论的诸子学,与乃师俞樾不同,是指包括儒家孔、孟在内的周秦诸子的思想学说。为了论述的方便,我们这里的"诸子",特指先秦时期的非儒学派。大体上说,章太炎研究诸子学说、吸收诸子思想,对其儒学思想的形成和发展有以下影响。

第一,通过子学研究,援子学考释儒学,重新估定儒学的历史价值。

子学复兴的原因之一,便是为重现儒家经典的历史真面目提供证据。由于子书成书年代接近于《六经》,故受清代汉学家重视。章太炎继承了前人援子书考证儒经的做法,他沿着王念孙、俞樾等人的考据之路所成的《膏兰室札记》便是这一方面的作品。《札记》虽以诠释考辨诸子著作为主,但从其中80余条考释《诗》、《书》、《礼》、《易》、《春秋》的条文中,不难看出他早年以子证经的努力。

章太炎以子证经的特色在于,他不是停留在王念孙、俞樾等人对儒家

---

① 章太炎:《高先生传》,《太炎文录初编》卷二,《章太炎全集》(四),210页。

经典文字章句的校勘考释水平上，而是由考据上升到义理，力图从义理方面援引诸子来重新诠释儒学。他在这一方面的代表作，当推《齐物论释》。章太炎作《齐物论释》，认为"能上悟唯识，广利有情，域中故籍，莫善于《齐物论》"①，于是以佛解庄，用唯识论讲解《齐物论》。进而，以佛、庄证孔，提出"儒、墨诸流，既有商榷"，就像先秦时老、庄抨击儒、墨一样，他对儒、墨之说多所表异。章太炎拿庄子"内圣外王"来衡量释、老、孔诸家，认为佛家"出世之法多，而详于内圣"，只能用于陶冶情操、培养道德；老、孔"世间之法多，而详于外王"，只可用于理政。② 庄子地位居于孔子之上，这一评论具有反封建的意义。民国以后，章太炎转向积极肯定孔子，但对他的援引佛、庄释孔的手法仍不能放弃，曾说："自内所证，仲尼与老庄一也"；"孔氏绪言遗教，辞旨闳简，庄生乃为敷畅，其文总纯于彼，而成文于此"③，竟说庄子之学是对孔学的发挥。他对他的"以庄证孔"颇为自得，称"以庄证孔，而'耳顺'、'绝四'之指，居然可明"④。

又如，他对"忠"、"恕"的解释。他先是"以庄证孔"，指出《三朝记》所言"忠"、"恕"实即实现"不以一型锢铸"的方法论，"不以一型锢铸"即是不强求齐一的自由主义观。他认为，能够理解孔子"忠"、"恕"含义的只有庄子——"体忠恕者，独有庄周《齐物》之篇，恢恑谲怪，道通为一。"⑤ 稍后，他又对孔子的"忠"、"恕"作了进一步解释，认为"忠"、"恕"可以为学，"举一隅以三隅反，此之谓恕，……专用恕术，不知亲政，于事理多失矣，救此失者其唯忠。忠者，周至之谓，检验观察必微以密，观其殊相，以得环中，斯为忠矣。"⑥ 章太炎把"恕"理解为演绎、推理，把"忠"解释为归纳，实质是用墨子、荀子的名学来解释孔子

---

① 章太炎：《齐物论释定本》，《章太炎全集》（六），63页，上海，上海人民出版社，1986。
② 参见章太炎：《菿汉微言》，26页，1916年北京铅印本。
③ 同上书，32页。
④ 同上书，87页。
⑤ 章太炎：《订孔下》，《检论》卷三，《章太炎全集》（三），427页。
⑥ 章太炎：《菿汉微言》，31~32页。

之道，从而将一般人认为只有伦理学意义上的"忠"、"恕"，赋予了逻辑学、认识论的意义。经此解释，诸子学与孔学会通、融合了。

另外，他还以诸子学说为论据来揭掉儒家的神圣面纱。在《论诸子学》中，他考迹诸子的源流，指出诸子学源出于老子，"儒家、法家皆出于道"，老子"本是史官，知成败祸福之事悉在人谋，故能排斥鬼神，为儒家之先导"。章太炎由对经学文字章句的考据转变为对诸子学义理衍变和历史事实的考证。虽有失误之处，但从整体上说，对于较为客观地展现儒学历史原貌、重新评定儒学价值、打破儒学独尊地位还是起了较大推进作用的。

第二，通过调整经学与子学的关系，打破儒家传统的限囿。

汉代"罢黜百家，独尊儒术"以后，经学与子学、儒家与诸子一直处于不平等地位，经学与儒家的地位被封建统治者故意拔高，而诸子的地位则受到贬斥。为了打破儒学一统天下的局面，章太炎对诸子学和儒学的关系进行了新的论证。

在学术上，章太炎努力使子学摆脱经学的附庸地位，成为独立的学术形态。在这一方面，他不仅脚踏实地地写出了像《原道》、《原名》、《原墨》、《原法》、《诸子学略说》、《齐物论释》、《庄子解故》、《管子余义》等专门研究诸子学的论著，而且从理论上呼吁诸子学应作为独立的学术领域。如他的《论诸子学》就主张把经学与诸子学并列，认为说经之学是客观之学，"惟是考其典章制度与其事迹而已，其是非且勿论也"；而诸子学则不然，"彼所学者，主观之学，要在寻求义理，不在考迹异同"。[①] 他在《国学振起社讲义》及《教育今语杂志章程》中明确宣布，诸子学是国学家族中与群经学、文史学等并列的一大门类，甚至在《致国粹学报社书》中称诸子学为"光大国学之原"[②]。章太炎的这一努力得到了时人的认可，像胡适就曾指出："到了最近，如孙诒让、章炳麟诸君，竟都用全副精力

---

① 章太炎：《论诸子学》，《章太炎选集》，357~358页，上海，上海人民出版社，1981。

② 章太炎：《致国粹学报社书》，《章太炎政论选集》，498页。

发明诸子学,于是从前作经学附属品的诸子学,到此时代,竟成专门学。"① 与此相应,他一改清代多数学者把孔孟学术上升为"经学"、论诸子不涉及孔、孟的做法,把孔、孟纳入诸子学的范畴,以平等的眼光看待先秦各家。可以说,章太炎提高诸子学地位的努力,对其儒学思想的演变有着不可忽视的影响。

在思想上,他通过重新评价诸子来打破孔子及儒学的独尊地位。章太炎敢于从历史出发,打破儒学一统的局面。如在《实学报》上发表的《后圣》、《儒道》、《儒法》、《儒墨》、《儒侠》等文中,他把法家的富强之术、墨家的"艰朴""兼爱"、道家的智谋、侠家和兵家的"勇""气"作了肯定的评价,认为这些都是儒家的短缺之处,可以补儒家之不足。在诸子学研究中,对孔子及儒学地位冲击最大的是章太炎对庄子的评价。辛亥革命时期,《庄子》在章太炎心目中居于崇高地位。他指出:"若夫九流繁会,各于其党,命世哲人,莫若庄氏:《消摇》任万物之各适,《齐物》得彼是之环枢,以视孔、墨,犹尘垢也。"② 正是出于对《齐物论释》"自在而无对"、"咸适而平等"、"不齐而齐"等思想的推崇,章太炎"为二千年来儒墨九流破封执之扃"③,把文(王)、孔、老、庄并列为"域中四圣",④ 甚至扬庄抑儒。综观章太炎的整个学术思想不难断定,他对孔子及儒学的评判与对诸子的评价息息相关。

(二) 摄取佛学

"晚清所谓新学家者,殆无一不与佛学有关系。"⑤ 章太炎最初接触佛学是在戊戌变法时期。当时,受夏曾佑、宋恕等人的影响,他"略涉《法华》、《华严》、《涅槃》诸经,不能深也"⑥。直到1903年,他因《苏报》

---

① 胡适:《中国哲学史大纲》(卷上),9页,北京,商务印书馆,1987。
② 章太炎:《庄子解故》,《章太炎全集》(六),127页。
③ 乌目山僧:《齐物论释·后序》,《章太炎全集》(六),58页。
④ 参见章太炎:《菿汉微言》,38页。
⑤ 梁启超:《清代学术概论》,99页。
⑥ 章太炎:《太炎先生自订年谱》,光绪二十三年,载《近代史资料》,1957(1)。

案入狱，得以认真系统地学习佛法，"晨夜研诵，乃悟大乘法义"①。从此，他一改过去排斥佛学转而拥护、利用佛学。1906年他东渡日本后，不仅研读了大量的佛学典籍，而且发表了一系列阐释佛学的文章，并以佛学为武器宣传革命思想。他的佛学思想走向成熟。章太炎对他本人的习佛历程曾有一番精要的概括："余少年独治经史通典诸书，旁及当代政书而已，不好宋学，尤无意于释氏。三十岁顷，与宋平子交，平子劝读佛书，始观《涅槃》、《维摩诘》、《起信论》、《华严》、《法华》诸书，渐及玄门，而未有所专精也。遭祸系狱，始专读《瑜伽师地论》及《因明论》、《唯识论》，乃知《瑜伽》为不可加。既东游日本，提倡改革，人事繁多，而暇辄读藏经，又取魏译《楞伽》及《密严》诵之，参以近代康德、萧宾诃尔之书，益信玄理无过《楞伽》、《瑜伽》者。"② 在佛学各门各派中，章太炎看中的就是华严宗、禅宗、法相宗。而三者之中，他尤其推重法相宗。

法相宗创自唐代的玄奘及其弟子窥基。该宗着力于分析世界各种现象（万法），强调"万法唯识"，认为一切现象都是"识"所变现出来的。法相唯识宗继承了印度瑜伽行学派的唯识说，用八识（眼识、耳识、鼻识、舌识、身识、意识、末那识、阿赖耶识）、三性（遍计所执性、依他起性、圆成实性）、四分（相分、见分、自证分、证自证分）来解释世界的本原和构成。章太炎一度接受法相唯识宗的八识、三性、四分说作为自己哲学体系的理论基础。

章太炎之所以宗奉法相唯识之学主要是出于现实政治的需要，但与他的儒学思想也有一定的渊源关系。一是唯识论烦琐的名实之辨与朴学缛细的名物训诂考据有着相似之处。对此，章太炎自己也承认：唯识论"以分析名相始，以排遣名相终，从入之途，与平生朴学相似，易于契机"③。二是唯识论的缜密思辨与汉学相似。他曾解释说："仆所以独尊法相者，则自有说。盖近代学术渐趋实事求是之途。自汉学诸公分条析理，远非明儒所能企及，逮科学萌芽，而用心益复缜密矣。是故法相之学，于明代则不

---

① 章太炎：《太炎先生自订年谱》，光绪三十年，载《近代史资料》，1957（1）。
② 章太炎：《自述学术次第》，载《制言》第25期。
③ 章太炎：《菿汉微言》，72页。

宜，于近代则甚适。由学术所趋然也。"①

从大处讲，唯识论等佛家学说对章太炎儒学思想至少产生了以下影响：

第一，在学术上，援佛学阐释儒学。章太炎儒学学术思想的一大特色，就是援佛解儒。在《菿汉微言》、《菿汉昌言》等文中，他援佛解儒的例子屡见不鲜。如他引用佛学唯识宗的缘起说来解释《周易》的万物生成理论，拿"乾"比附"藏识"、"坤"比附"末那识"。②再如，他以佛学来与《论语》格义，断言：《论语》中"子在川上曰：逝者如斯夫，不舍昼夜"，"即阿赖耶识恒转如瀑流之说"。孔子"绝四"之说，则与佛家的"断惑"相一致。"无意"即末那不见，"无必"即恒审思量不见，"无固"即法执、我执不见，"无我"即人我、法我不见。③从总体上看，他所援引的佛学主要还是唯识宗的八识、三性、四分说。由于佛学语言与哲理的不好理解，使得章太炎的解释趋于晦涩难懂而非平易明白。

进而，在理论上，他运用佛学改造儒学。这一点，在章太炎后期所提倡的王阳明思想中表现得较为明显。他所提倡的"王学"，并不是王阳明学说本身，而是糅合了佛学思想，如"自尊无畏"、"悍然独往"、"自贵其心"、"不依他力"等内容，④是经过他改造以后的王学思想。

第二，在思想上，通过提倡佛学来相对降低儒学的地位。为了冲击儒学的独尊地位，章太炎曾使用过多种手段，如加强诸子学研究、恢复《六经》的古史面目等。章太炎倡导佛学，也有打破儒学独尊地位的用意。他积极提倡佛学研究，提高佛学的地位，反复宣扬佛学的价值。如在《齐物论释》中他就把儒、释、道三家并列，甚至认为儒学地位低于佛、道二家。他在《建立宗教论》、《诸子学略说》中，以佛学唯识论为判断其他学说短长的标准。如在道德观方面，他以佛学的勇猛无畏、普度众生为准的

---

① 章太炎：《答铁铮》，《太炎文录初编》别录卷二，《章太炎全集》（四），370页。
② 参见章太炎：《菿汉微言》，17页。
③ 同上书，32～33页。
④ 参见章太炎：《答铁铮》，《太炎文录初编》别录卷二，《章太炎全集》（四），369页。

来衡量诸子，认为墨家苦身劳形以忧天下，"非孔、老所敢窥探"；老子胆怯，"不敢为教主"；而孔子表现更为低下，"湛心利禄"、"矫言伪行"、"唯在趋时"。在认识论方面，他也以佛学不信鬼神、思维缜密为尚，认为孔、老"排斥鬼神"而"务人事"为功，对墨家尊鬼神则持批评态度。可以说，在当时的历史环境下，章太炎倡导佛学对于打破儒学独尊地位是有积极意义的，尽管这一方式不算高明。

第三，在现实意义上，以佛学来补充儒学的不足。如在道德方面，章太炎就曾指出："民德衰颓，于今为甚，姬、孔遗言，无复挽回之力，即理学亦不足以持世"，因此，"自非法相之理、华严之行，必不能制恶见而清污俗"。他认为，"《春秋》遗训，颜、戴绪言，于社会制裁则有力，以言道德，则才足以相辅。使无大乘以为维纲，则《春秋》亦《摩拿法典》，颜、戴亦顺世外道也。"① 他多次强调佛家的"无生"、"平等"、"清净"思想，目的正是要以此来弥补儒家道德的不足，妄图以此建立革命的道德。

此外，章太炎对佛学的看法还直接影响着他对儒学特别是宋明理学的评价，这在后面相关章节中将有所论述，此不赘言。

（三）"旁采远西"

儒学发展至近代，不可避免地受到西学东渐的影响。当时许多儒学著作都融入了西学内容，章太炎也不例外。章太炎儒学思想正是在融会中西文化的基础上形成的。追溯其西学源头，大体如下。

1. 近代西方自然科学

章太炎接触西学是从近代西方自然科学开始的。他在甲午战争前后所撰写的《膏兰室札记》和《诂经札记》中就已开始大量援引西学来诠释中学。当时他所征引的基本上是墨海书馆、江南制造总局、广学会译介的新书，如希腊数学家欧几里得的《几何原本》、英国天文学家侯失勒的《谈天》、英国地质学家雷侠儿的《地学浅释》、英国传教士韦廉臣编的《格物探原》等。这些自然科学知识开阔了章太炎的眼界，同时也不同程度地影响了章太炎的儒学思想。

---

① 章太炎：《人无我论》，《太炎文录初编》别录卷三，《章太炎全集》（四），429页。

第一，地圆学说。中国早在古代就有地圆说存在，但作为一种观念深入人心，则是在西学影响下的结果。章太炎曾运用地圆学说来诠释儒学。如他在解释八卦方位时就曾指出："今以全地球言之，中国位东半球之东部，八卦方位，就中国所见而定。"接着，他又以地圆说为据批评"先天八卦，乾在南而坤在北，与天文地理不相应"①。章太炎以地圆说为据来否定中国中心论，进而为破除儒家传统的夷夏观念服务。他说：古人所云"天下之朝夕不可定，即天下之中不可定也。其不可定者，则以天地之中在赤道下，而中国偏于东北，果当以赤道下为中欤？抑当以中国为中欤？未可决也"②。后来他在《訄书》中更明确指出了这一点，中国并非居于大地之中，更非唯一的文明民族，"如欧美者，则越海而皆为中国。其与吾华夏，黄白之异，而皆为有德慧术知之氓"③。

第二，天体演化学说。章太炎早期唯物主义宇宙观的形成，正是得益于西方的天体演化学说。他吸收《谈天》、《天文揭要》、《格物探原》、《地学浅释》等书中关于天体演化的内容，撰成《天论》和《视天论》等文。在这些文章中，章太炎以唯物主义宇宙观立论，认为只有"视天"，而没有决定人们命运的神秘的天的存在，这对于为封建君主专制统治服务的天道观是一有力的批判。20世纪初年，他在宣传民主革命时更明确地否定了为保皇派声辩的"天命论"：民主革命"不在天命之有无，而在人力之难易"。

此外，像生物进化学说、细胞学说、物质构成理论等近代西方自然科学理论也都不同程度地影响过章太炎的儒学思想。

2. 近代哲学社会科学

章太炎是近代自觉建立哲学体系的思想家，对东西方哲学进行过认真的研究和思考。他对西方哲学的系统吸收主要是在1906年东渡日本后完成的。章太炎后来记叙说："既出狱，东走日本，尽瘁光复之业。鞅掌余间，

---

① 章太炎：《国学讲演录》，65～66页，上海，华东师范大学出版社，1995。
② 章太炎：《天子三百领》，《膏兰室札记》卷二，《章太炎全集》（一），197页，上海，上海人民出版社，1982。
③ 章太炎：《原人》，《訄书》初刻本，《章太炎全集》（三），21页。

旁览彼土所译希腊、德意志哲人之书，时有概述。"① 考察章太炎的著述我们可知，他虽然没有专门介绍过西方任何一个哲学家的思想体系，但其著述中却不乏对西方哲学家思想言论的引述、评论和发挥。仅就近代西方哲学而言，举凡康德、费希特（章太炎译作咈息特）、谢林（章太炎译作塞楞柯、塞伦古）、黑格尔（章太炎译作海格尔、海羯尔）、海尔巴特（章太炎译作贝尔巴特）、叔本华（章太炎译作索宾霍尔、肖宾诃尔）、洛克、尼采、哈特曼（章太炎译作赫尔图门、赫路托门）等人的哲学思想都曾作为他称引的对象。

在这些哲学家中，对章太炎思想影响最大的当属康德。如在《菿汉微言》、《菿汉昌言》等儒佛互释的论著中，章太炎就曾多次称引康德的《纯粹理性批判》和《实践理性批判》。《建立宗教论》、《人无我论》、《无神论》等文则是在批判继承康德、叔本华等人唯意志论的基础上，提出了建立无神宗教的设想。章太炎由于能以西学阐释中学，时有创获，故孙宝瑄在他的日记中称赞说："太炎以新理言旧学，精矣。"②

章太炎十分重视对近代西方社会学的吸收和传播。他除认真吸收严复翻译的《群学肄言》、《社会通诠》等社会学著作的内容外，还系统译介过外国的社会学学说。1898年，他与曾广铨合译的《斯宾塞尔文集》是近代译介西方的第一部大型社会学著作。书中对人类社会的进化、礼仪文明变迁的论述，激发了章太炎进一步探讨社会学的热情。接着，章太炎研读了英国文化社会学家泰勒的《原始文化》（章太炎译作《原始人文》）、日本宗教哲学家姊崎正治的《宗教学概论》、芬兰人类学家韦斯特·马克的《人类婚姻史》（章太炎译作《婚姻进化论》）、日本社会学家有贺长雄的《族制进化论》等。此后，章太炎在日本又认真学习了美国社会心理学派代表人吉丁斯的《社会学大学教科书》和《社会学》。20世纪初年，岸本能武太的社会学理论受到章太炎的推崇。章太炎全文翻译了岸本的《社会学》，并交广智书局出版发行。这部《社会学》是近代中国全文翻译的第

---

① 章太炎：《菿汉微言》，72页。
② 孙宝瑄：《忘山庐日记》（上），566页，上海，上海古籍出版社，1983。

一部社会学专著。

  章太炎的儒学学术研究深受上述社会学理论的影响。在他早期的著作,像《儒术真论》、《菌说》、《訄书》初刻本中,他已较自觉地运用进化学说来阐释自然界和人类社会的发展,把社会学理论与"六经皆史"思想结合起来,从社会史角度来研究儒家经典。在《訄书》重订本及《检论》、《国故论衡》等论著中,我们可以更清楚地看到西方近代社会学的影响。在《订孔》、《学变》、《学蛊》、《王学》、《清儒》等文中,他考察汉晋以来中国思想学说的变迁大势时,就注意结合社会历史条件的变迁来阐明各种社会思潮、学术流派消长生灭的规律。如其《清儒》篇,他就从太湖之滨与"于江南为高原"的安徽休宁的地理环境、民风、学风等诸种社会因素,解说了清代考据学中吴派与皖派的学术特点。①

  当然,对章太炎儒学思想演进历程影响至深的则是近代资产阶级政治学说,像康有为、梁启超等宣传的变法理论,辛亥革命时期宣传的民主共和学说,以及无政府主义思想等,都在不同时期影响了章太炎儒学思想的发展方向。这些影响,在后面相关章节中再作阐述。

---

  ① 章太炎:《清儒》,《訄书》重订本,《章太炎全集》(三),156~158页。

第二章　章太炎儒学思想的演进历程

章太炎儒学思想既与政治思想、学术思想密切相关，又具有相对独立的演进轨迹。这一章结合章太炎《自定年谱》、《自述学术次第》、《说自心之思想变迁》等著述的内在逻辑，把他的儒学思想分为五个阶段，并作简要考察。

一、"谨守朴学"，随顺旧义

从章太炎幼年受教到 1897 年初告别精舍奔赴报馆，这是章太炎儒学思想演进的第一个阶段。这一时期，章太炎的儒学思想基本上还没有跳出旧学的范围。在学术上，他是一个初入经学殿堂的经生，还没有形成自己独立系统的学术思想；在思想方面，他虽然开始接触西学，但其儒学思想的主体依然局限于传统之中。

（一）汉学启蒙

章太炎从小接受的就是汉学教育。家庭教育深深影响了章太炎一生的治学方向。他受教初期，正值"理学中兴"，一些"不供热客逐"的学者，不满于理学的空疏说教，一直在默默董理已经趋于冷落的汉学。章太炎的曾祖章均、祖父章鉴、父亲章濬都有一定的汉学素养。章濬还在当时著名的汉学书院诂经精舍担任过多年的监院。他在《家训》中谆告子孙："精研经训，博通史书，学有成就，乃称名士。"[1] 章太炎的外祖父朱有虔则是著名的汉学家，撰有《双桂轩集》和《读书随笔》若干卷。1876 年，章太炎在朱有虔的指导下开始接受正规的汉学教育。他后来回忆说："时虽童稚，而授音必审，粗为讲解。课读四年，稍知经训。"[2] 在朱氏指导下，章

---

[1] 汤志钧编：《章太炎年谱长编》，3 页。
[2] 章太炎：《太炎先生自定年谱》，光绪二年，载《近代史资料》，1957（1）。

太炎在文字音韵等方面进行了初步训练。

从1880年开始，章太炎改由其父章濬、兄章炳森督教。起初，章濬也曾寄望章太炎读《四书》、走科举之路。但章太炎对八股制义并没有兴趣："年十四、五，循俗为场屋之文，非所好也。"① 在1883年县试中章太炎癫痫病突然发作，没有考成，从此，放弃功名之途，专心致志于学业。在父兄的指教下，他学问长进很快。他后来回忆说："时闻说经门径于伯兄籛（章炳森，名籛），乃求顾氏《音学五书》、王氏《经义述闻》、郝氏《尔雅义疏》读之，即有悟。自是一意治经，文必法古。"② 按照汉学家的治学路数，他先是认真研读了许慎的《说文解字》、段玉裁的《说文解字注》、郝懿行的《尔雅义疏》等有关古音韵、文字的经典之作，接着又精读了阮元校刻的《十三经注疏》、王引之的《经义述闻》，从兹寻得了登入汉学殿堂的阶梯，毕"读《经义述闻》，始知运用《尔雅》、《说文》以说经"③。为了进一步扩大视野，他从1886年起，又通读了当时著名的汉学丛书《学海堂经解》和《南菁书院经解》。前者汇集了从清初到嘉庆年间经学著作凡74家188种1408卷，后者续编经著凡110家209种1430卷。广读博览，使章太炎打下了较为扎实的汉学功底。

1890年，章太炎离家赴杭，进入"专课经义"、"不涉时趋"④ 的诂经精舍深造。诂经精舍由经学大师俞樾主持，他在《重建诂经精舍记》中说道，修建精舍是为了使"肄业于是者，讲求古言古制，由训诂而名物而义理，以通圣人之遗经"⑤。精舍专宗许慎、郑玄，精于汉学，与广州的学海堂相对。俞樾说："特奉许、郑两先师栗主于精舍之堂，用示凯式，使学者知为学之要，在乎研求经义，而不在乎明心见性之空谈，月露风云之浮藻。"⑥ 由此可见，精舍是一个学有所宗的旧学阵地。

---

① 诸祖耿：《记本师章公自述治学之工夫及志向》，载《制言》第25期。
② 章太炎：《太炎先生自定年谱》，光绪十一年，载《近代史资料》，1957（1）。
③ 诸祖耿：《记本师章公自述治学之工夫及志向》，载《制言》第25期。
④ 俞樾：《诂经精舍五集·序》，《春在堂杂文六编》卷七，光绪刻本，2页。
⑤ 俞樾：《春在堂杂文六编》卷一，2页。
⑥ 俞樾：《诂经精舍四集·序》，《春在堂杂文六编》卷七，1页。

章太炎在精舍师从俞樾"言稽古之学"①,"出入八年"。在此期间,俞樾为人为学,言传身教,对他产生了较大影响。同时,章太炎不拘门户,还向著名学者谭献、黄以周、高学治等问学,受益匪浅。在名师的指导下,章太炎进行了系统的学术训练,写下了《春秋左传读》等一批汉学论著,初步打下了旧学根柢。

(二) 经学初创

这一时期章太炎的著述集中于经学方面,其中既有沿于传统的读书札记,又有发挥创见的大部头论著。主要有:

《诂经札记》是章太炎入选《诂经精舍课艺文》第七、第八集文章的结集。作于1890—1893年,凡38篇,主要是对《易》、《书》、《诗》、《礼》、《春秋》、《左传》、《论语》等经籍文字音义的诠释。

《膏兰室札记》是章太炎师承俞樾的诸子学研究而成的一部读书札记。作于1891—1893年。原稿4册,今存3册,凡474条,考释五经者仅80余条,考释诸子著作者达350余条,初步显示了他力图通过诸子学研究以突破传统儒学研究的学术动向。对这本札记的学术价值,章太炎后来有一番评论。他说:"行箧中亦有《札记》数册。往者少年气盛,立说好异前人,由今观之,多穿凿失本意,大抵十得其五耳。"② 可以说,这部札记得失参半。

《春秋左传读》是章太炎写成的第一部大型的汉学研究专著。"初名《杂记》,以所见辄录,不随经文编次。"作于1891—1896年。1907年章太炎在《再与人论国学书》中说:"《左氏》故言,近欲次录。昔时为此,亦几得五、六岁。乃今仍有不惬意者,要当精心汰渐,始可以质君子。"③ 1912年,他在《自述学术次第》中再次申说:"所次《左氏读》,不欲遽以问世者,以滞义犹未更正也。"④

与章太炎后来的著作相比,这些著作的观点还不够成熟,论证也存在

---

① 章太炎:《谢本师》,载《民报》第9号。
② 章太炎:《再与人论国学书》,载《国粹学报》丁未年第12号。
③ 同上。
④ 章太炎:《自述学术次第》,载《制言》第25期。

牵强之处，但它们毕竟是章氏早期学术思想的写照。

其一，不囿门户之见，左右采获。步入晚清，随着理学和今文经学的"复兴"，古文经学相对衰落。在这种背景下，一些汉学家打破门户，注意采纳宋学、公羊学派的学术观点。如俞樾治《春秋》就颇右公羊学，"为学无常师，左右采获，深疾守家法违实录者"①。这一学风在章太炎身上也有所反映。

如在《诂经札记·蹑席解》中，他就曾采撷宋学的观点。《蹑席解》是章太炎对《礼记·玉藻》篇的考证文字。在文中，章太炎虽称宋末元初理学家陈澔为"妄人"，但不因人废言，认为陈氏也有可取之处。按：《礼记·玉藻》篇记述古代祭祀先王的礼仪章法，其中谈到天子祭祀时大夫的礼节："大夫前诎后诎，无所不让也。侍坐则必退席，不退，则必引而去君之党。登席不由前，为蹑席。徒坐不尽席尺"。对于这段话，陈澔有与众不同的理解。他认为"登席不由前为蹑席"应是一句，不应句读。② 章太炎采纳了他的观点，并且取《论衡·别通》篇作旁证。③

今、古兼容是章太炎这一时期经学思想的主要倾向。在《昭十年不书冬说》一文中，他"以公羊之大谊，箴何君之违阕"，虽对公羊祖师何休提出批评，但并不否定公羊学派的学术成就。④ 在《鲁于是始尚羔解》一文中，他把《左传》、《周礼》和《白虎通义》比较后指出：在"鲁尚羔"的解释上，"《左传》可通于《公羊》也"。⑤ 对于当时不受重视的《穀梁传》，他也采其观点。《春秋》僖公二十年所载"五月乙巳，西宫灾"一句，人们一般认为，《春秋》三传对"西宫"的释义互不相同；但章太炎认真考证《穀梁传》古义后指出，《穀梁》"实与《左氏》所谓公宫者吻合"，并推论说："此则《左氏》、《穀梁》其义一以贯之矣。"⑥ 在《春秋左

---

① 章太炎：《俞先生传》，《太炎文录初编》卷二，《章太炎全集》（四），211页。
② 参见陈澔：《礼记集说》，256页，北京，中国书店，1994。
③ 参见章太炎：《蹑席解》，《诂经札记》，《章太炎全集》（一），322页。
④ 参见章太炎：《昭十年不书冬说》，《诂经札记》，《章太炎全集》（一），325页。
⑤ 章太炎：《鲁于是始尚羔解》，《诂经札记》，《章太炎全集》（一），327～328页。
⑥ 章太炎：《僖二十年西宫公穀异义说》，《诂经札记》，《章太炎全集》（一），345～346页。

传读》中，他从考镜《左传》传授源流出发，认为《左氏》的传授，自荀子而贾谊而刘向刘歆父子，一脉相承。而荀子同时又传《穀梁》，刘向则为《穀梁》名家。循此推衍，《左氏》与《穀梁》也有联结。① 以此为基础，他得出了《春秋》三传相通的结论②。

对于三家诗与毛诗，章太炎同样采取兼容的态度。如《邶风·燕燕》篇，"《鲁诗》以为定姜作，《毛诗》以为庄姜送归妾作"。经考古书后，章太炎认为，"《燕燕》乃周以前人所作，而庄姜、定姜皆尝赋之，或有改定，故谓庄姜作可也，谓定姜作亦可也"。《毛诗》、《鲁诗》之说可以并行不悖。③ 在《无酒酤我解》中，他通过对《诗经·小雅·伐木》："无酒酤我"中"酤"字的考证得出，"以酤为买，必出于三家"。正是在三家诗的基础上，他释义说："是知文王不敢湎酒，故官造之酒甚少，因至无酒而酤于民也。"④

《孝经本夏法说》是章太炎兼采今文的又一例证。《孝经·开宗明义章》："先王有至德要道。"对于这一句的解释，他虽然采用了古文经学派以禹为"先王"的说法，但其"本夏法"的观点则与今文学派的观点相同。不仅此，他还说："夫子必用夏法作《孝经》者，亦为汉制作也。"⑤为汉制法的说法显然是受了今文经学的影响。

其二，不唯汉是从，敢于批评古文经说。在今古兼容的基础上，他还勇敢地向前迈进一步，出现了黜古用今的情况。如在《膏兰室札记》中，他就曾认为《公羊传》对"周狗"的解释比《尔雅》的解释合理。对于先师的错误，他直言不讳。《士大夫五祀三祀说》考订周、楚以及晋国礼俗

---

① 《春秋左传读》言《左氏》与《穀梁》相通者，有《取郜大鼎于宋》、《胥命于蒲》、《公会宰周公》等篇。
② 如此之论例，在《春秋左传读》中颇多，如《元年春王正月》、《单伯》、《夫人孙与齐》、《大雨雹》等篇。
③ 参见章太炎：《邶风燕燕篇鲁诗说》，《诂经札记》，《章太炎全集》（一），333～334页。
④ 章太炎：《无酒酤我解》，《诂经札记》，《章太炎全集》（一），316页。
⑤ 章太炎：《孝经本夏法说》，《膏兰室札记》卷三，《章太炎全集》（一），276页。

变迁后指出，郑康成对《曲礼》、《王制》"皆不得其解"。① 他在《乐而不淫哀而不伤》中则指出，"郑康成笺《诗》，易哀为衷，亦失之。"② 王引之的《经义述闻》是晚清汉学家视为圭臬的作品，但章氏并不迷恋骸骨，株守师承，认为它也有"未能融贯"之处。③ 对于业师俞樾，他也敢冒讳抒发己见。《膏兰室札记》第 245 条生动地记下了师生二人对"《礼记·学记》：或失则易，或失则止"一语的不同看法，章太炎深为自己学有心得而自豪，他自称他的学说"似可与先生说并存"④。

其三，力驳公羊学派的主观臆说。章太炎虽对师说有不满意之处，且有兼容今文经学的倾向，但他对后者并不顶礼膜拜。对于今文经学派的思想观点，他时有表异之论。

这首先见于章氏对魏源等人的驳论。《膏兰室札记》第 270、第 277、第 279、第 288、第 454 条都是专为驳斥魏源小学荒陋而作。章太炎在《驳书古微》条中指出："魏氏说《书》或得大义，而于小学疏陋……是以郢书燕说，往往而见。""其于《康诰》，改乃洪大诰之洪为宏"，以就己说；"其于《酒诰》，据朱子说，臆造管叔好酒之事"；其"所辑《大誓》中下篇……有不可连缀者，则于其间意补数语"，"其无知妄作，于是可见。"⑤ 章太炎认为魏源文字音训方面的修养实在太差。此外，他还对邵懿辰等人的小学基础提出了批评。

再次见于章太炎个人后来的回忆。章氏在《自定年谱》中，记下了他当时的经学思想："二十四岁，始分别古今文师说。……与穗卿交，穗卿时张《公羊》、《齐诗》之说，余以为诡诞。专慕刘子骏，刻印自言私淑。其后遍寻荀卿、贾生、太史公、张子高、刘子政诸家《左氏》古义，至是

---

① 参见章太炎：《士大夫五祀三祀说》，《膏兰室札记》卷三，《章太炎全集》（一），285 页。
② 章太炎：《乐而不淫哀而不伤》，《膏兰室札记》卷一，《章太炎全集》（一），102 页。
③ 章太炎：《毋出九门解》，《诂经札记》，《章太炎全集》（一），324～325 页。
④ 章太炎：《或失则易或失则止》，《膏兰室札记》卷二，《章太炎全集》（一），147～148 页。
⑤ 章太炎：《驳书古微》，《膏兰室札记》卷二，《章太炎全集》（一），158～159 页。

书成（指《春秋左传读》）。"①他写《春秋左传读》的目的主要是反对刘逢禄的经说。对康有为的经学观点，他也持反对态度。"南海康祖诒长素著《新学伪经考》，言今世所谓汉学，皆亡新王莽之遗；古文经传，悉是伪造。其说本刘逢禄、宋翔凤诸家，然尤恣肆。又以太史〔公〕多据古文，亦谓刘歆之所羼入。时人以其言奇谲，多称道之。祖诒尝过杭州，以书示俞先生。先生笑谓余曰：'尔自言私淑刘子骏，是子专与刘氏为敌，正如冰炭矣。'"②康有为《新学伪经考》刊行后，章太炎确实对其观点不满，以为"恣肆"，曾拟驳议数十条。③从这里，我们不难看出章太炎当时经学立场的端绪。

其四，坚定的古文经学立场。从前面的论述看，章太炎既兼容今、古，又对今、古文学皆不厝意，似乎给人感觉他持一种不今不古、亦今亦古的中立立场。由此也引发了学界对他早年经学立场的不同看法，而争论的焦点则多集中于对《春秋左传读》一书"微言大义"的评价上。有的论者根据周予同先生划分今古文经学的标准，认为"章太炎早年并不是一个经古文学者，其经学成就也不像有些论者所说具有明显的经古文学倾向"④。我们认为，这一说法有值得推敲之处。

毋庸置疑，随便翻检章氏《春秋左传读》处处可见今文经学的影迹。"此皆与《公羊》同也"；"史公极尊《左氏》，不治《公羊》，而其说如此，然则《左氏》家亦同《公羊》说也"；"于此知亲行改制矣"；"吾观《春秋》首书此事于开端建始之时，而知《公羊》家为汉制法之说非无据也"；"麟以为太傅于汉家之安危，《左氏春秋》之义法，皆尽之矣"；"《春秋》为万国准则，固无专为汉作，而于汉事固有独切者，犹之《易》道弥伦千古，而《临卦》著八月自象，则因文王之时，纣为无道，故为殷家著兴衰之戒，以见周改殷正之数。然则殷末《易》则以开周，周末作《春秋》，

---

① 章太炎：《太炎先生自定年谱》，光绪二十二年，载《近代史资料》，1957（1）。
② 同上。
③ 参见章太炎：《瑞安孙先生伤辞》，《太炎文录初编》卷二，《章太炎全集》（四），224页。
④ 张勇：《戊戌时期章太炎与康有为经学思想的歧异》，载《历史研究》，1994（3）。

则以开汉，无足怪也。玄圣制法，斯不疑矣"；"是《左氏》说天子亦有爵矣"；"子政本治《穀梁》，此条则用《左氏》、《公羊》说，而又引荀子之说《穀梁》，明此乃三家说《春秋》制礼之通义，而首引《左氏》说，则此条实《左氏》之大义也"；"《左氏》则当《公羊》托王之说矣"；"此孔子《左氏春秋》古谊，惟荀子能发之，侍中能承之"。① 如此之论，历历可见。

为了认清章氏上述说法的主旨所在，我们有必要先明了《春秋左传读》的写作背景和写作目的。

关于当时的写作背景，章氏后来说："余幼专治《左氏春秋》，谓章实斋六经皆史之语为有见。……方余之有一知半解也，《公羊》之说，如日中天，学者煽其余焰，簧鼓一世，余故专明《左氏》以斥之。然清世《公羊》之学，初不过一二之好奇，康有为倡改制，虽不经，犹无大害，其最谬者，在依据纬书，视《春秋经》如预言，则流弊非至掩史实、逞佞说不止。"② 清中叶以后公羊学复兴，先是嘉道时刘逢禄《春秋公羊何氏释例》、《左氏春秋考证》贬黜《左氏春秋》；后有廖平1886年作《今古文考》"平分今、古"，1888年作《知圣》、《辟刘》，直斥刘歆作伪，《左传》是伪经；1891年，康有为《新学伪经考》刊行，把古经几乎全斥为伪学，"清学正统派之立脚点，根本动摇"③。在今文经学的冲击下，嘉道时期已趋没落的古文经学至此时已"收拾不住"家门。自小深受汉学熏陶的章太炎不满现状，"专明《左氏》以斥之"，在情理之中。

关于当时的写作目的，特别是《春秋左传读》兼采今文的用意，他在《春秋左传读叙录·序》中道出了其中的缘由："绅其大义曰读，绅其微言亦曰读。"一者，《左氏》古字古言，多有存者，犹有不蒇，故微言当绅。二者，大义当绅。"《左氏》古义最微，非极引周、秦、西汉先师之说，则其术不崇；非极为论难辨析，则其义不明。故以浅露分别之词，申深迂优

---

① 以上分别见章太炎：《春秋左传读》，《章太炎全集》（二），61、64、65、66、67、68、69、70～71、82、89页。
② 诸祖耿：《记本师章公自述治学之工夫及志向》，载《制言》第25期。
③ 梁启超：《清代学术概论》，78页。

雅之旨,斯其道也。""䌷微言,䌷大义,故谓之《春秋左传读》。"① 显然,章氏是力图走出汉学末流斤斤于琐碎考据的治学之路,重扬汉学宗师训诂、义理并重的学风,以期达到恢复汉学学术地位的目的。

章太炎在撰写《春秋左传读》时,曾与治公羊学的谭献商榷。章氏于1896年《致谭献书》,并附寄《左传读》请"指其瘢垢",信中说:"大儒荀卿,照邻殆庶,并受二传,疆易无分",然而自乾、嘉逮今,《公羊》独尚,排斥《左氏》,"《左氏》神趣深博,言约谊隐",大义微言长期被淹而不彰,买椟遂失隋珠,因此才探赜于荀、贾,"征文于迁、向,微言绝诣,炯出虑表,修举故训,成《左氏读》"。他还指出,"经义废兴,与时张弛,睹微知著,即用觇国,故黜周王鲁之谊申,则替君主民之论起。然《左氏》篇首以摄诘经,天下为宧,故具微旨,索大同于《礼运》,籀逊让于《书序》,齐、鲁二传,同人环内,苟畅斯解,则何、郑同室释甲势冰矣。贬损当世,隐书不宣,瞀言阒殆,今犹古昔。"② 章太炎认为,《左氏》也含有经国大义,只是未受人们重视罢了。

此外,章氏于1932年10月18日《与徐哲东论春秋书》中,留下了关于他早年经学立场的自白:"《春秋左传读》乃仆少作,其时滞于汉学之见,坚守刘、贾、许、颖旧义。"③ 而他在《自述学术次第》中的解释则更为全面:"余初治《左氏》,偏重汉师,亦颇傍采《公羊》。"④

至此,我们把《春秋左传读》的写作背景、写作目的和他对《左传》"微言大义"的考证结合起来进行综合考察后,不难得出如下结论:在今文经学走向复兴、古文经学趋于衰落之时,章太炎没有穷守汉学末流的烦琐考据之途,也没有弃叛师门投向公羊学派,而是以开放的心态,取人之长,补己之短,力图自我振兴。他的振兴之道,不是迎合公羊学说,搞简单的会通,而是通过反复论证反复强调《左传》与《公羊》、《穀梁》相同相通,以证明自身存在的合理性(由此也可看出当时汉学的尴尬处境)。

---

① 章太炎:《春秋左传读叙录·序》,《章太炎全集》(二),808页。
② 章太炎:《致谭献书》,载汤志钧编:《章太炎年谱长编》,31页。
③ 章太炎:《与徐哲东论春秋书》,载《制言》第17期。
④ 章太炎:《自述学术次第》,载《制言》第25期。

当时汉学受人攻击的重要原因之一在于其寡言义理、脱离现实，而当时公羊学最为得势之处恰在其大义微言、"非常异义可怪之论"。鉴于此，章太炎极力证明《左传》也含有堪与《公羊》相匹配的大义奥旨，以此来提高汉学的地位。

顺便指出，"孔子为素王"并不能拿来作为判分今、古的标准。"孔子为素王，不仅公羊家共许，古文家与汉儒杂家亦不能否认。"① 像贾逵、郑玄等人兼采今文学说，并没有人认为他们是今文经学家。从章太炎对纬书的态度，我们同样不能判定他是今文经学立场。如《膏兰室札记》中，有对《易明辨终备》、《尚书中候》、《礼斗威仪》等纬书的考释之作，在《春秋左传读》中引用纬书之处也颇多。对于如此做的缘由，他本人有清楚的说明："纬书犹存古义。"② 他看重的是纬书的史学价值，而不是崇奉纬书。

综上所论，我们可知，章太炎不囿门户，并不是没有家法。他之所以强调融合，是时代学风的使然，是他为左氏学地位进行辩护的一种策略，也是他取长补短、振救古文经学良苦用心的反映。

从总体上说，这一时期，章太炎儒学思想基本上还局限于旧学之中。他治经走的依然是通经致用的老路，从经文出发，借经发挥个人的政治主张。在《春秋左传读》中，他明确指出："《春秋》制礼，参夏、商、周而酌之，故《春秋》正是礼书。"③ 他发掘《左传》微言大义的原因之一就是他认为通经可以致用，经中含有治邦经国之道。他在《致谭献书》中说道："夫经义废兴，与时张弛，睹微知著，即用觇国，故黜周王鲁之谊申，则替君主民之论起。……身为经生，常慕朱云、梅福之风，犹冀王道一乎。"④ 从他对"华夷之辨"的认识也可看出他儒学思想的状况。这一时期，他依然固着于"严夷夏之大防"的理论水平。他说："外祖朱氏，尝授以《春秋》大义，谓夷夏之辨，严于君臣，服膺片言，以至没齿。"⑤ 这

---

① 蒋庆：《公羊学引论》，126页，沈阳，辽宁教育出版社，1995。
② 章太炎：《傍害》，《膏兰室札记》卷二，《章太炎全集》（一），159页。
③ 章太炎：《春秋左传读》，《章太炎全集》（二），784页。
④ 章太炎：《致谭献书》，载汤志钧编：《章太炎年谱长编》，31页。
⑤ 汪东：《余杭章先生墓志铭》，载《制言》第31期。

种狭隘的种族主义思想无疑是陈旧的、消极的。

由此决定，他的学术研究也基本上是在古典经学的老框框中打转，无力冲破旧学网罗。如他的《左传》研究过分拘泥于左丘明为《春秋》作传等旧说，书中还存有一些牵强附会之处。

值得指出的是，在这一时期，章太炎儒学思想的主流是旧学，但已初步表露出冲破古典经学的倾向。一是重视对诸子学的研究。章太炎继承了俞樾等人治经兼及诸子的学术传统，自治学之始，就重视诸子学研究，我们从《膏兰室札记》中不难看出他扎实的考辨功夫。通过经、子比较，他自然能认清经学的历史真相，揭开经学的神秘面纱。"遭世衰微，不忘经国，寻求政术，历览前史，独于荀卿、韩非所说，谓不可易。"① 他已初步认识到诸子思想中有超出经学的地方。二是"以旧融新"，开始吸收西学。早在入精舍之前，他就对西学充满朦胧的向往之情。后来，他曾回忆说："昔年十四、五，迷不知东西，曾闻太平人，仁者在九夷，陇首余糇粮，道路无拾遗。"② 西方社会对他充满了吸引力。入精舍后，他开始涉猎一些西学书籍，并将所学运用于研究当中。在《膏兰室札记》中，章太炎在疏证诸子学和经学时，便引用了当时流行的西学译著如《几何原本》、《谈天》、《天文揭要》、《地学浅说》、《格致探原》等书中的近代科学知识。

西学开阔了章太炎的视野，他已不再满足于株守皓首穷经的传统为学之道。1897年早春，章太炎接受《时务报》社邀请，不顾老师俞樾的劝阻，毅然离开了诂经精舍。从此，章太炎儒学思想进入一个新阶段。

二、从"与尊清者游"到"告谢本师"

从1897年春章太炎投奔《时务报》社到1901年秋"谢本师"这段时间，是章太炎儒学思想由旧学为主向全面建立自己独具特色的儒学思想体系的过渡时期。

---

① 章太炎：《蓟汉微言》，88页。
② 章太炎：《东夷十章》之一，载《光华日报》，1911-02-09。转引自姜义华：《章太炎思想研究》，32页。

在这一阶段，章太炎与"尊清"的洋务派及维新派知识分子进行了多次合作，在后者主办的《时务报》、《实学报》、《译书公会报》、《台湾日日新报》、《亚东时报》等报刊任撰述或主笔，并发表了一系列比较中西文化短长、探讨儒家文化出路的文章。1899年6月，章太炎在《清议报》发表《儒术真论》一文，运用他所掌握的中西文化知识，从哲学的高度对儒学进行了批判，该文成为章氏儒学思想发展的重要里程碑。1901年初，《訄书》初次结集的完成，是章太炎这一时期思想系统化的标志，也是章氏儒学思想初步形成自己理论框架的标志。继此而作的《客帝匡谬》，既宣告了章氏儒学思想过渡期的终结，又开启了他下一期儒学思想的先声。而断发易服、告谢本师，则从行动上表明了与改良思潮、儒学纲常名教的决绝。概括说来，这一时期章太炎的儒学思想主要表现在以下几个方面。

（一）利用儒学宣传变法维新

人们熟知康有为托古改制、援经论政。康有为为了现实的需要不惜给历史披上"夸诞的外衣"，把孔子扮成一位"托古改制"的圣王、创立新教的通天教主。他改造孔子，重塑儒学，大力发挥公羊学的微言大义。其实，受康、梁等维新思想家的影响，笃信古文经学的章太炎在此期间也曾设计过一套与孔子有关的变法改制理论。

这一理论的出台始自章太炎受康、梁影响，借用今文经学宣传维新变法思想。章太炎在时务报社任职不久发表的《论学会有大益于黄人亟宜保护》一文中，便留下了受康、梁等人影响的迹象。该文第一段写道："……整齐风俗，范围不过，若是曰大一统；益损政令，九变复贯，若是曰通三统。通三统者，虽殊方异俗，苟有长技则取之。虽然，凡所以取其长技，以为我爪牙干城之用者，将以卫吾一统之教也。"① 这里，他借用公羊学的"大一统"、"通三统"理论来阐明学习西方的必要性，卫护儒教。接下来，他又说："吾闻《齐诗》五际之说曰：午亥之际为革命，卯酉之际为革政，神在天门，出入候听。是其为言也，岂特如翼奉、郎𫖮所推，

---

① 章炳麟：《论学会有大益于黄人亟宜保护》，载《时务报》第19册，1897年3月3日出版。又见汤志钧编：《章太炎政论选集》，8页，北京，中华书局，1977年。

系一国一姓之兴亡而已。大地动搐，全球播复，内曩中国，覃及鬼方，于是乎应之。方今百年之际，起殆与之符合也哉。"① 他援用《齐诗》阴阳灾异推论时政，说明"以革政挽革命"、变法维新的时机已经到来。《异术》也明显受康有为等人思想的影响，文中写道："道生于五德，德生于色，色生于统。三统迭建，王各自为政。仲尼以春王正月莫络之，而损益备矣"②。根据今文经学的"三统演进"和孔子的"因损革益"，他推导出一系列维新思想，诸如"民者冥也，其尊逾帝王"、"上"能"酌民言""酌民意"、"上有禅让，下有举废，使民多幸"③ 等，委婉表达了他渴望自上而下实施变法维新的思想。

1899年3月12日，章太炎在《台湾日日新报》发表的《客帝论》一文，是他长期以来受康、梁今文经学说和维新思想影响的集中体现。该文撰写时间较长，大约"应推前到1898年秋天的戊戌政变发生之前"④，后来又发表于《清议报》第15册和《訄书》初刻本。

什么是客帝？章太炎在开篇指出："自古以用异国之材为客卿，而今始有客帝。客帝者何也？曰：蒙古之主支那是也。"他认为，既然目前中国已接受欧、美人为客卿掌管军队训练权、税收管理权，为何不能接受满洲人为客帝呢？如果中国接受满洲人为客帝，那么"扬州之屠，嘉定之屠，江阴之屠，金华之屠……"所结下的"九世之仇"暂时可以置而不论，"逐蒙之论""殆可以息矣"。由此不难看出，客帝论是他长期以来的种族情绪与当时的改良思潮之间矛盾调和的产物。

主客相依而存，章太炎顺理成章地提出了谁为"主"的问题。"抑夫客卿者，有用之者也；客帝者，孰为之主而与之玺绂者乎？"章太炎认为，支那几千年来龙脉未断，一直有"共主"存在，只是人们不如此称呼罢

---

① 章炳麟：《论学会有大益于黄人亟宜保护》，载《时务报》第19册，1897年3月3日出版。又见汤志钧编：《章太炎政论选集》，13页，北京，中华书局，1977年。
② 章炳麟：《异术》，载《实学报》第4、第5册，1897年9月26日、10月6日出版。
③ 章炳麟：《异术》，载《实学报》第5册，1897年10月6日出版。
④ 谢樱宁：《章太炎年谱摭遗》，5页，北京，中国社会科学出版社，1987。

了。支那之共主，衍圣公是也。"昔者《春秋》以元统天，而以春王为文王。文王孰谓？则王愆期以为仲尼是已。欧洲纪年为耶稣，卫藏纪年以释迦，而教皇与达赖剌麻者，皆尝为其共主。支那之共主，非仲尼之世胄，则谁乎？"这里，他不仅受了公羊学的影响，而且触及了康有为提出的"以孔纪年"的问题。"共主"，实则是中华民族文化的精神领袖，是他对儒家文化的寄托；衍圣公，是他为儒家传统寻得的一个有血有肉的活牌位而已。以衍圣公为"共主"，可谓是章太炎这一时期儒学思想的一大建白。

儒家文化向来讲究"名正言顺"。为了给"共主"和"客帝"正名明分，各适其位，章太炎进行了解释。他先是论证了历史上"共主"和历代帝王的关系。在一般人看来，两千余年的封建王朝变迁不断，刘汉曹魏、李唐赵宋，王朝兴迭，并不存在一个一姓家天下的"共主"。章太炎解释说："素王不绝，黑绿之德不弛，则支那之域，亘千百之世而有共主。若夫摄斧扆、掌图籍者，蒙乎汉乎？则犹鹳雀蚊虻之相过乎前而已矣。……冠冕未裂，水土未堙，则支那之共主，其必在乎曲阜之小邑，而二千年之以帝王自号者，特犹周之桓、文，日本之霸府也。"在章氏看来，与孔子血脉相承、代表儒家文化精神的历代衍圣公才是支那千年一系的"共主"，而历代帝王不过像周代的诸侯、日本的幕府，只能"主其赏罚而不得窃其名位"；又如同从面前飞过的鹳雀蚊虻，嗡嗡嘤嘤，你去我来，不足道也。接下来，章太炎论证了当今之衍圣公为支那"共主"的合理性。针对有人提出："今之衍圣公，其爵则五等，其册封则必于京室。今倒植其分，霸其封之者，而帝其受之者，其可乎？"他进行了认真回答："《繁露》有言，天子不臣二代之后，而同时称王者三，是则杞、宋之在周世，其名则公，其实则王也。夫以胜国之余孽，不立其图法，不用其官守，而犹通三统而王之，况朝野皆奉其宪法以纲纪品庶者欤？名曰衍圣公，其实泰皇也。"自汉代以来，帝王虽更"十七姓"，其中却没有任何一个帝王敢废黜儒家礼乐教化。既然儒家的礼乐文明"非一代之主所得废黜者"，则衍圣公"亦非一代之主所得册封也"。因此，衍圣公虽未受号为帝，又有什么关系呢？相反，如果进行册封，也不过是"骄主媚臣之自为僭滥，亦犹乾隆之世，英吉利尝一通聘，而遽书之以为入贡之藩也"。他认为，只有把"衍圣当帝,而人主之当比于桓、文、霸府",才能说清楚清代三百年支那依然有自己的"君主"。显然,他的"君主"是指儒家传人,而非指大清皇帝。经此诠释,"共主"、"客帝"各居其位。

章太炎以满人为"客帝"并未忘记"种族大义"。他在文中再三强调说:"逐加于满人,而地割于白人,以是为神州大诟。夫故结肝下首而不欲逯",只是因为"地处其逼,势处其陧,九世之仇,而不敢复焉"。为了解决亡国灭种的民族危机,满汉矛盾只好暂居其次。

章太炎以满人为"客帝"并不是说汉人无帝可选。他解释继续以光绪为"客帝"的原因时说:光绪帝已"悔二百五十年之过矣。彼疏其顽童,昵其地主,以百姓之不得职为己大耻,将登荐贤辅,变革故法,使卒越劲,使民果毅,使吏精廉强力,以御白人之侮。大东辛颠之胄,且将倚之以为安隐,若是,又何逐乎?"既然这位在位的圣明皇帝能够解救目前的危局,即使他"非我族类",只要"其心不异",章太炎认为也可欣然接受。

当然,当今圣上既然是"客帝",就要以"客"的身份自处,一切以汉族儒家文化为依归。章太炎认为,当今圣上除了"必取谟于陆贽,引咎降名,以方伯自处"、降低自己的名分外,还需要学习儒家文化,进行全方位改革。"禘郊之祭,鸡次之典,天智之玉,东序之宝,一切上之于孔氏;彤弓黄钺,纳陛簠簋,一切受制于孔氏。"这是礼制的改革。"退而改革朝官,皆如宗人府丞。朝官皆满汉二员,独宗人府丞则只一汉员。……圈地之满、蒙,驻防之八旗,无置马甲,而除其名粮,一切受制于郡县。自将军以至佐领,皆退为散佚。大政既定,奏一尺书,以告成于孔氏。"①这是政治、军事体制的改革。

从上述不难看出,《客帝论》受了今文经学和改良思潮的影响。这一点,章太炎本人也供认不讳,他说:"吾读《伊尹书》,有九主,有素王。吾读《中候》,至于霸免,(郑注:霸犹把也,把天子之事)有受空之帝。

---

① 以上引文见我国台湾旅客来稿:《客帝论》,载《清议报》第15册,1899年5月20日出版。又见汤志钧编:《章太炎政论选集》,84~90页。

(郑注谓'楚之义帝')今以素王空帝,尸其名位,而霸者主其赏罚,则吾震旦所君事者,固圣胄已。其建霸府于域中,则师不陵正,而旅不逼师。臣民之视客帝,非其后辟,其长官也。霍光也,金日䃅也,李晟也,浑瑊也,其种系不同,而其役使于王室也若一,则部曲之翼戴之也。汉乎?满乎?亦犹菌鹤马蜩之相过乎前而已矣。君臣不属,则报志可以息,虽勿攘逐,无负于高义。然则二族皆宁,而梅福之大义,且自今始既其实焉。以是流衍于百王,而为宪度,其有成劳于震旦也,亦大矣。"① 章太炎正是从今文经学派所信奉的纬书《中候》中得到启示,发明了《客帝论》,"尊崇孔氏,以息内讧",使他久蓄胸中的"复九世之仇"的《春秋》大义与康、梁主张的君主立宪制得以妥协和息争。

　　需要指出的是:第一,章太炎的儒学思想虽然受了康、梁等人的影响,但并不意味着他们思想的混一。康有为尊孔是以孔子为"托古改制"的通天教主,而章氏尊孔则是因孔子保护了汉族文化。在《客帝论》中,章氏依然有强烈的"反清意识",而康、梁维新变法的前提之一则是"保皇"。第二,章氏援用今文经学并非他仅仅受自康、梁影响,"率尔操觚",而是事出有源。早在他赴时务报社前给汪康年的信中就曾说:他办报的宗旨是"驰骋百家"、"倚摭子史"、"引古鉴今,推见至隐"、"证今而不为卮言,陈古则不触时忌",并以西汉今文经师王式以《诗经》三百零五篇"谏"昌邑王的故事为例说明,只要有助于当时的政治改革,即使今文经师的援今论政,也是可取的。② 他在《经世报》创刊号发表的《变法箴言》一文中也曾说过:"与道今而不信,则又与之委蛇以道古。"③ 可以说,章太炎援引今文经学的论政,不仅是对早期兼容今文经学思想的继续,更是服务于当时政治实践的需要。

　　(二)"陈说经义,判若冰炭"

　　虽然章太炎这一时期在宣传变法思想时不时地打破门户之见,援引今

---

① 章太炎:《客帝》,《訄书》初刻本,《章太炎全集》(三),68~69页。
② 参见章太炎:《致汪康年书》,《章太炎政论选集》,3~4页。
③ 章炳麟:《变法箴言》,载《经世报》第1册,1897年8月2日出版。

文经说，但这仅限于政治思想领域，并不意味着在学术上与今文经学派妥协。在学术领域，章太炎坚守门派，依然表现出严谨的汉学家风。"论及学派，辄如冰炭"，"古今文经说，余始终不能与彼合也"。① 章太炎必然要同今文经学派展开学术论争。

他和维新派的初次合作便因学派不和而破裂。1897年初，章太炎入时务报社任职，当时适值维新思潮不断高涨，康门弟子春风得意，他们持今文经说大肆张扬，"或言康有为字长素，自谓长于素王"②，或"以长素为教皇，又目为南海圣人，谓不及十年，当有符命"③。章太炎本来就对康有为的"新学伪经"、"孔子改制"理论不能措意，曾向梁启超表示："变法维新为当世之急务，惟尊孔设教有煽动教祸之虞，不能轻于附和"④。而康门弟子的"狂悖恣肆，造言不经"更使章太炎忍无可忍，"不得不大声疾呼，直攻其妄"。结果，招致"康党麇至，攘臂大哄"，章太炎被梁启超的学生梁作霖等人殴打了一顿。⑤ 双方共事不永，只好分道扬镳。

章太炎离沪返杭，余怒未消，再次撰写《新学伪经考》驳议。他自述道："《新学伪经考》前已有驳议数十条，近杜门谢客，将次第续成之。"⑥ 在脱稿之前，他还致函古文经学大师孙诒让，寻求同情和支持。孙诒让在复信中建议说：《新学伪经考》等"是当哗世三数年。荀卿有言：'狂生者，不胥时而落。'安用辩难？其以自熏劳也"⑦。出于维新大局考虑，章太炎接受了孙诒让的建议，终止了《驳议》的写作，但他对今文经学派则一直耿耿于怀。即使在章、康二人关系最为密切的19世纪末年，章氏依然直言不讳他与康氏的学术分歧："所与工部论辩者特左氏、公羊门户师法之间耳。至于黜周王鲁、改制革命，则未尝少异也。（余绅绎周秦西汉诸

---

① 章太炎：《太炎先生自定年谱》，光绪二十二年，载《近代史资料》，1957（1）。
② 同上。
③ 章太炎：《致谭献书》，1897年4月20日，《章太炎政论选集》，14页。
④ 李剑农：《中国近百年政治史》上册，244页。
⑤ 参见章太炎：《致谭献书》，1897年4月20日，《章太炎政论选集》，14~15页。
⑥ 同上书，15页。
⑦ 章太炎：《瑞安孙先生伤辞》，《太炎文录初编》卷二，《章太炎全集》（四），224页。

书，知左氏大义与此数语合)"①"论学虽殊，而行谊政术自合也"②，表现了他与康有为等人相同的政治见解和分明的学术立场。

这一时期章氏与今文经学派学术论争的另一表现是《今古文辨义》的发表。《今古文辨义》发表于1899年12月25日的《亚东时报》，是章氏首次系统地就廖平的今文经学说进行批判，是他虽维护变法但仍然坚持古文经学立场的又一例证。

廖平主今文，一生治经思想多变，先后有六。戊戌变法前后，正是他经学思想第二次变化时期，他否定了前期所倡导的"平分今古"说，转向"尊今抑古"说，代表作是成稿于1888年的《知圣篇》和《辟刘篇》。前者1898年付梓，更名为《古学考》，后者1902年出版。同期他还刊行有《经话》甲、乙两编，《群经凡例》，《经学初程》等。在这些著作中，廖氏受刘逢禄、龚自珍、魏源、邵懿辰等人的影响，提出：古文经皆有作伪迹象，托名于周公，实为刘歆及其弟子伪造。由于康有为所撰《新学伪经考》、《孔子改制考》内容上与《知圣篇》和《辟刘篇》关系密切，因而廖平经学思想在当时影响较大。

《今古文辨义》主要就廖氏《群经凡例》、《经话》、《古学考》等书中的"偏戾激诡"之处进行驳诘。

首先，章太炎对廖平的经说要点进行了归纳。他说："综廖氏诸说，一曰经皆完书无缺，以为有缺者刘歆也。一曰六经皆孔子所撰，非当时语，亦非当时事，孔子构造是事而加王心也。一曰四代皆乱世，尧、舜、汤、武之治皆无其事也。一曰《左氏》亦今学，其释经亦自造事迹，而借其语以加王心，故大旨与《公》、《穀》同，五十凡无一背《公》、《穀》也。一曰诸子九流皆宗孔子也。"一言以蔽之，廖氏"不过欲特尊孔子，而彼此抵触，疑义丛生，故不得不自开一径耳"。

其次，章太炎对上述五点一一展开批判。

对于第一点，章太炎指出，廖氏实质是欲独尊今文博士传经可信，而

---

① 章炳麟：《〈康氏复书〉识语》，载《台湾日日新报》，1899-01-30，见《章太炎旅台文录》，载《中国文化研究集刊》，1984 (1)，357页。
② 同上。

"摈古文于经义之外"。他驳斥说,传经过程中有经义变化实属正常,"廖氏谓今文重师承,古文重古训,惟重师承,故不能自为歧说,推重训诂,故可以由己衍解",实是大谬,师承与训诂都是重要的传经手段,并不能以此决定传经的信度;况且"大小夏侯,同出兒宽,而彼此相非。王式《鲁诗》,江公《穀梁》,皆近本申公,而丑诋狗曲",今文师承传授也是矛盾重重;不能以今文判古文,古文经书有别于今文经书的地方不能简单地归之于刘歆伪造。

对于第二点,章太炎驳斥说:廖氏为抬高孔子而"摈尧、舜、周公不得为圣人"的做法,实质上是误认孔子"贤于尧、舜"的地方"专在制作",然而历史事实并非如此。章太炎从历史出发论证说:孔子所撰,亦曾秉承前人之书;后人之所以"极崇孔子",实缘于其"性分",而不是其"制作"。

对于第三点,章太炎认为,廖氏"尽谓尧、舜为虚,而以归之孔子",这种荒古非今的做法不仅不会抬高孔子,反而易导致"踵其说者,并可曰孔子事亦后人所造也"。"欲以尊崇孔子而适为绝灭儒术之渐",有着走向历史虚无主义的危险。

对于第四点,章太炎说:"大抵《左氏》以事托义,故说经之处,鲜下己意,而多借他处之义以释之。故其义最为难知,而其功亦如集腋榖材,非二百四十年之遗语,不足以回旋其意也。"这种史证的方法与《春秋》"推见至隐"的方法相同,并不像廖氏所云"取六经微言大义以裁成之",与《公》、《穀》两传性质不同。

对于第五点,章太炎回答说:廖氏说诸子九流皆宗孔子实是妄谈怪论,"诸子分流,自出畸人散乱之后,家各承其旧学,更相衍说,以成一派,与孔子何与?"他举例说,"墨子专与仲尼立异",这是大家公认的事实。至于"诸子褒贬互见,要亦如儒家之取老聃,非宗之也"。诸子生于同世,记述有所异同,这是合乎情理的。

综上,《今古文辨义》从经学源流、经学传授方法、孔子的地位等方面剖析了廖平"荒蔑古经"的荒谬性,从而提高了古文经学的地位。章太炎与廖平之争,只是学术领域内部的争论,是章太炎"求是与致用二分"

这一指导思想下的产物。当时，张之洞之流因康有为所宣传的孔子改制理论曾受廖平影响，认为廖平是康有为"为祸"之源，于是率众群起而攻之。实际上，康有为是经学政论派，廖平是经师派，二者本不相涉。鉴于此，章太炎不顾学派不同，挺身而出，他以维新参与者的身份向廖平展开学术论争，以此表明，今古文经学只是学术上的分歧，廖氏宣传今文师说并不意味着是政治新进。他还在文末公开申明，他与廖氏的论争和张之洞之流不同，张之洞之流"借攻击廖士以击政党"，实是"经术文奸之士"、"陷阱之鼋"。①

（三）论及学派，同而不和

章太炎与今文学派判若冰炭，并不意味着他与古文学派合而为一。自1897年初他告别诂经精舍后，他的学术思想已进入一个新阶段。虽然从形式上看，他的经学研究并未越出传统汉学的藩篱，但其为学主旨已发生根本变化。从他与张之洞等旧儒的斗争中我们可以断定，这一时期章太炎的儒学思想与服务于封建纲常名教的儒学不可划而为一。

张之洞是晚清著名的洋务思想家，在戊戌政变前曾一定程度上对维新派予以支持，从而迷惑了梁启超、严复等维新人士。如梁启超在书信中曾这样称说："今海内大吏，求其通达西学深见本原者，莫若师若；求其博宗中学精研体要者，尤莫若师若。"②梁氏以弟子自居，对他推崇备至。在学术上，张之洞也有较高地位，被推为"一代儒宗"。他以古文学家自居，"平生学术最恶公羊之学，每与人言，必力诋之"③，曾撰有《驳公羊大义悖谬者十四事》、《驳公羊文义最乖舛者十三事》。④ 受此迷惑，章太炎也一度引张氏为知己。

1898年春，章太炎应张之洞之邀赴武昌主持创办《正学报》。与他共

---

① 以上引文见蓟汉阁主：《今古文辨义》，载《亚东时报》第18号，1899年12月25日出版；又见汤志钧编：《章太炎政论选集》，108～115页。
② 梁启超：《上南皮张尚书书》，《饮冰室合集》文集之一，北京，中华书局，1989年影印本。
③ 参见张之洞：《抱冰堂弟子记》，《张文襄公全集》卷二二八。
④ 参见张之洞：《读经札记》二，《张文襄公全集》卷二一一。

事的有张之洞亲信梁鼎芬、王仁俊及梁的得意门生朱克柔。

关于双方合作的原因，章太炎后来回忆说："余持《春秋左氏》及《周官》义，与言今文者不相会。清湖广总督南皮张之洞亦不熹公羊家，有以余语告者，之洞属余为书驳难。"① 刘禺生在《世载堂杂忆》中也曾述及张召章入鄂的原因：在维新变法高潮时，"康、梁公羊改制说盛行。张之洞本新派，惧事不成有累于己，乃故创学说，以别康、梁。在纺纱局办《楚学报》（即《正学报》——引者注），以梁鼎芬为总办，以王仁俊为坐办，主笔则余杭章太炎炳麟也。太炎为德清俞曲园高足弟子，著有《春秋左传读》一书，之洞以其尚左氏而抑公羊，故聘主笔政。"② 无疑，同尊古文经学是双方走到一起的一个重要原因。但双方共事不久，矛盾便显露出来。

先是章太炎对《劝学篇》表示不满。章太炎入鄂之初，适值张之洞《劝学篇》刊行。《劝学篇》以"旧学为体，西学为用"，分内外两篇，"内篇务本，以正人心；外篇务通，以开风气"，给人一种持中而又不守旧的感觉，的确能迷惑人。对其实质，张的幕僚辜鸿铭最为了解，他说："文襄之效西法，非慕欧化也；文襄之图富强，志不在富强也。盖欲借富强以保中国，保中国即所以保名教也。……文襄之作《劝学篇》……绝康、梁并以谢天下耳。"③ 这可谓是洞察肺腑之论。张之洞在《劝学篇》中强调中学"考古非要，致用为要"，显然与章太炎的为学宗旨不合；张之洞援学论政反对康、梁，更悖逆了章太炎赴鄂的初衷。因此，章太炎对《劝学篇》提出了异议："其《劝学篇》一种，颇足以欺世盗名。要之，《外篇》所说，时有可采，而《内篇》皆模棱语。今谓其苦心筹画，不欲与满人立异，则为其所欺尔。果具此心，但当颂飏祖德，教民尽忠可矣。今于周秦诸子，无不丑诋，并西汉今文学派，亦皆愤如仇敌，是其发源之地，固以孔光谨慎、胡公中庸为正鹄。盖新党立论大近狂狷，

---

① 章太炎：《太炎先生自定年谱》，光绪二十四年，载《近代史资料》，1957（1）。
② 刘禺生：《世载堂杂忆》，109～110页，沈阳，辽宁教育出版社，1997。
③ 辜鸿铭：《辜鸿铭文集》，418页，海口，海南出版社，1996。

容有未合中行者,而驳之者,则为路粹之告孔融矣。"① 两人的儒学思想主旨根本不同。

接着双方在办报宗旨上又发生了冲突。在《正学报》"缘起"及其"例言"中,章太炎虽然也讲了些双方都能接受的话,比如批评康、梁等"颖异之士""慨乎中学陵迟,经籍丧道,陈说古义,以华妙为高,研究六籍,以训诂为讳",为学之途,"遁于邪也";② 但双方在对待旧学问题上却是南辕北辙,章氏明确指出:"九流腾跃,以兰陵为宗;历史汗牛,以后王为法。"③ 尊荀子而法后王,这与张氏及其门生崇奉孔、孟、程、朱之道正背道而驰。1899年章太炎在台湾曾述及办《正学报》事宜,他说:"曩客鄂中,时番禺梁鼎芬、吴王仁俊、秀水朱克柔皆在幕府,人谓其与余同术,亦未甚分泾渭也。既数子者,或谈许、郑,或述关、洛,正经兴庶,举以自任,聆其言论,洋洋满耳,及叩其指归,脔卷逡巡,卒成乡愿,则始欲割席矣。嗣数子以康氏异同就余评骘,并其大义亦加诋毁,余则抗唇力争,声震廊庑,举室愕眙,谓余变故,而余故未尝变也。"④

道不同不足与谋,双方虽同持古文经学,但由于其内涵的道德意蕴不同和政治思想的对立,合作没能继续下去。《太炎先生自定年谱》述说道:"一日聚语,鼎芬颇及左氏、公羊异同。余曰:'内中国,外夷狄,《春秋》三家所同。弑君称君为君无道,三家亦不有异。实录之与虚言,乃大殊耳。'他日又与侪辈言及光复,鼎芬慭焉。"⑤ 章氏不仅同今文经学家"尊清"表异,对古文经学家"尊清"也直斥不讳。梁鼎芬因之赶忙禀报张之洞,"谓章某心术不正,时有欺君犯上之辞,不宜重用。"⑥

---

① 蓟汉阁主:《党碑误凿》,载《中国文化研究集刊》,1984(1),362页。
② 章太炎:《正学报缘起》,《章太炎政论选集》,62、60页。
③ 同上书,62页。
④ 章炳麟:《〈康氏复书〉识语》,载《台湾日日新报》,1899-01-13,见《章太炎旅台文录》,载《中国文化研究集刊》,1984(1),357~358页。
⑤ 章太炎:《太炎先生自定年谱》,光绪二十四年,载《近代史资料》,1957(1)。
⑥ 冯自由:《章太炎事略》,《革命逸史》初集,53页,北京,中华书局,1981。

双方合作破裂。

我们由此可看出章氏经学思想与政治思想关系之一斑。由于指导思想的变化，他已基本上跳出传统儒学纲常名教的窠臼，与旧儒张之洞等人的儒学思想有根本不同。

从章太炎与"翼教派"的论战中，我们再次看到章氏儒学思想与旧学的区别。

戊戌变法失败后，守旧势力沉渣泛起，猖狂反扑。1898年10月，湘儒苏舆刊行《翼教丛编》六卷，内辑有朱一新、安维峻、张之洞、叶德辉、文悌、王先谦、梁鼎芬等人驳斥康、梁的文牍。就治学路数而言，他们大都宗古文，像王先谦、朱一新等人在当时学界且享有一定的声名。就学理而言，他们的论证也有可取之处，如他们说："六经训词深厚，道理完醇，刘歆之文章具在，汉书非但不能窃取，而实无一语近似"；"谓孔子作《春秋》，西狩获麟为受命之符，以《春秋》变周为一代王者，明似推崇孔教，实则自申其改制之义"。① 表面看来，这些说法与章氏反对康、梁经学的言论有相似之处。但究其实质，他们既以"翼教"为名，自有超出学术范围的寓意，苏舆在《自序》中明白写道：《丛编》"专以明教正学为义"，"世岂有学术不正而足与言经世者乎？"他们指责康、梁等人大逆不道，"灭圣经"、"乱成宪"、"堕纲常"、"无君上"，造成了"邪说横行，人心浮动"，认为理应遭受人人口诛笔伐。②

针对翼教派打着学术的幌子进行政治性诽谤，章太炎于1899年10月在《五洲时事汇编》第三册中发表《〈翼教丛编〉书后》一文，从三个方面进行了回击。

首先，章太炎指出，"是书驳康氏经说，未尝不中窾要，而必牵涉政变以为要，则自成其瘢宥而已"。比如说，书中"引义乌朱侍御与康氏辩论经义诸札，侍御故金华学派，窃上窥两汉古义，其说经诚与康氏绝异，乃其请诛嬖宦以罢官，则行事又未尝不合也"。浙江义乌朱一新虽然同康

---

① 安维峻：《安晓峰侍御请毁禁〈新学伪经考〉片》，文悌：《文仲公侍御严参康有为折》，分别载《翼教丛编》，69、82页，台北，台联国风出版社，1970。
② 参见苏舆：《翼教丛编·序》，4页。

氏学术观点不同,但他敢于上书弹劾宦官李莲英,且因此而遭罢官,就这一点而言,他与康有为的政见"未尝不合"。翼教派是以朱氏"庇贾、马之见""转用之以庇权奸",这并不符合朱氏的原意。

其次,针对翼教派批驳康有为怀疑儒家经典,章太炎指出:"中国学者之疑经,亦不始康氏也。"不仅清代学者崔述、刘逢禄、魏源、宋翔凤疑经,而且古代著名学者王充之《问孔》、刘知几之《惑经》、二程颠倒《大学》、朱熹不信《孝经》、王柏删《毛诗》、蔡沈削《书序》,都是疑经改经的先例。翼教派"不罪程、朱,而独罪康氏",用心何在?

最后,针对翼教派指责维新派"生心害政",痛诋康梁"张民权"、"主平等",章氏回答说:"说经之是非,与其行事,固不必同","诋其说经而并及其行事,此一孔之儒之迂论"。康氏经说诸书纵有误,"其误则等于杨涟尔"。① 章氏把康氏比作明朝反对宦官魏忠贤专权的东林党人杨涟,认为尽管其书有误,也是忠于朝廷的,而翼教派诬陷康氏不正像明朝逆宦阉党之流吗?

由上述不难看出,章太炎这一时期的儒学指导思想已不是传统儒学的纲常名教,他本人也不再与传统的经师儒生为伍。有人认为章氏儒学思想始终未脱离旧式经学家思想的藩篱,这一说法失于准确。

(四)"合中西之言以喻之"

1897年8月,章太炎在《经世报》创刊号发表《变法箴言》一文,提出:"民不知变,而欲速其变,必合中西之言以喻之。"章太炎在合中西之言以"开民智"的过程中,他的儒学思想也得到了发展和升华。

章太炎对西学的广闻博览是促使其儒学思想不断发展的根本保障。在这一时期,他广泛阅读了西方政治、哲学、历史、社会学以及自然科学等方面的书籍,特别是严译名著的出版更使他眼界大开。像英国社会学家斯宾塞尔的社会学理论、达尔文的进化学说都给了他强大震撼。它们不仅影响了章氏政治思想的发展变化,而且也改变了章氏的哲学世界,使他能够较为自觉地运用近代西方哲学社会科学来批判、阐释儒家学说。

---

① 参见章太炎:《〈翼教丛编〉书后》,《章太炎政论选集》,96~97页。

如在《儒术真论》及附论《视天论》和《菌说》中，他便运用近代自然科学知识从唯物论和进化论的角度向传统的"天不变道亦不变"的"天命论"和"不变论"展开了批判，并委婉地对谭、康的一些观点提出了批评。该文首次以"章氏学"署名，是章太炎儒学思想发展的重要里程碑。

对于中学，章太炎重在倡导诸子的历史研究以弥补儒学的不足。他在《变法箴言》中曾说："与道今而不信，则又与之委蛇以道古。"① 对于那些热衷于复兴故物者，章太炎结合当时的古学复兴思潮，"以复古为解放"。他在《实学报》上发表的《后圣》、《儒道》、《儒兵》、《儒法》、《儒墨》、《儒侠》、《异术》等一系列评骘儒学与诸子学短长得失的文章，便是"委蛇以道古"的例子。与以往论诸子者着重于名物训诂、制度考证不同，章太炎着重从义理方面阐发诸子思想精髓，说明诸子学与儒学互有短长，并可补充儒学的不足。他特别反对"罢黜百家，独尊儒术"的说法，指出："物之不齐，物之情也。……百家胠说而一行，则他议者媆娟，媆娟甚，则必反之兵矣。……夫魁士骏雄将以其议以卫民者，徒长乱以为民害。"② 这在客观上有利于降低儒学的地位。

这一时期，章氏"合中西之言"更具代表性的著作还属初次结集的《訄书》。"訄"者，《说文》称："迫也。"段玉裁注曰："今俗谓逼迫人有所为曰訄。"③ 章氏自己则解释说："幼慕独行，壮丁患难，吾行却曲，废不中权。逑鞠迫言，劣自完于皇汉。"④"逑鞠迫言"，处于艰难探索中人的一种急切表达。

关于《訄书》编纂刊刻的时间和地点，学界一直存有分歧。笔者认为，章太炎于1899年初在台湾就已开始筹划编纂《訄书》，于1900年1月底以前在上海完成结集工作，1900年2月中下旬《訄书》开始付梓，4月

---

① 章炳麟：《变法箴言》，载《经世报》第1册，1897年8月2日出版。又见汤志钧编：《章太炎政论选集》，23页。
② 章炳麟：《异术》，载《实学报》第5册，1897年10月6日出版。
③ 《说文解字注》，言部，102页。
④ 章太炎：《訄书》初刻本，《章太炎全集》（三），6页。

上旬以前即已刊行。①

《訄书》是章太炎第一部论学论政的综合型著作。该书正文50篇，补论两篇，囊集了他这一时期主要代表作品，基本上反映了他这一时期的思想状况。

《訄书》正文编排以《尊荀》第一始，以《独圣》下第五十终，从中不难看出他对儒家思想的重视。从《訄书》的内在结构看，全书可分为三大部分，每一部分均与他的儒学思想有一定联系。

第一部分，包括从《尊荀》第一到《儒兵》第六等六篇，另加《独圣》上、下两篇，是章太炎从正面直接探讨儒学与诸子学关系的一组文章。他从历史出发，就诸子学的起源、发展衍变进行了考订，澄清了后人的许多传讹和谬说，进而上升到理论高度，品评诸子与儒家的长短得失，从而达到提高诸子地位、打破儒家独尊的目的。当然，章太炎倡导诸子学复兴以打破儒学独尊并不意味着他对儒学价值的否定。《訄书》虽然对儒家的空谈"仁恩"、"不究其实"提出了尖锐的批评，对陆渊明、孔颖达、

---

① 对此，汤志钧和朱维铮、姜义华都有专门研究。汤氏认为，《訄书》结集完成的时间为1899年1月中旬到2月上旬，付梓应为"己亥冬日"，即夏历1899年冬天，出书则在1900年7月以前；编辑地点则在日本。详见汤志钧编：《章太炎年谱长编》，95～97页；又见《改良与革命的中国情怀》，122～125页。朱氏认为，《訄书》编纂开始的时间约为1899年11月中上旬以后，结集完成的时间为1900年1月底以前，初版付梓不会在1900年2月以前，大约为该月中下旬，刊行决不会迟于1900年4月上旬；编辑地点为上海。详见《章太炎全集》（三），"前言"部分。姜氏也认为，"《訄书》于1900年1月初步编定"。见《章太炎评传》，48页，南昌，百花洲文艺出版社，1995。

笔者认为，朱氏关于《訄书》结集完成的时间和地点、付印及刊行的时间的考订大致无误。但关于开始编纂的时间和地点似可参考汤氏之说，查1899年6月前馆森鸿在台湾作《送章枚叔序》及不久后于日本作《儒术真论序》均提及《訄书》，前者曰："予尝读其所著《訄书》，议论驱迈，骨采雄丽，其论时务，最精最警。"后者曰："（枚叔）遁台疆，余时在幕府……一日以其文稿见示，凡五十首。"正如谢樱宁先生所说，"篇数虽同为五十首，篇目却未必与成书后之原刊本全同。"（引文见谢樱宁：《章太炎年谱摭遗》，12～13页。）如《帝韩》、《客帝》等未必就已收入。据此，我们可以断定，章太炎在台湾已有编纂《訄书》计划，并开始初步编纂，后来反复修订，直到回到上海付印前才定稿。

另外，汤氏认为在《訄书》原刊本和重订本之间有一手校本，而朱氏则认为，"所谓《訄书》从初刻本到重订本之间还有一个过渡本的说法，是靠不住的。"笔者暂阙论。

冯道、钱谦益等人口喊仁义、阴行其非进行了无情揭露，但其锋芒主要是针对拘迂守旧的"腐儒"、卑污迎媚的"贱儒"，而不是反对儒学本身。《訄书》所主张的是尊崇荀子、以后王为法，讲究事物的因损革益、变与不变；强调的是孔、荀相承，有源有流，自成统系，从旧学中衍生出新的儒学体系。正如他在《独圣》中所说："仲尼横于万纪"，"自仲尼之厉世摩钝，然后生民之智，始察于人伦"，"荀子为之隆礼义而杀《诗》、《书》"，由荀子而上溯孔子，才能找到儒家文化的真正源头，由荀子而孔子，才是发现"维新"真正内涵的最佳路径。① 简言之，章氏反对儒家独尊，并不是说废之不尊；他批判儒学，正是为了发展儒学。

第二部分，包括从《公言》上第七到《订实知》第十八共12篇文章，较为系统地从哲学角度运用近代唯物主义宇宙观和认识论对传统儒学的天道论、神道观等陈旧思想观念展开批判。如《冥契》、《封禅》、《河图》、《干蛊》等篇就把对封建神学的批判同对封建专制主义政治的批判结合起来，增强了战斗的力度。

第三部分，包括从《平等难》第十九到《杂论》第四十八共30篇文章，外加补论两篇。这一部分或是针对中国现状提出的构想，如《客帝》、《分镇》等提出的变法思想；或为解决社会转型期遇到的问题而借助西学创建的理论，如《原人》、《族制》等提出的近代民族理论；或就中国社会某一具体问题提出的改革计划，如《明农》、《制币》。就表面看来，这一部分似与章太炎儒学思想关系不大，然而经认真研究后会发现，它们仍与章氏儒学思想有密切的联系。如前面我们已经讨论过的《客帝》一文，就明显表现出章氏儒学思想受今文经学影响的倾向。

《訄书》中的文章，有些篇目过去在报刊上公开发表过，但多数在收入本书时都做过不同程度的改动或调整，有的内容已不同于从前。另外从全书的结构安排上我们也可以看出，《訄书》并非是章氏这一时期文章的简单结集，而是他运用"五十篇文章从历史到现实，从一般原理到具体主

---

① 参见章太炎：《独圣下》，《訄书》初刻本，《章太炎全集》（三），103～106页。

张,从批判到建设,组成了一个结构相当严密的理论体系"①。我们也可以说,《訄书》是章太炎这一时期建立的一个内容丰富的儒学思想体系。

同第一阶段相比,这一时期章太炎儒学思想出现了一些新的特点。从整体上说,他的儒学思想与政治思想更加密切地结合在一起,呈现出互相激荡,共同发展的趋势。但仔细看来,他又刻意追求着学术品格的独立,把论学与论政判为两橛,表现出一代新人儒学思想的新气象。他对诸子学义理的阐释,既摆脱了以往汉学研究局限于对诸子学琐碎末节考据的现象,又为他突破旧的儒学独尊观念、确立新的儒学体系从传统中找到了坚实的基石。西学特别是西方哲学的旁路楔入,使他的宇宙论和认识论发生了根本的变化,从而促成了他儒学思想的成熟和飞跃。同康、梁等治今文学者相比,章氏不盲从新潮,而是自成体系、自成一家,既承续了汉学重实证、重文化传承的学术传统,又逐步形成了自己尊孔——尊荀——法后王的儒学思想体系。

这一时期作为章太炎儒学思想的过渡时期,容易发生变化。戊戌政变和义和团事件加快了章太炎对封建专制主义的认识,也加快了他儒学思想转变的行程。1900年秋,章太炎在上海参加了唐才常、严复、容闳等人组织的"中国国会"成立大会。会议的主办者既要光复汉绩,又要勤王保皇,首鼠两端,游移不定。章太炎对"勤王"主张提出了严厉的质询,并"宣言脱社,割辫与绝"②。章氏剪去作为清王朝忠顺标记的长辫,并对《客帝论》中尊清的言论表示反悔:"余自戊、己违难,与尊清者游,而作《客帝》。弃本崇教,其流使人相食。……终寐而颖,著之以自劾录,当弃市。"③他发表《解辫发论》、《拒满蒙人入国会状》、《客帝匡谬》、《正仇满论》等文,同自己过去的改良思想进行清算,宣布告别儒家纲常名教。

1901年8月,章太炎在苏州拜见老师俞樾。俞樾对章太炎公开批判保皇主义、指斥当今圣上光绪皇帝大为不满,大骂章太炎:"不孝不忠,非

---

① 姜义华:《章太炎评传》,51页。
② 朱希祖:《本师章太炎先生口授少年事迹笔记》,载《制言》第25期。
③ 章太炎:《客帝匡谬》,《訄书》重订本,《章太炎全集》(三),120页。

人类也。小子鸣鼓而攻之可也"①。章太炎没有为乃师的盛怒吓倒，回头写了《谢本师》，公然表示抗拒。章太炎告谢本师，标志着他与以封建纲常名教为指导的儒学的彻底决裂。从此，章太炎儒学思想进入又一个新阶段。

三、"转俗成真"，趋于成熟

从1902年《訄书》重订本问世到1911年章太炎离开日本回国这段时间，章太炎儒学思想取得了重大发展，内容丰富，层次驳杂，且充满变化。就形式论，章氏这一时期的儒学思想包括他对儒家思想的哲学阐释，立足于古文经学门派的学术研究，援儒论政、以经学助益于革命等三种表现形式。就过程论，章氏这一时期的儒学思想发展是一个由凡入圣、"转俗成真"的过程②。从"订孔"开始，中经以佛解庄，以佛庄证孔，把处于独尊至上地位的儒家学说，抽象整合，"以不齐为齐"，一步步推衍为国学诸学科中普通的一科，从哲学玄思的高度，冲击了儒学的独尊和神圣地位，初步实现了儒学近代化。

(一)《訄书》重订

1900年以后，章太炎思想主要沿两条轨道向前演进：一条是立足于对政治现状的批判，宣传政治革命思想；一条是立足于对传统文化反思，重建民族文化，实现文化的近代化。而此二者，都与其儒学思想紧密相关。《訄书》的重订，不仅体现了他的政治和文化思想，而且深刻地反映了他儒学思想的新变化。

大体说来，《訄书》初刻本的修改计划始于1900年，他"始著《訄书》，意多不称"③，曾在《訄书》初刻本上进行多次批改。而他真正把修

---

① 章太炎：《谢本师》，载《民报》第9号。
② 章太炎：《蓟汉微言》，88页。
③ 章太炎：《太炎先生自订年谱》，光绪二十八年，载《近代史资料》，1957(1)。

改计划付诸实施,则可能始于 1902 年初。1903 年春,《訄书》重订本脱稿。①

重订后的《訄书》共收文章 65 篇,在初刻本的基础上,删去 14 篇,新增 27 篇,其他各篇也作了不同程度的修订。其中与章太炎儒学思想关系较为密切的文章约有 40 篇,可分为三种类型:

第一类是研究儒家思想史、儒学学术史的文章,主要有从《原学》第一依序到《学隐》第十三等 13 篇论文。这一部分爬梳整理出从先秦诸子到晚清各学派学术思想演进的历史脉络,对中国学术史特别是学术思想史进行了认真总结。

在学术史方面,他运用比较方法和近代西方史学方法考核中国儒学发展历程,提出了许多独到的见解。如在《原学》篇中,他总结古今中外思想学术发展的规律后提出,学术"各因地齐、政俗、材性发舒,而名一家",随着中外交流的增多,地理环境的影响已逐步缩小,因此,"今之为术者,多观省社会,因其政俗,而明一指"。②这种把社会学运用到学术史研究中的方法,既是他对近代西学方法论的有益借鉴,也为他探索中国学术思想发展规律、评定儒学发展得失提供了指导思想。《儒墨》、《儒道》、《儒法》、《儒侠》、《儒兵》等通过探讨诸子学的渊源流传、得失利弊,给人以较为客观的评价,促进了近代诸子学的复兴。在《学变》、《清儒》等篇中,他大力表彰王充、王符、仲长统、崔寔、颜元、戴震等人的学术成就和治学方法,推动了学术史研究的进步。

这批文章中有些在当时的思想界引起了强烈震撼。如《订孔》一文,振聋发聩,在中国思想史上的作用绝不亚于被称为大"飓风"、"火山大喷火"的《新学伪经考》和《孔子改制考》。《订孔》篇公诸于世后,思想界反响强烈。守旧派大骂章太炎"以诵法孔子为耻,以诋辱孔子为振耻",

---

① 对此,朱维铮和汤志钧看法不同。朱氏认为,《訄书》开始改写于 1901 年 2 月后,脱稿于 1903 年春;而汤氏认为,《訄书》改写始于 1900 年,删革完毕于 1902 年。分别参见:朱维铮:《章太炎全集》(三)"前言",9~14 页;汤志钧编:《章太炎年谱长编》,143~151 页。

② 章太炎:《原学》,《訄书》重订本,《章太炎全集》(三),133~134 页。

乃是"离经叛道"、"非圣无法",要将《訄书》尽数焚毁,使之永绝于天地之间。①

第二类是哲理性文章,包括《订实知》、《通谶》、《原人》、《序种姓》等十余篇,主要是通过阐扬西方近代唯物主义认识论和进化论来解释自然界和人类社会的演变过程,从宇宙论和认识论的高度批判儒学中存在的神秘主义人生观、世界观,从而达到推陈出新、转变人们价值观念的目的。如《订实知》篇认为,人的智力虽有高下之分,但都是后天得来的,即使圣人亦须"藉于物而知",生而知之者是不存在的。再如在《通谶》篇中,章氏以唯物论为指导指出,谶纬之书由于不事"藏往",徒为"知来",故其说经往往为谬。

第三类包括《商鞅》、《评葛》、《刑官》等篇,主要是从中国历史现状出发,探讨中国社会政治、经济、文化、教育出路的文章。这些文章大多数以儒家文化为出发点,通过中西比较,对中国革命和建设提出了诸多建设性方案和构想。如《原教》、《订礼俗》、《辨乐》等篇,把儒家文化传统与近代西方民族理论结合起来进行考察,提出了创建适合于中华民族特色的理论。

《訄书》重订本中有些内容,如他对西学的大力阐扬和介绍,对中国历史的研究和探求,表面看似与章氏儒学思想不相及,但究其实质却不难发现,这些内容和章氏儒学思想的发展是相表里的。章太炎对儒学的去粗取精正是建立于对中国历史的严密考证和宏观把握之上,而区分儒学精华与糟粕的尺度则与近代西学的引进有关。从一定程度上说,章太炎儒学思想正是把儒学从中国历史中清理和淘涮出来后,结合中国社会历史现状,与近代西学相整合的产物。

实际上,章太炎把儒学从神圣的殿堂拉回人间,只是他儒学思想形成的初步。取消作为传统文化支柱的儒学的神圣性,一定程度上破坏了中国人的意义和秩序世界,孕育着走向全盘西化的可能。熟谙近代民族理论的章太炎深知文化传统对于一个民族的重要性,深知儒学作为中华民族文化

---

① 参见夏志学:《章炳麟氏〈訄书〉读后》,转引自姜义华:《章太炎评传》,78页。

核心，其近代化转型不可能如此简单地完成。因此，在拆解经学殿堂的同时，他努力致力于以儒家文化为根基的民族文化的重建。在学术层面，他号召大力加强国学研究，希图通过国学研究来实现民族文化的近代转化，促成以儒学为主体的民族文化的新生；在义理玄思层面，他出入佛、道，以佛解庄，以佛、庄证孔，消解儒学的独尊地位。

（二）"上天以国粹付余"

1906年7月，章太炎第三次扶桴东渡，流亡日本。在日本，他加入了中国同盟会，并任《民报》主编，成为中国资产阶级民主革命的重要理论家和宣传家。他以《民报》为喉舌，发表了一批宣传资产阶级民族民主革命思想的重要文章，解放了人们的思想。引人注意的是，他在大力倡导反封建的同时，对资本主义制度的黑暗面也有了一定程度的认识，发表了《五无论》、《四惑论》、《俱分进化论》、《代议然否论》等一批文章。与对西方资本主义制度的怀疑相一致，他反复强调国学研究，力谋从民族文化自身寻找出路。我们说，章氏从国学中探求出路，决不是对传统文化的简单"回归"，而是对传统文化近代化道路的一种探索。

注重从民族文化、民族历史中寻找出路，是章太炎思想的一大特点。早在1903年因"苏报案"被拘期间，他便写过一篇《癸卯狱中自记》。其中写道："上天以国粹付余。……翳素王素臣之迹是践，岂直抱残守阙而已？又将官其财物，恢明而光大之。怀未得遂，累于仇国，惟金火相革欤？则犹有继述者。至于支那闳硕壮美之学，而遂斩其统绪。国故民纪，绝于余手，是则余之罪也！"① 他以狂傲的口气表达了承延民族文化统绪的历史使命感。

出狱东渡后，章太炎在东京留学生欢迎会上的演说辞中，再次表达了他振兴国学的热肠。他说："为甚提倡国粹？不是要人尊信孔教，只是要人爱惜我们汉种的历史。这个历史，是就广义说的，其中可以分为三项：一是语言文字，二是典章制度，三是人物事迹。近来有一种欧化主义的人，总说中国人比西洋人所差甚远，所以自甘暴弃，说中国必定灭亡，黄

---

① 章太炎：《癸卯狱中自记》，《太炎文录初编》卷一，《章太炎全集》（四），144页。

种必定剿绝。因为他不晓得中国的长处,见得别无可爱,就把爱国爱种的心,一日衰薄一日。若他晓得,我想就是全无心肝的人,那爱国爱种的心,必定风发泉涌,不可遏抑的。"① 他明确提出:提倡国粹不是要人们去尊信孔教,进行封建复古,而是为了"激动种姓,增进爱国的热肠";为了尊重我们汉种的历史,激发民族感情。章太炎一贯主张"夷六艺为古史"、尊孔子为史家,儒学自然也包含于"国粹"之中。

为了有组织有规模地进行国学研究,章太炎联合其他革命党人于1906年9月成立了"国学讲习会"。不久,他又组织成立了国学振起社。他在《国学讲习会序》中说:"夫国学者,国家之所以成立之源泉也。吾闻处竞争之世,徒恃国学固不足以立国矣,而吾未闻国学不兴而国能自立者也。吾闻有国亡而国学不亡者矣,而未闻国学先亡而国仍立者也。故今日国学之无人兴起,即将影响于国家之存亡。""精通国学,能合各种之关键而钩联之,直抉其受蔽之隐害,层层剥抉,而易之以昌明博大之学说,使之有所据,而进之以绵密精微之理想,使之有所用。"② 这里,章太炎显然是夸大了民族文化在近代民族国家形成中的作用,但从一定意义上说,他所致力的民族文化近代化也是近代民族国家形成不可或缺的一环。

在这一时期章太炎的讲演和著述中,儒学占有重要地位。其一,章氏宣讲国学、提倡国学研究,是对以儒学为主的传统文化向近代文化的蜕变过程;其二,儒学在章氏所着力建设的近代文化中占有重要一席。据不完全统计,从1906年到1911年,章氏在《民报》、《教育今语杂志》、《学林》、《国粹学报》等报刊中发表与其儒学思想关系密切的文章达70余篇,专著有《章太炎的白话文》、《太炎教育谈》、《国故论衡》、《齐物论释》等。这些论著主要从以下几方面反映了章太炎的儒学思想。

第一,他继续加强经学研究,促成经学的近代转化,使经学研究建立于近代科学基础之上。从内容上看,这一时期他的经学研究既有宏观的论述,如《原经》、《论经的大意》等;又有翔实的考证,如《八卦释名》、

---

① 章太炎:《演说辞》,载《民报》第6号;又见汤志钧编:《章太炎政论选集》,276页。

② "来稿",《国学讲习会序》,载《民报》第7号。

《大疋小疋说》、《说象象》、《刘子政左氏说》等，内容囊括经的定义、起源、流变和经学典籍的阐释等方方面面，具有较高的学术价值和社会价值。简要说来，章太炎主要是围绕"六经皆史"思想为中心展开论述的。从方法论上看，他自觉运用近代社会学、历史学方法进行逻辑推理和考证，注重与当时的社会历史背景相联系，把经书作为历史文献进行运用，已越出了旧经师视经书为不可动摇的圣经的思想限囿。从指导思想上看，他研究经学的目的是要拆掉旧的经学殿堂，在此基础上构筑近代民族文化的大厦，与旧经师盲目崇经不同。从这一层意义上讲，尽管章太炎依然立足于古文经学，但他的经学思想已绝非传统的古文经学家所能比。

第二，进一步完善诸子学研究，给儒家学说以重新定位。与《訄书》时期相比，这一时期他的诸子学研究更加系统。他对诸子学的阐说曾多次发表。1906年编成的《国学振起社讲义》第一篇即为章太炎的《诸子系统说》①，同年9月出版的《国学讲习会略说》中录有他的《论诸子学》演说辞，《国粹学报》第八、第九号又以《诸子学略说》为题予以刊登。《国故论衡》也收有诸子学文章九篇。章氏这些论诸子的著作把儒学列为诸子学之一，有利于实事求是地对儒学作出客观评价。这一点，不仅同康有为打着儒学旗号的改革相比是一大进步，就是同章氏前期的《訄书》相比也是一次飞跃。《訄书》尽管指出儒学和儒家存有缺点，但依然把儒学置于中心地位。《论诸子学》仅把儒家列为诸子之一，《国故论衡》把儒学置于诸子学名下，初步表现了章太炎打破传统学术格局、重建民族文化的努力。

第三，加强史学、小学研究，通过史实考证来澄清经学真实面貌，进而以经学为古史资料；通过历史分析厘清儒家思想中的糟粕与精华，进而发挥其时代价值。在章太炎这一时期的国学研究中，小学和史学著作占有较大比重。小学著作如《论语言文字之学》、《新方言》、《小学答问》、《文始》等，都具有较高的学术价值，对于从语言文字学上讲清经义，再现经

---

① 汤志钧在《章太炎年谱长编》217页仅说此文"无署名，与《国学讲习会略说》中的《论诸子学》不同"，没有确定此文是否为章太炎所作。谢樱宁在《章太炎年谱摭遗》34页中对此文考证后认为应是章太炎所作。

学真实面貌,有较大帮助。史学方面的代表作,如《征信论》①、《信史》等,以史证经,以经证史,有机地把经、史结合了起来,有力地批驳了今文经学"微言以致诬,玄议以成惑"、荒诞不经的说教,并对那些崇洋媚外、盲目诋毁古史者提出了批评,从而为他宣扬国粹主义、弘扬民族文化提供了帮助。

(三) 以佛补儒,以庄证孔

儒学是一个庞杂的文化体系,仅仅从知识系统进行近代转化是不够的。在当时的革命实践中,章太炎还努力上升到哲学高度,从义理系统化合佛、道、儒三家,希图和合出一种适合近代中国社会需求的文化精神。除大量援引西学外,以佛学补儒、以佛庄证孔是他这一时期儒学思想的重要特色。

1. 佛儒互补

1907年6月18日《民报》第14号刊登了章太炎所写的一封名为《答铁铮》的公开信。在这封信中,章太炎提出了儒佛互补的问题。

章太炎认为,佛儒互补是陶冶革命情操、坚砺革命斗志、铸造民族主义的有力武器。他说:"顾以为光复诸华,彼我势不相若,而优胜劣败之见,既深中于人心,非不顾利害、蹈死如饴者,则必不能以奋起;就起,亦不能持久。故治气定心之术,当素养也。明之末世,与满洲相抗、百折不回者,非耽悦禅观之士,即姚江学派之徒。日本维新,亦由王学为其先导。王学岂有他长?亦曰'自尊无畏'而已。其义理高远者,大抵本之佛乘,而普教国人,则不断斩截数语,此即禅宗之长技也。"②他认为佛学所含有的"排除生死,旁若无人,布衣麻鞋,径行独往"精神,对于中国革命有益。③

进而,章太炎指出,佛学与儒学互补从学理上也能讲得通。他说:"盖近代学术,渐趋实事求是之途,自汉学诸公分条析理,远非明儒所能

---

① 关于《征信论》的写作时间,谢樱宁认为不会早于1906年,详见谢樱宁:《章太炎年谱摭遗》,55~57页。
② 章太炎:《答铁铮》,《太炎文录初编》别录卷二,《章太炎全集》(四),369页。
③ 同上书,375页。

企及。逮科学萌芽，而用心益复缜密矣。是故法相之学，于明代则不宜，于近代则甚适，由学术所趋然也。"① 汉学与法相宗有相通之处。他还说："佛学、王学虽有殊形，若以楞伽、五乘分教之说约之，自可铸镕为一。王学深者，往往涉及大乘，岂特天人诸教而已。"② 王学、佛学可以铸镕为一。

2. 以佛庄证孔

在先秦诸子中，章太炎对《庄子》评价较高，研究较为用力，思想上受其影响亦大。早在19世纪末期，他就明确反对"庄子足以乱天下"的提法。在辛亥革命前夕先后完成的《庄子解故》、《国故论衡》、《齐物论释》三部巨著中，他对庄子进行了系统的研究，提出了许多独到的见解。

《庄子解故》于1909年分期刊载于《国粹学报》，署"章绛学"。首志云："《庄子》三十三篇，旧有《经典释文》，故世人讨治者寡。王氏《杂志》附之卷末，洪颐煊财举二十九事。晚自俞、孙二家而外，殆无有从事者。余念《庄子》疑义甚众，会与诸生讲习旧文，即以己意发正百数十事，亦或杂采诸家，音义大氐备矣。若夫九流繁会，各于其党，命世哲人，莫若庄氏。《消摇》任万物之各适，《齐物》得彼是之环枢，以视孔、墨，犹尘垢也；又况九渊、守仁之流，牵一理以宰万类者哉！"③《庄子解故》以朴学方法训释《庄子》，从中不难看出他扎实的庄学功底。尽管这是一部考据之作，但已流露出他尊崇庄子、平抑孔子的用意。

《齐物论释》作于1910年，是章太炎哲学智慧的结晶。章氏本人对《齐物论释》十分推重，自诩"一字千金"。

《齐物论释》反映了章太炎对20世纪初年中国社会现实的深入思考。章太炎矢志追求的是资产阶级的民主和平等，建立资产阶级民主共和国，实现西方启蒙学者热情讴歌过的"自由"和"平等""的理想社会。然而，耳闻目睹的现实却告诉章太炎，资本主义文明"和启蒙学者的华美诺言比起来，由'理性的胜利'建立起来的社会制度和政治制度竟是一幅令人极

---

① 章太炎：《答铁铮》，《太炎文录初编》别录卷二，《章太炎全集》（四），370页。
② 同上书，374页。
③ 章太炎：《庄子解故》，《章太炎全集》（六），127页。

度失望的讽刺画"①。理想和现实的巨大反差，使他对西方学者宣扬的"平等"与"民主"产生了怀疑。回首反顾民族文化，在佛学和庄学中，他发现了自己理想中的"平等"与"自由"。

在《庄子·齐物论》中，章太炎找到了他理想中对于"平等"的解释。"大概世间法中，不过平等二字，庄子就唤作'齐物'，并不是说人类平等、众生平等，要把善恶是非的见解一切打破，才是平等。"② 他后来对此解释说："近人所谓平等，是指人和人的平等，那人和禽兽草木之间，还是不平等的。佛法中所谓平等，已把人和禽兽平等。庄子却更进一步，与物都平等了。仅是平等，他还以为未足。他以为'是非之心存焉'，尚是不平等，必要去是非之心，才是平等。庄子临死有'以不平平，其平也不平'一语，是他平等的注脚。"③

在《庄子·逍遥游》中，章太炎则找到了他理想中对于"自由"的解释。"近人所谓'自由'，是在人和人的当中发生的，我不应侵犯人的自由，人亦不应侵犯我的自由。《逍遥游》所谓'自由'，是归根结底到'无待'两字。他以为人与人之间的自由，不能算数，在饥来想吃、寒来想衣的时候，就不自由了。就是列子御风而行，大鹏自北冥徙南冥，皆有待于风，也不能算'自由'。真自由惟有'无待'才可以做到。"④

章太炎引《庄子》对"平等"、"自由"的解释，恰当与否这里暂不作评价。但如果联系同时期章氏所著《俱分进化论》、《建立宗教论》等文章，我们会发现：章氏对"平等"、"自由"的解释不仅是对当时社会实践的直接反映，而且是在意义世界中的精神漫游。《齐物论释》是从"存在"的意义上对当时的大千世界进行的独立思考，他的万物平等，"以不齐为齐"，是从形而上层面就抽象意义而言的，因此，我们也只有作抽象的理

---

① 恩格斯：《反杜林论》，《马克思恩格斯选集》第 3 卷，607 页，北京，人民出版社，1995。
② 章太炎：《论佛法与宗教、哲学以及现实之关系》，载《中国哲学》第 6 辑，308 页。
③ 章太炎讲演，曹聚仁整理：《国学概论》，34 页。
④ 同上。

解，才能把握其"平等"的本质。姜义华先生把章太炎对《齐物论》的阐释称为"齐物哲学"是有一定道理的。

以"齐物哲学"为指导，章太炎对儒家学说进行了重新判定和格义。他认为，《齐物论释》的"平等之谈"旨义玄深，非儒学所能比："余既解《齐物》，于老氏亦能推明，佛法虽高，不应用于政治、社会，此则惟待老庄也。儒家比之，邈焉不相逮矣。"① 他还以齐物哲学为指导对诸子地位作了调整。早在1906年《国学振起社讲义》第一册的《诸子系统说》一文中，章太炎便把诸子的系统不成熟地规划为阴阳家—墨家—道家—儒家—法家—名家，此后又先后多次对此次序进行调整，而《齐物论释》则无疑从哲学的角度对这一问题作出了新的回答。正如黄宗仰在《后序》中所说："《齐物论释》将为二千年来儒墨九流破封执之扃，引未来之，新震旦众生知见，必有一变以至道者。"② 《齐物论释》从"存在"意义上宣讲了儒学与诸子学、西学、佛学等众学的平等，冲击了儒学的独尊地位，这是章太炎儒学思想近代化的又一标志。

以上粗浅地勾画了这一时期章太炎儒学思想演进的主线。就学术而言，章太炎在这一时期还写了《春秋左传读叙录》、《驳箴膏肓评》、《驳皮锡瑞三书》、《刘子政左氏说》等一批经学论著。就政论而言，章太炎发表了《驳康有为论革命书》等众多文章，援儒论政，在思想上同改良派进行了斗争。这些都进一步丰富了这一时期章太炎儒学思想的内容。

四、"回真向俗"，"切于人事"

从1912年到1922年，是章太炎儒学思想的又一转变期。1922年6月，章太炎致书南京高等师范学校教授柳诒徵，对自己当年订孔、诋孔表示反悔，标志着章氏这一时期儒学思想转变的完成。

中华民国成立不久，革命政权被袁世凯窃取，章太炎昔日追求的民主

---

① 章太炎：《自述学术次第》，载《制言》第25期。
② 乌目山僧：《齐物论释·后序》，《章太炎全集》（六），58页。

共和理想竟然为专制、复古等乌烟瘴气所代替,宋教仁被刺、二次革命失败、洪宪帝制的出台、张勋复辟、尊孔读经泛滥等一系列事件的发生,无不使他痛心反省:"播共和之龙种,收专制复古的跳蚤,这是为什么?"当时的大多数思想家都对这一问题进行了深入思考。梁启超在《五十年中国进化概论》中说:"(辛亥)革命成功将近十年,所希望的件件都落空,渐渐有点废然思返,觉得社会文化是整套的,要拿旧心理运用新制度,决计不可能,渐渐要求全人格的觉悟。"① 陈独秀认为,辛亥革命失败的主要原因即在于人们头脑中根深蒂固的传统伦理道德观念没有得到真正的触动,因此,中国社会的根本出路,就在于将原有的伦理观念彻底加以改造,实现吾民"最后之觉悟"——伦理觉悟。② 可以说,"借思想文化以寻找问题的出路"是当时众多思想家反省辛亥革命失败的思维模式,并且,他们在寻找问题的出路时也大都归结到伦理道德、文化心理等"国民性"的改造上。换言之,尽管由于他们对东西方文化的感悟不同而采取了激进、保守等不同的治疗方案,但他们经过把脉问诊后得出的中国社会的病症却是一样的。而亲身参与缔造共和的章太炎对中国社会的弊病也有深刻感受,他作为国粹派的成员,没有像陈独秀等一班新进青年那样采取激进的破坏方式进行"根本改造",而是从建设的角度,力图从传统学术文库中拿出解决方案。

概括说来,这一时期,章太炎的儒学思想由辛亥时期重视佛家的道德学说、批判儒家的迂腐伦理转向阐发儒学的合理成分;由辛亥时期推崇佛庄的高妙玄思,转而褒扬儒学中"切于人事"的人生哲学和道德哲学。从《检论》、《菿汉微言》到《太炎学说》,章太炎儒学思想基本上实现了"回真向俗"的转变。③

(一) "复取《訄书》增删,更名《检论》"

《检论》是反映章太炎这一时期儒学思想变化的重要著作。《释名·释

---

① 梁启超:《五十年中国进化概论》,《饮冰室合集》文集之三十九,44～45页。
② 参见陈独秀:《吾人最后之觉悟》,载《新青年》第1卷第6号。
③ 参见章太炎:《菿汉微言》,88页。

书契》:"检,禁也。禁闭诸物使不得开露也。"《检论》是章太炎在袁世凯专制淫威下受禁时定稿的。

1914年1月7日,章太炎"以大勋章作扇坠,临总统府之门,大诟袁世凯的包藏祸心"[1],随即被袁世凯软禁于龙泉寺、钱粮胡同等处。在苦闷的"幽居"日子里,他"一人独处,思虑恒多"[2],"怀抱学术,教思无穷",得闲对其思想、学术进行认真的整理,"复取《訄书》增删,更名《检论》"[3]。

《检论》是章太炎以1906年东京出版的《訄书》重订本的再版本为底本增删而成的。据朱维铮考订,《检论》是章氏1910年以来修订《訄书》的最后结集,而非仅仅是"幽居"时修订而成的。具体说来,章太炎1910年在东京时对《訄书》已"多所修治"[4],今存北京国家图书馆的《訄书》改削稿本手迹,乃1910年到1913年间所增补。[5]《訄书》"修改诸篇大部份被录入《检论》,或仍为全篇,或构成局部,文字或又有改动,文意大变者却很少。既然全书改动时间跨越清末民初,而所改者基本被收进《检论》,那么不仅不能说这个改本反映作者1910年的思想变化,而且与其称之为从《訄书》到《检论》的过渡本,不如称之为《检论》的部分初稿更合乎实际。"[6]朱氏把《检论》的结集"如实地看作是一个过程"的提法对于评价《检论》无疑有重要意义。

《检论》结集完成时间约在1915年春。1915年5月9日《家书》中,章太炎曾谈及委托弟子康宝忠(心孚)、康宝恕(心如)兄弟在上海右文社刊印《章氏丛书》之事:"右文社所作目录,乃系前两月中心孚所定,

---

[1] 鲁迅:《关于太炎先生二三事》,《鲁迅全集》(六),547页。
[2] 章太炎:《致汤夫人书》,《章太炎先生家书》,1914年4月9日。
[3] 章太炎:《太炎先生自订年谱》,民国三年,载《近代史资料》,1957(1)。
[4] 章太炎:《太炎先生自订年谱》,宣统二年,载《近代史资料》,1957(1)。
[5] 关于改削稿本的情况,可参见《章太炎全集》(三)《訄书》重订本编后附记部分。另:汤志钧认为,"今北京图书馆(现国家图书馆)藏有章太炎《訄书》手改本,即1910年改本","它是《訄书》到《检论》的过渡本"。参见汤志钧编:《章太炎年谱长编》,481页;《改良与革命的中国情怀》,233页。
[6] 朱维铮:《章太炎全集》(三)"前言",16~17页。

上月心孚之弟来京,早与斟酌改删……"①《检论》是为了收入《章氏丛书》付印而加紧定稿的。1915年4月上海右文社刊印《章氏丛书》,说明这时《检论》已经定稿。又据1915年5月22日《时报》刊有《章氏丛书》广告,其末云:"《訄书》一种,先生改名《检论》,大加修改,与初印本绝异。"由此我们也可以进一步断定《检论》的最后定稿时间。②

《检论》正文共62篇,另有附录7篇。《訄书》重订本共辑文章63篇,附录4篇。从篇数上看,两者差距不大。但从编排形式和内容上看,《检论》有较大调整。就形式言,《訄书》几十篇文章依数字序号排列,而《检论》分卷编排,更富逻辑性。就内容言,《检论》已把《客帝匡谬》、《分镇匡谬》、《解辫发》等时代性较强的文章刊落,把《原学》、《通谶》、《封禅》、《冥契》、《订实知》等与本书宗旨有出入者删去,对已收入《国故论衡》的文章也不复取。有些文章篇题未改,内容作了较大调整,如《订孔》、《学变》、《清儒》、《订文》、《争教》下等篇;有的篇题更改,内容改动不大,如《原墨》、《原法》、《五术》等。《检论》在修订《訄书》基础上,新增文章16篇。就整体而言,《检论》九卷代表了章太炎多年来对中国从古至今重大问题的总结性见解,表达了他改造中国社会的种种设想以及反对袁世凯独裁专制的心声。其中,与章太炎儒学思想关系密切的文章主要集中于卷二、卷三和卷四。

卷二收文10篇,均以研究"六经"为旨的。《辨乐》、《尊史》、《征七略》三篇原刊于《訄书》重订本,《六诗说》曾发表于1909年《国粹学报》,其余六篇及两篇附录为新作。学界对于这一卷的评价分歧较大。有人认为,章太炎增补这些儒家经书"故言",表明他力图使《检论》"补前人所未举",发明"先圣"之"故言",想以之为"传世"的"文苑"之作,"殆将希踪古贤",做一守旧的醇儒。

笔者认为,这一卷是章太炎经学研究系统化的重要标志,是章氏对近

---

① 章太炎:《致汤夫人书》,《章太炎先生家书》,1915年5月9日。
② 对此,汤志钧则认为,《检论》"是他(章太炎)1914年在手改本基础上'修治'付印的。"见汤志钧:《〈訄书〉版本种种》,《乘桴新获》,580页,南京,江苏古籍出版社,1990。

期学术思想的总结,而不能牵强地以此为章氏政治思想"渐入颓唐"的根据。

首先,这一卷文章的目录编排反映了章太炎严守古文经学家法的学术特色。这一卷十篇文章的编排依次是:《易论》(附《易象义》)、《尚书故言》(附《造字缘起说》)、《六诗说》、《关雎故言》、《诗终始论》、《礼隆杀论》、《辨乐》、《春秋故言》、《尊史》、《征七略》。显然,前八篇他是遵照古文经学派以时间为序排列六经的方法进行编排的,而后两篇则标明了古文经学派注重经史结合的学术传统。

其次,这一卷的研究方法和指导思想与传统经师阐扬圣学不同。儒家"六经"保存了中国社会早期的大量史料,因此,研究"六经"不仅是董理儒家思想史而且是爬梳中国历史的必经一步。在这些文章中,章太炎以孔子为史学家、教育家,以"六经"为古史资料,基本上反映了客观真实。在此原则指导下,章氏侧重研究的是"六经"所反映的古代社会,包括生活方式、政治制度、婚丧礼制、艺术、文字等方面的问题。如他在《易论》中开门见山地指出:"《传》曰:'夫《易》彰往而察来','开物成物'。六十四序虽难知,要之记人事迁化,不越其绳,前事不忘,故损益可知也!夫非谶纬历序之侪。"① 他认为,《易经》记载上古社会生活及当时人们对生活的经验把握,并非什么神秘的预言。这同传统经师视经书为神秘莫测的圣经自然不同。

最后,《易论》的发表,在章太炎儒学思想演进历程中具有重要意义。章太炎1914年在《自述学术次第》中说:"余少读惠定宇、张皋文诸家《易》义,虽以为汉说固然,而心不能惬也。亦谓易道冥昧,可以存而不论。在东因究《老》、《庄》,兼寻辅嗣旧说,观其明爻明象,乃叹其超绝汉儒也。近遭忧患,益复会心。……近欲有所论著,烦忧未果。"② 这篇文章,正是章太炎忧愤盈思的心得。他在《自订年谱》中还为此重重写了一笔:"处困而亨,渐知《易》矣。"③由此可见他对《易论》的重视程度。章

---

① 章太炎:《易论》,《检论》卷二,《章太炎全集》(三),380页。
② 章太炎:《自述学术次第》,载《制言》第25期。
③ 章太炎:《太炎先生自订年谱》,民国三年,载《近代史资料》,1957(1)。

太炎以前也在札记或论著中涉及过《易》学研究，但从理论高度进行专门研究，《易论》还是第一篇。《易论》的发表，标志着章氏"六经"研究体系化的形成。

卷三收文九篇，有《订孔》上、《订孔》下、《道本》、《道微》、《原墨》、《原法》（附《汉律考》）、《儒侠》、《本兵》、《学变》（附《黄巾道士缘起说》），以研究诸子、斠比儒佛得失短长为对象，以梳理中国古代学术思想史特别是儒家思想史为旨归。同《訄书》重订本多对儒家道德阴暗面进行批判相比，《检论》强调从正面对儒家道德进行阐释。如《订孔》下不仅对孔子的评价有所提高，对"仲尼名独尊"加以称誉，而且对儒家的忠恕之道作了发挥。

卷四收文八篇，有《案唐》、《通程》、《议王》、《许二魏汤李别录》、《哀焚书》、《正颜》、《清儒》、《学隐》，上承卷三，探讨中国历史后半期的学术思想发展状况。《案唐》系新作，对唐代学风多有议论，以为唐代学风多浮华不实，缺少"行己有耻，博学于文"的学术品格。《通程》、《议王》系在《訄书》基础上改写而成，主要是对宋明理学进行检点，对二程肯定居多，对朱熹否定居多，对王阳明则毁誉参半。其他诸篇，主要就清代学术思想的发展进行了探讨。

从总体上说，章太炎在《检论》中对儒学的认识较以前更加深化系统。当然也应看到，《检论》所体现的儒学思想确实含有悲愤孤独情绪，有些经学观点带有一些学派的、个人的偏见，但这不能说是泥古倒退、消极颓唐。

（二）《菿汉微言》："回真向俗""见谛转胜"之作

《菿汉微言》是章太炎在幽居期间完成的又一部思想性较强的著作。章太炎在《菿汉微言》书后附记中记下了成书背景。其中写道："是册作于忧愤之中，口授弟子司法佥事吴承仕，令其笔述，虽多言玄理，亦有讽时之言。身在幽囚，不可直遂，以为览者自能知之也。"据《太炎先生自订年谱》可知，1915年吴承仕就学于章太炎，师生二人谈论佛释内典，甚为相得。章氏"每发一义"，吴承仕皆作笔录，最后经章氏审定定名为《菿汉微言》。"菿汉"，章太炎别号，世称"菿汉大师"。1899年章太炎在

《亚东时报》第 11 号发表的《古今文辨义》一文，即署名"菿汉阁主"。这里"菿"音"倬"，《尔雅·释诂上》释曰"大也"。"菿汉"，有"振大汉之天声"的意思。《菿汉微言》，发扬国光，绅绎国学微言大义之作也。

《菿汉微言》凡一卷，收录短论 167 则，多数是章太炎论述和发挥先秦儒学、宋明理学、清代儒学以及佛学、诸子学思想的记录。该书录于 1915 年至 1916 年初，吴承仕 1916 年仲春作小序后即在北京铅字排印，后收入浙江图书馆本《章氏丛书》。

就内容而言，《易》、孔思想在《菿汉微言》中占有重要地位。章氏在该书收尾时曾总结道："癸甲之际，厄于龙泉，始玩爻象，重籀《论语》，明作《易》之忧患，在于生生，生道济生，而生终不可济。饮食兴讼，旋复无穷。故唯文王为知忧患，唯孔子为知文王。《论语》所说，理关盛衰，赵普称半部治天下，非尽唐大无諴之谈。"① 1913、1914 年前后，章太炎独囚幽居，心中怅然，"有生之乐既尽，厌世之心遂生，唯有趣入死地耳"②。纷至沓来的内忧外患郁结于章氏一身，列强蚕食鲸吞，复辟逆流泛滥，长女自绝……无一不使章氏悲观消极情绪加重，对人生意义产生猜度。再加上囚禁之苦的切身体验，使他对被纣王囚禁演绎八卦的文王产生了同情。"唯文王为知忧患"，"唯孔子为知文王"。在他看来，他与文王、孔子同是心忧天下而罹受厄难，千古相照、心心相通，研究《易》和《论语》既可以同文王、孔子对话，又可以洞彻人生真谛。

《菿汉微言》的最大理论特色是《易》、孔思想与佛学思想的融合。章太炎融合《易》、孔与佛学思想是他长期以来坚持儒佛互补、儒佛相通思想发展的结果。在《人无我论》、《建立宗教论》、《齐物论释》等文中，章太炎融合儒佛、等视二家的思想已有所体现。在《菿汉微言》中，他对此作了进一步发展，用佛家学说来阐释解说《易》和《论语》。例如，他以佛家"十二缘生"解《易》时说："《易》上经始乾坤，下经始咸。先儒或以天道人事比傅。韩康伯非之。然经分上下，要非无意。案，佛典言十二

---

① 章太炎：《菿汉微言》，87 页。
② 章太炎：《致汤夫人书》，《章太炎先生家书》，1914 年 1 月 24 日。

缘生，第一支为无明，第八支为爱。无明发业，爱欲润生，由是一切法生，流注不绝，若徒有无明，不以爱为增上，则不得辗转结生也。故《易》上经首乾坤者，说无明支，下经首咸者，说爱支。爱莫甚于男女，故以夫妇表之。易说缘生，较然可知。"① 经此格义，《易经》中含有了佛家"缘生"之义。他以佛学阐释《论语》的例子也很多。如他把《论语》中"子在川上曰：逝者如斯夫，不舍昼夜"解释为"阿赖耶识恒转如瀑流之说"；他把孔子"绝四"之说，解释为佛家的"断惑"，认为"无意"即末那不现，"无必"即恒审思量不现，"无固"即法执、我执不现，"无我"即人我、法我不现。②

我们把《菿汉微言》和《建立宗教论》、《齐物论释》比较，可以看出章太炎儒学思想的新变化。这三者同样是谈论儒、佛、老、庄，同样都在讲等视佛、儒、道三家，由于阐释的语境、寓意、方式不同，达到的效果是不一样的。《建立宗教论》主张儒佛相通、儒佛互补，暗中则表明儒家道德的堕落腐败、神圣的儒学也有缺点，实际上是隆佛降儒。《齐物论释》以佛学解庄，以《庄子》判教，"以不齐为齐"，"等视百家"，实则把儒家独尊的地位化为乌有，庄子地位则得以凸显。

《菿汉微言》表面上虽依然执着于《齐物论》"无物不然，无物不可"的认知原则，认为"名言之中，理相为世宙所同，故老、庄、孔、佛之言转译无异"③。看似与《齐物论释》的思想没什么大的差别，实质上，《齐物论释》与《菿汉微言》由于跨越民国成立一前一后，主旨已有所变化。在《菿汉微言》中，儒学的地位有所回升，章太炎认为文王和孔子应该同自己前此推崇不已的老、庄并列："文、孔、老、庄，是为域中四圣，冥会华梵，皆大乘菩萨也。"④ 正如由《訄书》到《检论》学术思想的演变，《齐物论释》与《菿汉微言》在义理玄思上也一脉相承，体现了一个螺旋式上升过程。章太炎在《菿汉微言》中曾说："自揣平生学术，始则转俗

---

① 章太炎：《菿汉微言》，21页。
② 同上书，40、38页。
③ 同上书，34页。
④ 同上书，45页。

成真,终乃回真向俗。"① 如果说《齐物论释》是对"转俗成真"的体现,那么,"回真向俗"则是对《菿汉微言》的表达,强调的是把儒学化为用以指导人们现实生活的道德哲学和人生哲学,发挥其积极入世的现世精神。"俗"—"真"—"俗"的趋变,描述了章氏在哲理层面上进行儒学近代化的转变过程。"转"、"成"、"回"、"向",动态地体现了章太炎儒学思想演进历程的复杂和曲折。

(三)儒学更加"切于人事"

在章太炎的思想中,道德学说一直占有重要地位。不过,民国以前,他主要是宣扬资产阶级新道德和佛学的朴素道德观,以便对儒学的旧道德进行批判和改造。民国以还,他转而提倡儒家道德中"切于人事"的成分,以适应形势发展需要。我们认为,这一时期章太炎对儒家道德的提倡绝不意味着他"对封建思想的批评就基本中止",更不是完全退回到旧儒家道德的立场。有人把他提倡儒家道德等同于封建复古,实在是一种曲解。

我们知道,民国初年中国社会出现了道德失范、社会失序、信仰危机等问题。正如康有为所说,当时社会"教化衰息,纪纲扫荡,道揆凌夷,法守隳敧,礼俗变易",人心惶惶,无所适从。② 据近代化理论的解释,这本来是后发型国家近代化变迁中出现的正常现象,由于文化变迁滞后于政治变迁,造成了权威丧失、价值失范和意义迷失。在此背景下,两种文化现象以极端的形式表现了出来。一种是康有为所讥讽的"新学之士"——"新学之士,不能兼通中外之政俗,不能深维治教之本原,以欧、美一日之强也,则溺惑之,以中国今兹之弱也,则鄙夷之。溺惑之甚,则于欧、美弊俗秕政,欧人所弃余者,摹仿之惟恐其不屑也;鄙夷之极,则虽中国至德要道,数千年所尊信者,蹂躏之惟恐少有存也。……今之新学者,竟嚣嚣然昌言曰:'方今当以新道德易旧道德也。'"③ 康有为所说的这种"后

---

① 章太炎:《菿汉微言》,88 页。
② 参见康有为:《中国学会报题词》,《康有为政论集》,797 页。
③ 康有为:《以孔教为国教配天议》,《康有为政论集》,842~843 页。

生新学，骤睹欧、美学说之富且瑰琦也，浸淫灌注之，不暇思其流弊也。又未深思细考其宜于中国否也……忽见舶来品之新奇也，皆以为西方圣药，服之可起死还生焉"①，走的是"西化"之路。这些讲求新学之士强调传统与近代化之间的紧张与对抗，孕育着割裂传统与近代、忽视文化民族性的可能。另一种则以康有为、陈焕章等人为代表，他们迎合袁世凯复辟逆流，死守儒家伦理教条，成立"孔教会"、"宗圣会"、"昌明礼教会"等团体，"大昌孔子之教，聿昭中国之光"，要求"定孔教为国教"。

在此背景下，章太炎大力宣讲国学，要求分清儒学中的糟粕与精华，主张提倡儒家道德中的优秀成分，并对以上两种偏向进行了批判和纠正。

对于陈焕章之流"设孔教为国教"的封建复辟言论，章太炎不改初衷，予以坚决反对。他在家书中写道："近又有人欲以孔教为国教，其名似顺，其心乃别有主张，吾甚非之。"② 为了给这股尊孔逆流以迎头痛击，他奋笔疾书《驳建立孔教议》一文，在1913年9月25、26日的《顺天时报》和1913年12月《雅言》杂志第一期上公开发表。该文清楚地讲明了中国传统道德的起源，有力驳斥了孔教可以拯救道德的谰言。1913年冬，章太炎在化石桥共和党本部一边讲学，一边同"尊孔说经"逆流展开斗争。为了把弘扬国学与尊奉孔教区分开来，他让人在讲学处的墙上贴了一张通告："余主讲国学会，踵门来学之士亦云不少。本会专以开通智识，昌大国性为宗，与宗教绝对不能相混。其已入孔教会而愿入本会者，须先脱离孔教会，庶免薰莸杂糅之病。章炳麟白。"③ 通告鲜明地表明了章太炎的立场。

对于新学之士，章氏主要是倡导用儒家道德补西方物质文明的不足之处。这在《太炎学说》一书中得到了充分体现。

《太炎学说》分上、下两卷，1921年四川印行，署"辛酉春观鉴庐印"。上卷九篇，有《说新文化与旧文化》、《说今日青年的弱点》、《说求学》、《说真如》、《说忠恕之道》、《说道德高于仁义》、《说职业》、《说音

---

① 康有为：《中国颠危误在全法欧美而尽弃国粹说》，《康有为政论集》，911～912页。
② 章太炎：《致汤夫人书》，《章太炎先生家书》，1913年9月14日。
③ 顾颉刚：《古史辨》第1册，24页，上海，上海古籍出版社，1982。

韵》、《说自心之思想变迁》，是章氏 1919 年前后的演说记录；下卷则多为已发表过的论学书札，如《与弟子论学札》、《与黄季刚书》、《与〈国粹学报〉社书》、《复张伽厂长》、《会议通则序》、《漫录》等。

从《太炎学说》中，我们可以明确看出章太炎对东西文化的态度。他认为东西文化各有优缺点，"外国哲学，是从物质发生的。……外国哲学，注重物质，所以很精的。中国哲学，是从人事发生的……于物质是很疏的。人事原是幻变不定的，中国哲学从人事出发，所以有应变的长处，但是短处却在不甚确实。这是中外不同的地方。于造就人才上，中胜于西，西洋哲学虽然从物质发生，但是到的程度高了，也就没有物质可以实验，也就是没有实用，不过理想高超罢了。中国哲学由人事发生，人事是心造的，所以可从心实验，心是人人皆有的，但是心不能用理想去求，非自己实验不可。中国哲学就使到了高度，仍可用理学家验心的方法来实验。这是中胜于西的地方。"① 以此评价为基础，章太炎指出了儒家道德学说的长处所在："我从前倾倒佛法，鄙薄孔子、老、庄，后来觉得这个见解错误，佛、孔、老、庄所讲的虽都是心，但是孔子、老、庄所讲的，究竟不如佛的不切人事。孔子、老、庄自己相较，也是这样情形，老、庄虽高妙，究竟不如孔子的有法度可寻，有一定的做法。"② 通过中西比较后，儒家道德不仅可以补西学的不足，而且地位扶摇直上，超越佛、老、庄三家。

毋庸回避，章太炎在《说今日青年的弱点》、《论求学》等文中对新文化新道德确也提出过一些批评。如批评青年"好高骛远，在求学时代，都以将来之大政治家自居，并不踏踏实实去求学问"③；批评康有为、蔡元培"最好立异"，指责他们对于改革、对于"社会主义"，"不过以素无研究及一知半解者，从而提倡之，未免欲以其昏昏使人昭昭"。④ 但这些批评基本

---

① 章太炎：《太炎学说》，转引自汤志钧编：《章太炎年谱长编》，618 页。
② 同上。
③ 章太炎：《说今日青年的弱点》，《太炎学说》，转引自汤志钧编：《章太炎年谱长编》，620 页。
④ 参见章太炎：《说求学》，《太炎学说》，转引自汤志钧编：《章太炎年谱长编》，620 页。

上与他一贯强调的"务实求朴"、"实事求是"的作风相一致,与复古保守不能混为一谈。

从这一时期的著述看,《检论》、《菿汉微言》、《章氏丛书》以及《自述学术次第》等都带有一种进行学术总结和思想总结的性质,守成的成分超过了思想创新。从学术角度讲,他已意识到经学已不符契时代潮流,他在称谓中多次使用"故言"、"旧学"来指代经学;从思想文化角度讲,他又敏感地注意到儒学中有一种生生不息的内在价值,因而再三地提倡儒家道德。"自揣平生学术,始则转俗为真,终乃回真向俗",从一定意义上说,章太炎对儒家思想的发展和转化到此一阶段已基本完成。

五、思想学术,自成体系

以 1922 年为标志,章太炎儒学思想进入了最后一个时期①。在这一时期,他继续以宣扬儒家文化为己任,四处奔走讲学,号召加强国学研究,并留下了大批演讲记录和学术论著。

我们之所以拿 1922 年作为他儒学思想演进的界标,主要是考虑到两点:

一是这一年章太炎在《史地学报》发表了《致柳翼谋书》。1921 年 11 月,南京高等师范学校教授柳诒徵在《史地学报》创刊号发表《论近人讲诸子之学者之失》一文,对当时学者的"非儒谤古"、"打孔家店"思潮进行批判,并"引绳披根",以章太炎、梁启超诸人为罪魁祸首,抨击章太炎《诸子学略说》一文"偏于主观,逞其臆见,削足适履,往往创为莫须有之谈,故人人罪",控诉章氏"诋诃孔子"、"诬蔑古代圣贤"、"坐儒学以万恶之名,不知是何用心也"。② 针对此,章太炎于 1922 年专门写了

---

① 朱维铮曾指出:"当 1928 年章太炎自编年谱,决定以 1922 年作为自传下限的时候,他便界定了自己晚年的开端。"《走出中世纪》,292 页,上海,上海人民出版社,1987。

② 柳翼谋:《论近人讲诸子之学者之失》,载《史地学报》第 1 卷第 1 期,1921 年 11 月出版。

《致柳翼谋书》进行回复,并在《史地学报》公开发表。在回信中,他非但没有提出异议,反而连声道谢,表示愿意接受柳氏的批评。据此,多数学者认为,这是章氏思想走向颓唐的标志,是章太炎在五四新文化运动向纵深发展时期向旧文化维护者呈递的一份降表。

不可否认,章氏此文是对五四新文化运动的反动,逆违了时代大潮。但是,表异于五四新文化运动并不意味着与封建复古是一回事。章太炎与五四新文化运动领导者的不同在于道路的不同,即选择什么道路来实现中国近代化,但在指向上却是相同的,都在于实现中国近代化。他在信中有一段意味深长的谈话,有助于我们对这一问题的理解。信中说:

> 鄙人少年本治朴学,与长素辈为道背驰,其后深恶长素孔教之说,遂至激而诋孔。中年以后,古文经典笃信如故,至诋孔则绝口不谈,亦由平情斠论,深知孔子之道,非长素辈所能附会也。而前声已放,驷不及舌,后虽刊落,反为浅人所取。又平日所以著书讲学者,本以载籍繁博,难寻条理,为之略陈凡例,则学古者可以津梁。不意后生得吾辈书,视为满足,经史诸子,束阁不观,宁人所谓"不能开山采铜,而但剪碎古钱,成为新币"者,其弊正未有极。①

表面看来,这与封建文化卫护者的说教如出一辙,但仔细品味,却又不然,而是对他前期思想的逻辑发展和继续。第一,章氏明明告诉人们,他早年诋孔,只是为了反对康有为等的主观臆说,并不是要反传统。对于这一点,他本人曾明确表白说:"我在清末对孔子有所指责,那主要是因为不满康、梁之徒热心于利禄。"② 第二,在章氏看来,胡适等人的确是受他的影响,但他们"抹杀历史",否定传统,是"剪碎古钱,成为新币",违背了他诋孔的初衷。他批评胡适等人的落脚点在于他们"抹杀历史"。由此,我们可以断定,《致柳翼谋书》是章太炎一贯注重民族文化传统、注

---

① 章炳麟:《致柳翼谋书》,载《史地学报》第1卷第4期,1922年8月出版。
② 蔡尚思:《章太炎》,《自述与印象:章太炎》,175页,上海,上海三联书店,1997。

重民族文化传承的产物，而非蓦然回首，挥戈相击，"去维护那些自己所曾深恶痛绝的东西"。《致柳翼谋书》作为章太炎儒学思想发展里程碑的意义在于，面对新思潮，他敢于并公开表明了自己对待儒家文化的路向选择。他的这一选择虽然不符合时代潮流，但却在历史长河中立下了民族文化发展的航标。

二是从1922年起，章氏开始大规模宣讲"国学"。以前，他在忧患颠沛之际，或投身革命余暇，或在幽禁之中，都心怀国粹，讲学不辍。但这些讲学从听课人数、讲课规模、内容体系化程度等方面，都不可与1922年后的几次讲学相比。

1922年4月1日至6月17日，章太炎应江苏省教育会邀请，在上海主讲"国学"，每周1次，共讲10次。3月29日《申报》刊登的《省教育会通告》，道明了请章太炎讲学的宗旨："自欧风东渐，竞尚西学，研究国学者日稀，而欧战以还，西国学问大家，来华专事研究我国旧学者，反时有所闻，盖亦深知西方之新学说或已早见于我国古籍，借西方之新学，以证明我国之旧学，此即为中西文化沟通之动机。同人又深惧国学之衰微，又念国学之根柢最深者，无如章太炎先生，爰特敦请先生莅会，主讲国学。"① "深惧国学之衰微"，改变转置不问"我国自有之学"的局面，进而"将此学问，传布世界"，正是章太炎此次讲学的目的所在。

有关章氏此次讲学的主要内容、日程安排，《申报》都作了认真记录和报道。1922年4月1日，章氏"开讲，听者共约三四百人"，首讲"国学概论"第一部分"国学之自体"，内容有：（1）经史非神话；（2）经典诸子非宗教；（3）历史非小说传奇。② 4月8日和15日，章氏分别作"第二讲"和"第三讲"，续前"国学概论"，讲述"治国学之法"，分为五目：（1）辨古籍真假；（2）通小学；（3）明地理；（4）知古今人情变迁、社会

---

① 《省教育会请章太炎先生讲国学》，载《申报》，1922-03-29。
② 参见《章太炎讲学第一日记》，载《申报》，1922-04-02。

变迁；(5) 辨文学应用。① 从4月22日第四次讲学，开始讲授"国学之派别"，共分三目：(1) 经学之派别；(2) 哲学之派别；(3) 文学之派别。每目讲两次，直讲至6月17日第九次演讲。② 6月17日，章氏作第十次讲学，讲述"国学之进步"，要可分为三种：(1) 经学以比类知原求进步；(2) 哲学以直观自得求进步；(3) 文学以发情止义求进步。③

对章氏的讲学效果，《申报》于5月6日评述说："章氏此次讲学，虽每星期一次，每次两小时，然其撷菁采华，用极浅显之说法讲授，引初研究国学者入其门径，苟能经续听讲，十次讲毕，于国学之大概情形可以明白，胜闭户读书三年焉。"④ 章太炎讲学之初，确实曾引起一定的轰动。

章太炎此次的讲学记录，有三种文本：一种是《申报》于每次讲学次日所发之报道及记录。一种是曹聚仁整理的《国学概论》本，该本于同年11月由上海泰东图书局出版，后广为流传。曹聚仁20世纪60年代在香港说："全国大中学采用最多的，还是章太炎师讲演，我所笔录的那部《国学概论》，上海泰东版，重庆文化服务版，香港创垦版，先后发行了三十二版，日本也有过两种译本。"⑤ 1997年上海古籍出版社又出了新版。还有一种是张冥飞整理的《章太炎先生国学讲演集》，有1924年平民印书局版、1926年上海梁溪图书馆版、1936年上海新文化书社版。由此可见章太炎讲学影响的广泛和久远。

章太炎在世最后几年，讲学活动更为繁忙。1932年3月24日，章太炎在燕京大学讲《论今日切要之学》，认为在亡国灭种关头，历史学可以唤起青年的爱国之心，研究历史学最为切要。3月31日，章太炎应北平师大研究院的历史科学门、文学院的国文系和历史系的邀请，演讲《清代学

---

① 《章太炎讲学第二日记》，载《申报》，1922-04-09；《章太炎讲学第三日记》，载《申报》，1922-04-16。
② 详见《申报》，1992-04-23、05-01、05-07、05-14、05-15、05-28、06-11，《讲学纪》。
③ 参见《章太炎十次讲学纪》，载《申报》，1922-06-18。
④ 《章太炎今日第六次讲学》，载《申报》，1922-05-06。
⑤ 转引自姚奠中、董炎国：《章太炎学术年谱》，343页，太原，山西古籍出版社，1996。

术之系统》,对清代文化作了全面评述。4月20日到22日,章氏用三天时间在北京大学国文研究所讲《广论语骈枝》。5月29日他在青岛大学作讲演后,南行苏州讲学。约计,这一段时间已刊未刊的讲演稿有:《记太炎先生讲儒行要旨》、《记太炎先生讲大学大义》、《经义与治事》、《记太炎先生讲文章源流》、《尚书大义》、《诗经大义》等十余种,内容大都与儒学有关。

无锡、苏州讲学是章太炎晚年继上海讲学后,又一次规模较大的讲学活动。1933年1月,章太炎、李根源、陈衍等人仿效顾炎武读经会,成立了国学会。国学会以"扶微业,辅绝学"相标榜,组织讲学。1933年3月,章太炎应无锡国学专门学校邀请赴无锡讲学。无锡国学专门学校是当时的国学重镇,始办于1920年,初名国学专修馆,著名学者唐文治任馆长。1928年改名后,唐文治任校长。国专师资雄厚,当时著名的国学名家陈衍等人在此多次讲学。3月14日,章太炎在无锡国专讲《国学之统宗》。次日,他又在省立无锡师范学校宣讲《历史之重要》和《春秋三传之起源及其得失》。《国学之统宗》主要是宣扬儒家道德,提出《孝经》、《大学》、《儒行》、《丧服》诸篇可以统宗六经,改良社会,是砥砺气节的灵丹妙药。《历史之重要》主要是宣讲学习历史的重要意义,认为"人不读国书,则不知自处之道;不读史书,则无从爱其国家",同时指出读史还有扫除"空谈之哲学、疑古之史学"的意义。①

1928年10月,章氏又到苏州、无锡讲学。据李希泌回忆:"苏州讲学,讲坛设公园图书馆内。章先生讲演凡二十余次,我每次都作了记录,其中有两次讲演——《辛亥革命》与《儒家之利病》的记录,我很快整理出来,请章先生审正。章先生逐字逐句修改,像改课卷一样。"《儒家之利病》是研究章氏晚年儒学思想的一篇重要文章。10月22日,章氏在无锡国专讲《适宜于今日之理学》,提出用理学的道德教化来挽救世道人心,以弥补科学之流弊。此外还有《丧服概论》、《儒行大意》、《述今古文之源流及其异同》、《讲学大旨与孝经要义》、《论汉宋学可否和会》、

---

① 参见章太炎讲,诸祖耿记:《历史之重要》,载《制言》第55期。

《汉学之利弊》等，皆有记录发表。① 这些记录是章太炎晚年儒学思想的重要写照。

1935年是章氏讲学活动最为重要的一年。先是，1934年秋，章太炎举家从上海迁至苏州。该年冬，他在苏州锦帆路五十号挂起"章氏国学讲习会"招牌，筹备设立讲习会。在章氏国学讲习会筹备期间，还组织有章氏星期讲演会。② 从1935年4月到9月，章太炎在章氏星期讲习会共讲九期，由王謇、吴契宁等人记录，即行刊出六期，目次为《说文解字序》、《白话与文言之关系》、《论读经有利而无弊》、《论经史实录不应无故怀疑》、《再释读经之异议》、《论经史儒之分合》，后来刊出三期，分别为《论读史之利益》、《略论读史之法》、《文学略说》。除星期讲习会外，章太炎还利用间隙组织读书会，"集弟子于一室，逐章逐句，扎扎实实，通读全书"③。该年夏天，他还举办了章氏暑期讲习会，讲稿有两种：一是《孝经讲义》，二是《吕氏春秋行览与孝经之关系》，均未刊。

同年9月16日，章氏国学讲习会新学舍落成，正式开讲。兹将《章氏国学讲习会章程》④ 转录如下：

一、定名：本会为章太炎先生讲演国学而集合，又其经费由章先生负责筹集，故定名章氏国学讲习会。

二、宗旨：本会以研究固有文化，造就国学人才为宗旨。

三、学程：讲习期限二年，分四期，学程如左：

第一期　小学略说　经学略说　史学略说　诸子略说　文学略说

第二期　《说文》《音学五书》《诗经》《书经》《通鉴纪事本末》《荀子》《韩非子》《经传释词》

---

① 参见李希泌：《章太炎先生的两篇讲演记录》，载《兰州大学学报》（哲社版），1980（1）。

② 参见沈延国：《章太炎先生在苏州》，载《苏州文史资料选辑》第12辑，1984年9月。

③ 同上。

④ 见《制言》第2期封底。

第三期 《说文》《尔雅》《三礼》《通鉴纪事本末》《老子》《庄子》《金石例》

第四期 《说文》《易经》《春秋》《通鉴纪事本末》《墨子》《吕氏春秋》《文心雕龙》

四、程度：凡有国学常识，文理通顺，有志深造者，无论男女，均可报名听讲。

附则：有志向学，而对于上定科目，修习感觉困难者，得设法为之预备。

章氏国学讲习会发起人为朱希祖、潘承弼等，赞助人有段祺瑞、宋哲元、马相伯、吴佩孚、李根源、冯玉祥、陈陶遗、黄炎培、蒋维乔等。章氏国学讲习会的授课教师，除章太炎本人主讲外，还有门人朱希祖、汪东、孙世扬、诸祖耿、王謇、王乘六、潘承弼、王牛、汪柏年、马宗芗、王绍兰、马宗霍、沈延国、金毓黻、潘重规、黄焯等。此外，章太炎还为老友王小徐、蒋竹庄、沈飚民等增设特别讲演。会务由章夫人、孙世扬总其事。

章氏国学讲习会初设，"各地学子，纷纷负笈来苏。据学会中统计，学员年龄最高的，为七十三岁，最幼的，为十八岁。有曾任大学讲师、中学国文教师的，以大学专科学生占大多数，籍贯有十九省之不同。"① "除苏地以外，沪、杭、宁诸地学者，咸来听讲。……听者近五百人，济济一堂，连窗外走廊等地，挤满了人。各省来学者，寄宿学内者，有一百余人，盛况空前。"② 由于学员程度参差不齐，章太炎还采取因材施教的办法，进行分班，把金建德、汤炳正、姚豫泰等成绩优秀者录为研究生，另行授课。

章太炎1935年下半年在章氏国学会所作讲学，均由弟子王乘六、诸祖耿记录，编入《章氏国学讲习会演讲记录》中，有《小学略说》（上、

---

① 沈延国：《记章太炎先生》，永祥印书馆，1946。
② 沈延国：《章太炎先生在苏州》，载《苏州文史资料选辑》第12辑，1984年9月。

下)、《经学略说》(上、下)、《史学略说》(上、下)、《诸子略说》(上、下)、《文学略说》。

为配合讲学,1935年9月章氏国学讲习会还创办了《制言》杂志,章太炎亲自担任主编。章太炎在《制言》发刊宣言中称:讲习会"言有不尽,更与同志作杂志以宣之,命曰《制言》,窃取曾子制言之义。先是,集国学会时,余未尝别作文字;今为《制言》,稍以翼讲学之缺。曾子云:'博学而孱守之',博学则吾岂敢,孱守则庶几与诸子共勉焉。"① 《制言》半月刊以保存国粹、研究国学相号召,出至47期,苏州沦陷。1939年1月在沪续办,出至63期,载录章氏诗文函札颇多。

1936年春,章太炎讲完"通论之部"(即"略说")之后,开始分部详讲,各部类均请深有造诣的专家主讲。他本人计划在经部讲《尚书》和《春秋》,并约请吴承仕讲"三礼"。1936年6月,章太炎讲完《尚书》后,又加开《说文部首》新课,准备在放暑假前讲完。不料,他带病上课,劳累加剧,6月14日病逝。章氏去世后,章氏国学讲习会继续办班,直至1941年。

上述演讲记录,为我们研究这一时期章太炎儒学思想提供了宝贵资料。如果进一步结合这一时期章氏发表的大批文章作综合性考察,我们不难看出,章太炎晚年在儒学思想和学术研究方面均有进展,并形成了独具特色的理论体系。

(一) 晚年对儒学价值的重视

章太炎晚年著书立说,奔走讲学,处处都显示着他对儒学价值的重视。他比以前更加看重儒家道德的作用。在《国学会会刊宣言》中,章氏简明扼要地表达了他对儒家道德的看法。宣言中写道:"昔范公始以名节厉俗,顾先生亦举'行己有耻'为士行准。此举国所宜取法,微独苏州!顾沐浴膏泽者,莫苏州先也。于是范以四经而表以二贤。四经者,谓《孝经》、《大学》、《儒行》、《丧服》;二贤者,则范、顾二公。"② 在

---

① 章太炎:《制言发刊宣言》,载《制言》第1期。
② 章太炎:《国学会会刊宣言》,载《国学商兑》第1卷第1号,1933年6月出版。

苏州、无锡等地的讲学中，章太炎反复倡导的一个主题就是弘扬"四经二贤"的精神，他认为范仲淹、顾炎武的气节操行，《春秋》、《论语》、《孝经》、《大学》、《儒行》、《丧服》的道德教化，是挽救世道人心的良药；他认为儒家"修己治人"是最高的道德修养，视"小四经"为国学之统宗。①

首先要看到，章太炎所提倡的儒家道德中含有糟粕和迂腐成分，且有用儒家道德来批判新文化新道德的用意。但是，我们不能因此就以偏概全，对章太炎晚年提倡儒家道德作全部否定，而是需要具体分析。他所宣讲的儒家道德不同于旧道学，而是20世纪初文化保守主义思潮的组成部分。章太炎基本上是以发展的眼光来看问题的，即使是在对《丧服》的看法上，他所表达的重音也是落在丧服保持了中华民族文化的特色上，这与他一贯提倡的国粹主义是相一致的。换一种说法，章太炎所宣讲的儒家道德，已不是儒家经典的原版，而是赋予了时代内涵，是经他淘炼洗涮、"抽象继承"之后的儒家新道德。

与弘扬"四经二贤"精神相配合，章氏还强调读经，认为"读经有利而无弊"，强调读史，认为经即史，读史为"今日切要之学"。强调尊孔读经是不是就意味着复古倒退呢？章氏自己对此作了回答，他说："今吾人言读经尊孔，而敌人亦言读经尊孔，鳃鳃者深恐将来为敌人愚弄，吾谓不然。民族意识之凭籍，端在经史，史即经之别子，无历史即不见民族意识所在。盖凡百学术，如哲学，如政治，如科学，无不可与人相通，而中国历史断然为我华夏民族之历史，无可以与人相通之理，故吾人读经主旨，在求修己之道，严夷夏之辨。……若至经史丧道，儒学废绝，则吾炎黄裔胄，真沦于九幽之下矣。"② 章太炎提倡的"尊孔读经"，显然夸大了文化的作用，不合实际。但也应看到，章氏强调"尊孔读经"，看重的是其历史内涵和文化的民族性，目的是在当时的民族危机下激发人们的爱国感

---

① 参见章太炎讲，金震草录：《讲学大旨与孝经要义》，载《国学论衡》第2期，1933年12月出版。

② 章太炎：《论经史儒之分合》，载《光华大学半月刊》第4卷第5期，1935年12月出版。

情，而不是复古倒退。

总之，笔者认为，章太炎提倡儒家道德，主张尊孔读经，虽然是对新文化思潮的反动，但并不能因此而予以一概否定。在这里，笔者不打算比较章太炎晚年儒学思想与新文化思潮的短长，只是想指出，二者都是想在旧传统上开掘出新传统，从伦理道德方面进行国民性改造，不同主要是文化发展路向的不同。"五四"新青年们所追求的是从反传统中创造新的传统，其目光是指向西方的，方向是面向未来的。在他们那个时代，从一定意义上说，"近代化就是西化"，因此，他们无疑是代表历史潮流的。而章太炎等国学大师则深信，传统文化中含有深美的东西，具有生生不息的生命力，世道人心的堕落、传统文化的凋零是由于后人对传统文化的篡诬和曲解造成的，因此，他们对民族文化充满了强烈的热爱和坚定的信念，他们努力从固有文化中发掘出适合时代要求的文化精华。在新青年看来，章太炎等人把目光投向过去，当然是拉车屁股向后。殊不知，这种对传统文化的研究不是僵死守旧的，也是以指向未来为矢志，守旧的外壳下深隐着创新的心，迂回的形式包容着对传统文化严密的学术探求。即使时至今日，人们依然无法忽视儒家道德对于陶冶人的情操、铸就中华民族性格的积极一面。

（二）晚年的儒学学术研究

章太炎晚年的儒学学术成果较为丰富，既有口说演讲记录，又有亲手写成的论著、书札；既有对儒家学说义理的阐释，又有对儒家经典的具体考证。如何评价章氏最后十余年的学术研究，目前学界一般多用"学术的退化"或"学术的僵化"来定性，却鲜有人作翔实有据的论证。其实，我们只要稍加分析，便不难发现，这些说法有违历史事实。

首先简单地梳理一下这一时期章太炎主要的儒学研究成果。除前面提及的演讲记录外，还有以下几类：（1）对经学原典的研究，如《春秋左氏疑义答问》、《古文尚书拾遗》、《太史公古文尚书说》、《尚书续说》等；（2）对经学史的研究，如《新出三体石经考》；（3）对儒家思想的阐释，如《蓟汉昌言》；（4）对儒学思想史特别是宋明理学的研究，如《致知格物正义》、《康成子雍为宋明心学导师说》等。这些著述涉及了儒学的主要问题，同以前相比，不仅研究的方面更广，拓展了许多新领域，而且借用了一些新的研究方法和研究成果，并提出了一些较具学术价值的观点。

从章太炎这一时期著述的主要内容看，带有扩大和深化既有研究成果的特点。《书》、《礼》二经是章太炎经学研究中的薄弱环节，进入晚年后，他明显加强了对此二经的研究，不仅有大部头著述，而且在与吴承仕、李根源的通信中也多次论及。《春秋左氏疑义答问》一书则对他早年所持学术观点进行了修正，由早年较多肯定贾逵、服虔等人，转而重视杜预的注疏，学术价值不容忽视。

章太炎这一时期的儒学著述还同当时的社会形势、现实需求紧密相关，带有为现实社会服务的色彩。他一生对宋明理学鲜有褒词，然而在晚年，出于挽救世道人心的需要，他对宋明理学特别是王阳明的学说，作了较多肯定。1924年秋，他在为《王文成公全书》所作的题词及后序中，奖褒之意溢于言表，明显表现出调和汉宋的学术倾向，并从哲学上对儒家学说作了一定程度的发展。

当然，与同一时期郭沫若、胡适、顾颉刚等人的研究成果相比，由于章太炎过分看重文化的民族性和传承性，致使他的儒学思想缺少时代意蕴；由于他固持古文经学家法，影响了他对最新研究方法和研究成果的吸收，从而使他的儒学研究方法显得陈旧，有些观点失于保守并带有一定成见。但从另一角度说，他运用传统的方法研究传统学术，自有他人不可企及的地方。

对于章太炎晚年的学术成就，朱维铮的评价值得重视。他说：章太炎对经书"从考据和义理相结合的角度所作的研究，他对国学即经学的历史，包括自汉至清的发展过程，从学派和学说具体区别的角度所作的阐述，都有相当的学术价值。他注意学说如何受政治干预的影响，他注意学派如何因自身的内在矛盾而走向否定，他注意经学如何与佛学道教互相渗透，他尤注意学者如何能够自由发挥思想而开一代风气，这对研究学术史思想史都有启迪。他论述唐代为何轻经学而又用经学的矛盾，他论述宋儒讲礼教而明儒不讲礼教的差异，他论述经学、哲学和文学求进步各有轨道，诸如此类也都是他中年以前没有说过或语焉不详的新见解。因此，假如不加分析，指斥他晚年在学术上日益退化，那就不能说符合实际。"①

综上所论，章太炎晚年的儒学思想既是对他以前儒学思想的逻辑发展，又是当时特定历史条件下文化保守主义思想的一种表现。随着对文化保守主义认识的深化，我们对章太炎晚年的儒学思想也应该有着新的理解，用"思想的颓唐，学术的僵化"来概括他晚年的儒学思想是有失公允的。

---

① 朱维铮：《走出中世纪》，300 页，上海，上海人民出版社，1987。

第三章 章太炎对儒学的学术研究（上）

中国传统学术向现代学术的转变，今文经学派的疑古精神功不可没，但古文经学派也没有沉默。当康、梁张今文学之大旗，影响披靡之际，章太炎以坚实的国学根柢，成为古文经学的中坚。如果说康、梁对学术转型的贡献主要是从内部拆解传统学术的殿堂，为现代学术的建立扫除障碍，那么，章太炎则侧重于对传统学术的总结，为现代学术的建立奠定基础。

一、论儒学基本范畴

弄清儒学诸多基本概念的含义，无疑是研究儒学的关键一步。关于"儒"、"儒家"、"经师"及"经"、"经学"、"儒学"含义的探讨，历代学者虽做了大量工作，但一直没有形成定论，章太炎对此也颇为关注，进行了认真研究，并提出了一家之言。

（一）"儒"、"儒家"与"经师"

所谓儒家思想，依据今人的一般理解，即是以孔子为代表的传统思想。但是，什么是"儒"呢？"儒"的历史渊源流变又是怎样的呢？历代学者向有歧解。

中国古代典籍所载之"儒"有不同的含义。《论语》："汝为君子儒，勿为小人儒。"这是今天所见有关"儒"字最早的文献记载。郑玄《周礼注》："儒，有六艺以教民者。"许慎《说文解字》则说儒的本意是柔，段玉裁注提出"儒"与"濡"通的解释。《史记》强调从"六艺"了解儒家。《汉书》之说出自刘歆《七略》，认为由王官之学失其守而降于民间，导致诸子之学的产生，儒家即源于司徒之官。章学诚《文史通义》内篇提出，儒家是由官师合一的典守分化出的专司民间教化的学者。这些典籍对"儒"的解释，都是在特定历史文化背景下，从某一方面着眼提出的界说。

1909年11月，章太炎在《国粹学报》第10号发表《原儒》一篇，推原"儒"的本义和起源，对"儒"的历史含义作出了开创性论证。《原儒》后收入《国故论衡》，文字有更动。

在《原儒》篇中，章太炎根据墨子把"名"分为达、类、私三种的做法，提出"儒有三科"之说，即"儒"有达名之儒、类名之儒、私名之儒三种含义。

所谓"达名之儒"，是指儒的普遍概念或称广义之儒。章太炎说："达名为儒，儒者，术士也。"他借用许慎《说文解字》"儒，柔也。术士之称"的解释，认为"术士"可作为"儒"的广义。他除广引《周礼》、《庄子》、《史记》、《汉书》、《论衡》等典籍进行论证外，还从词源学考释说："太古始有儒，儒之名盖出于需。需者，云上于天，而儒亦知天文、识旱潦。"他把知晓天文气候、作法求雨的术士也作为达名之儒，实即把术士之"术"泛指为广义的法术，他的"达名之儒"实际上是法术之士，包括一切有术有能之士。由此，他断言道：战国时期"道、墨、名、法、阴阳、小说、诗赋、经方、本草、蓍龟、形法，此皆术士，何遽不言儒"，都是广义上的儒。

所谓"类名之儒"，是指从类的意义上对儒的界定。章太炎说："类名为儒，儒者，知礼乐射御书数。"这里，章太炎主要是以《周礼》及郑玄注为依据，"《天官》曰：儒，以道得民。说曰：儒，诸侯保氏，有六艺以教民者。《地官》曰：联师儒。说曰：师儒，乡里教以道艺者。此则躬备德行为师，效其材艺为儒。"这里的"儒"，是一种职业者，指以六艺即礼、乐、射、御、书、数教授人民的人。术士的范围在此仅限于掌握传授六艺者，显然比达名之儒的范围要小得多。类名之儒，基本上指孔子创立的儒家学派的组成人员。

所谓"私名之儒"，是指从狭义上对儒的特称。章太炎举例说，刘歆《七略》中所云之儒即"私名之儒"，《七略》曰："儒家者流，盖出于司徒之官，助人君顺阴阳教化者也。游文于六经之中，留意于仁义之际，祖述尧舜，宪章文武，宗师仲尼，以重其言，于道为最高"。就个体而言，"私名之儒"指学不及六艺，仅粗"明道德，行教化"的文学之士或传经授道的学者教师，也就是《周礼》中所述的"师氏"。就群体而言，是指这些学者教师组成的群体,他们以"宗师孔子,宣扬六经"为目标和信仰,也就是狭义上讲的儒家学派。私名之"儒"较类名之"儒"所指的范围又缩小了。

此外,在《儒行大意》中,章太炎从另一个角度对"儒"作了解释。他说:"'儒'之一字,古人称作'柔',草昧之初,残杀以为常,教化渐兴,暴戾之气亦渐祛。所谓'柔'者,驯扰之意义。然周初'儒'字,未必与此同义。"他认为,古之《儒行》十五篇所说之儒,"大氐坚苦卓绝、奋厉慷慨之士,以'儒''柔'之训相反。"那为什么"儒"的含义发生变化了呢?经过对《儒行》篇之"儒"与后世之"儒"作对比分析后,他回答说:"人性本刚,一经教化,便尔驯扰,宗教之作用即在驯扰人心,以故宗教无不柔者。"也就是说,"儒"有类似宗教的作用。①

章太炎考镜辨别"儒"的源流门派时,还涉及"儒"与"儒家"、"经师"概念之间的关系问题。他认为,秦汉以后,伴随"儒"的含义的变化,"儒"之名已不符其实。"今独以传经为儒,以私名则异,以达名、类名则偏。要之,题号由古今异。儒犹道矣,儒之名于古通为术士,于今专为师氏之守;道之名于古通为德行道艺,于今专为老聃之徒。道家之名,不以题诸方技者,嫌与老氏掍也。传经者复称儒,即与私名之儒淆乱。孔子曰:今世命儒亡常,以儒相诟病。谓自师氏之守以外,皆宜去儒名,便非独经师也。"②在这种认识的基础上,章太炎提出了为"儒"正名清源的主张:"今令术士艺人闳眇之学,皆弃捐儒名,避师氏贤者路,名喻则争自息。不然,儒家称师,艺人称儒,其余各名其家,泛言曰学者,旁及诗赋,而泛言曰文学,亦可以无相鏖矣。"③本于此,章太炎在其著述中对"儒家"与"经师"作了认真区分。

"儒家",即私名之儒,系出于司徒者也。在多数场合下,章太炎所用

---

① 参见章太炎演讲,诸佐耕笔述:《儒行大意》,载《国学商兑》第1卷第1号,1933年6月出版。

② 以上引文均见章太炎:《原儒》,载《国粹学报》第五年己酉第10号,1909年11月出版。

③ 同上。

之"儒"都是指这一层意义上的。章太炎认为，虽然周公、晏子、孔子都是儒家，但孔子之门非皆儒也，子贡乃纵横家，子路任侠之士而又兼兵家；"春秋以后，儒家分为二宗：一曰孟子；一曰荀子。大抵经学之士多宗荀，理学之士多宗孟，然始儒者能综合之，故兼有修身、齐家、治国、平天下之功"①；"汉以后之儒家，不应从宋儒讲起，六朝隋唐亦有儒家也。概而言之，须分两派：一则专务修己治人，不求高远；一则顾亭林所讥明心见性之儒是矣"②。

章太炎对"儒家"有一番认真的考察。关于儒家的渊源，章太炎承袭刘歆的"儒家出于司徒之官"说，认为"周官司徒掌邦教，而儒者主于明教化"③。就儒道关系论，儒家渊于道家，"孔子问礼老聃，卒以删定六艺，而儒家亦自此萌芽。"④ 关于儒家的主要任务，章太炎认为主要是"修己""治人"，"以此教人，而不以此为至"，⑤ 或者说是"言性命，称仁义，极治乱"⑥。章太炎对儒家的缺点也曾多次提及。如他在《论诸子学》中说："儒家之病，在以富贵利禄为心。"他在《儒家之利病》中则说：儒家"皆绌于军国大事"，"骄吝，亦儒者之深病"。

章太炎认为，经师与儒家关系密切，但又不可混同。"儒家之荀卿，又为《左氏》、《穀梁》、《毛诗》之祖"，这是经师、儒家合为一身的显例。但儒家与经师又有显著不同。从源头上讲，孔子以后，儒家、经师开始出现分野："有商订历史之孔子，则删定六经是也。有从事教育之孔子，则《论语》、《孝经》是也。由前之道，其流为经师；由后之道，其流为儒家。"⑦ 从职责上讲，"儒生以致用为功，经师以求是为职。"⑧ "说经者，

---

① 章太炎：《儒家之利病》，见《章太炎先生的两篇讲演记录》，载《兰州大学学报》（哲社版），1980（1）。
② 章太炎：《国学讲演录》，180页。
③ 同上书，168页。
④ 章太炎：《论诸子学》，《章太炎选集》，359页。
⑤ 章太炎：《国学讲演录》，173页。
⑥ 章太炎：《哀清史》，《检论》卷八，《章太炎全集》（三），592页。
⑦ 章太炎：《论诸子学》，《章太炎选集》，361页。
⑧ 同上书，362页。

所以存古，非以是适今也"①，目标是"实事求是，有用与否，固不暇计。求六艺者，究其一端，足以尽形寿，兼则倍是，泛博以为用，此谓九能之士，不可言学"②。这里的"说经者"即指经师，"九能之士"即指儒家。在《论诸子学》等文中，章太炎一方面对有些史书不辨经师、儒家，统统归入"儒林传"的状况提出了批评；另一方面对被儒家指责为"抱残守缺"的经师们又多有辩护，称赞他们"坚守职责"、"淡于荣利"。从总体上说，通过条析历代文献的记载，章太炎基本上厘清了经师与儒家的界限。

综上，章太炎对"儒"、"儒学"与"经师"的辨析基本上澄清了前人的一些模糊认识，具有较高的学术价值。特别是他对"儒"的研究更具有开创意义，章太炎是中国历史上第一个应用现代逻辑方法对"儒"进行概念分类的学者。在《原儒》篇中，他运用历史的逻辑方法，从个体和整体相结合的角度，把握并确认了"儒"这一概念的历史内涵，从而达到了一个新的认识高度。章太炎对"儒"的研究的学术价值不仅超过了同时代的刘师培③等人，而且其中许多结论经受住了时间的考验，时至今日更见其正确性。如近年甲骨文研究表明，章太炎"儒之名盖出于需"的见解是正确的，从而为"儒"的起源找到了一种新证据。④ 更具意义的是，章太炎的《原儒》引发并影响了20世纪学界对"儒"的研究。傅斯年、胡适、郭沫若、蒋伯潜、钱穆、冯友兰、侯外庐、徐中舒、饶宗颐、杨向奎等学者对"儒"的研究都不同程度地受到了章太炎的影响。恰如胡适在其《说儒》一文中所说："太炎先生这篇文章在当时真有开山之功，因为他是第一个人提出'题号由古今之异'的一个历史见解，使我们明白古人用这个名词有广狭不同的三种说法。太炎先生的大贡献在于使我们知道'儒'字

---

① 章太炎：《与人论朴学报书》，《太炎文录初编》卷二，《章太炎全集》（四），153 页。

② 章太炎：《与王鹤鸣书》，《太炎文录初编》卷二，《章太炎全集》（四），151 页。

③ 刘师培著有《释儒》，《刘申叔先生遗书·左盦集》卷三；又有《儒家出于司徒之官说》，载《国粹学报》第 33 期，1907 年 9 月出版。

④ 参见徐中舒：《甲骨文中所见的儒》，载《四川大学学报》（哲社版），1975（4）。

的意义经过了一种历史的变化,从一个广义的,包括一切方术之士的'儒',到后来竟缩小成'祖述尧舜,宪章文武,宗师仲尼'的狭义的'儒'。这虽是太炎先生的创说,在大体上是完全可以成立的。"① 我们说,《原儒》是章太炎对中国文化史和学术史研究的一大贡献,这并非过誉之词。当然,章太炎对"儒"的研究也有一定局限性,如缺乏对"儒"产生的文化背景和思想渊源的挖掘,对春秋以前"儒"的存在阐释得不够充分等,但这不过是白璧微瑕而已。

(二)"经"、"经学"与"儒学"

章太炎尊奉经古文学,常常借助古文经学来加强自己的立论。但是,他并不株守古文经学的陈说,而是对传统经学多有研究并有所创新。这首先表现在他对"经"和"经学"概念的阐释上。

什么是"经"? 历代学者对这一概念进行考释,给"经"下了二十余种定义,并曾经形成"经名考"这一专门学问。如,班固《白虎通》释"经"为"常":"经,常也,有五常之道,故曰五经。《乐》,仁;《书》,义;《礼》,礼;《易》,智;《诗》,信也。"许慎《说文解字》释"经"为"织"。段玉裁注:"织之从丝谓之经,必先有经,而后有纬,是故三纲五常六艺谓之天地之常经。"从汉儒到清儒,都基本上把"经"解释成经天纬地、万古不变的真理,认为它放之四海而皆准,天地间无往而不通。这种意义阐释,离"经"之本名已很远。

从"经"的产生进行解释的,主要有两种说法:一是经今文学家的"经是圣人制作"说。《博物志》云:"圣人制作曰经,贤者著述曰传。"皮锡瑞在《经学历史》中说:"必以经为孔子作,始可以言经学;必知孔子作经以教万世之旨,始可以言经学。"② 他们认为《六经》是孔子所作,孔子作《六经》,垂教万世,为不变之常道。二是经古文学家的"经是官书"说。他们认为,"经"者皆是官书,由史官掌之。正因《六经》皆官书,所以简策特别大。《汉书·盐铁论·诏圣》篇曰:"二尺四寸一律,古今一

---

① 胡适:《说儒》,《胡适文存》四集,2~3页,合肥,黄山书社,1996。
② 皮锡瑞:《经学历史》,27页,北京,中华书局,1959。

也。"郑玄《论语序》逸文曰:"《钩命诀》云:'《春秋》二尺四寸书之,《孝经》一尺二寸书之。'故六经之策皆长二尺四寸。"① 律和经之所以都用二尺四寸的策,正因为它们都是官书。

  章太炎从经的制作、起源、衍变、实质等多重视角,较为全面地提出了经的概念。他首先从经的制作过程对"经"进行阐释。他指出:"世人以'经'为'常',以'传'为'转',以'论'为'伦',此皆后儒训说,非必睹其本真。"他依据古史资料解释说:"书籍得名,实凭傅竹木而起,以此见言语文字功能不齐。"一些书籍之所以名之为"经",发端于古代竹简系用"绳索联贯"。"经者,编丝缀属之称,异于百名以下用版者,亦犹浮屠书称'修多罗'。'修多罗'者,直译为线,译义为经,盖彼以贝叶成书,故用线联贯也。此以竹简成书,亦编丝缀属也。"他依此考订出,"簿书记事谓之专,比竹成册谓之仑","经"、"专"、"仑"都是"各从其质以为之名"。② 他在讲演中曾多次给"经"下定义。如,《国学讲演录》说:"经者,今所谓线装书矣。"③《国学概论》说:"'经'不过是当代记述较多而常要翻阅的几部书罢了。非但没含宗教的意味,就是汉时训'经'为'常道',也非本意。"④ 章氏上述对经的定义,主要是以经为普通的线装书,客观上具有反对把"经"神圣化、权威化、永恒化、抽象化的倾向。

  接下来,章太炎从经的来源上对"经"加以定义。他说:"什么叫经?本来只是官书的名目。"⑤ 虽然就《易》、《诗》、《书》、《礼》、《乐》、《春秋》而言,"本官书,又得经名",但若仔细考察就会发现经古文学的"经出于官书"说也不准确,事实上应说"经不悉官书,官书亦不悉称经"⑥。具体言之,"老聃、仲尼而上,学皆在官;老聃、仲尼而下,学皆在家人。"⑦ 老、孔以前者,经基本上是官书,官书基本上是经。古人不仅称

---

① 转引自蒋伯潜:《经与经学》,2页,上海,上海书店,1997。
② 参见章太炎:《文学总略》,《国故论衡》中卷。
③ 章太炎:《经学略说》,《国学讲演录》,44页。
④ 章太炎讲演,曹聚仁整理:《国学概论》,4页。
⑤ 独角:《论经的大意》,载《教育今语杂志》第2册。
⑥ 章太炎:《原经》,《国故论衡》中卷。
⑦ 同上。

《六经》为经，像《周髀算经》、《逸周书》这些周朝的史官记录，也称作经。老、孔以后的情况就不同，"孔子作《孝经》，墨子有《经上》、《经下》两篇，韩非子的书中间也有经，就不一定是官书了"。他认为，墨子、韩非子的著作应划入子书，孔子的《孝经》也不过是传记，它们称"经"，如同释、道题号曰"经"一样，只是泛称，并非《六经》意义上的经书。在章太炎看来，经书只不过是通常讲诵的经典，其余当作参考书罢了，不应当有什么高低贵贱之分。①

关于经的实质，章太炎认为，汉代经今文学派"以为孔子豫先定了，替汉朝制定法度"，"宋儒又看经典作修身的书"，前者是臆说，后者不准确，都是妄说。他指出，"夷六艺于古史"，应当把经书作为古代历史文献。②

其实，章太炎无论释"经"为线装书、经线或经典，其中心意思都已与传统的"经天纬地、万古不变的圣书"的解释有根本不同。章氏对"经"的概念的阐释，已基本上接近于现代学者对"经"的理解。

在经、经学与儒学三者的关系上，章太炎认为，"说经之学，所谓疏证，惟是考其典章制度与其事迹而已，其是非且勿论也。……其用在考迹异同，而不在寻求义理。……其学惟为客观之学。"经学同于史学，其用在于求是。"儒家之学，虽多本六经，然主大义而已。"③儒学"为主观之学，要在寻求义理，不在考迹异同，既立一宗，则必自坚其说，一切载籍可以供我之用，非束书不观也。虽异己者，亦必睹其籍，知其趣，惟往复辩论，不稍假借而已。"④儒学的功用在阐发思想，表达义理。"经多陈事实，诸子多明义理。"⑤这是儒学与经学的不同之处。就经、经学与儒学的联系讲，经学是对经的解释之学，侧重于学术，而儒学则是从哲学义理上对经的发挥。章太炎把后世对《六经》的学术研究即经学归为经师的职

---

① 参见独角：《论经的大意》，《教育今语杂志》第2册。
② 同上。
③ 章太炎：《通程》，《检论》卷四，《章太炎全集》（三），456页。
④ 章太炎：《诸子学略说》，载《国粹学报》第20期。
⑤ 章太炎：《与章行严论墨学书》，载《华国月刊》第4期。

责，把后世对《六经》的义理发挥即儒学划为儒家的任务，二者都以《六经》为思想源头或研究对象，这一解释清楚明白。

二、儒家经学研究

儒家经籍，初称"六经"，宋代以后，学者多主"十三经"之说。不过，章太炎论经并不主"十三经"之说，尝曰："今所传之十三经，其中《礼记》、《左传》、《公羊》、《穀梁》均传记也。《论语》、《孝经》，《艺文志》以《诗》、《书》、《易》、《礼》、《春秋》同入六艺，实亦传记耳。《孟子》应入子部，《尔雅》乃当时释经之书，亦不与经同。"即使"六经"，章氏亦不作六部经书解，而是认为"六经须作六类经书解，非六部之经书也"①。实际上，章氏说经，也是以《易》、《诗》、《书》、《礼》、《春秋》及其传记为主。《乐》经早亡，章氏论《乐》主要有《辨乐》一篇。有关《论语》、《孟子》、《孝经》的论著较少，除《广论语骈枝》、《读〈论语〉小记》、《子思孟轲五行说》、《孟子大事考》、《孝经本夏法说》外，仅在《菿汉昌言》等少数文章中提及。《尔雅》则被付之阙如。下面，我们仅择取章太炎对《五经》及其传记的研究，略作论述。

（一）《春秋》、《左传》研究

《春秋》位居儒家《五经》之一，《左传》素有"大经"之称，二者都是中国古代十分重要的儒家典籍。在中国经学史上，经古文学派十分重视《春秋》、《左传》的研究。章太炎作为近代著名的经学大师，他的《春秋》、《左传》研究不仅在他一生的学术活动中占有重要地位，而且在中国学术史上也卓有影响。

章太炎的《春秋》、《左传》研究与清代公羊学的兴起有直接关系。在清代，伴随公羊学派的复兴，经今、古文学派之间的矛盾冲突日趋激烈。到清朝末年，双方斗争达到高潮，其中斗争的焦点主要集中于对《春秋》特别是《春秋》三传的理解上。而三传之中，围绕《左传》真伪问题的论

---

① 章太炎：《国学讲演录》，47～48页。

争尤为激烈。

先是，公羊学家刘逢禄对《左传》发起了全面进攻。清代今文经学的复兴虽肇始于常州庄存与，但掀起怀疑古经风潮，并对《左传》首先发难的则是庄氏的外甥刘逢禄。1805年，刘逢禄著成《公羊何氏释例》一书，声称"刘歆之徒，增饰左氏"①，开始出现对刘歆及《左氏》的怀疑，这可以说是清末公羊学家之伪经说的滥觞。

七年后，刘逢禄著成《左氏春秋考证》和《箴膏肓评》两书，对《左传》展开正面攻击。在这两本著作中，刘逢禄对古文经学派的《左传》源流说提出质疑。他说：《左传》系由《左氏春秋》演变而来，而"《左氏春秋》犹《晏子春秋》、《吕氏春秋》也。直称《春秋》，太史公所据旧名也。冒曰《春秋左传》，则东汉以后之以讹传讹者也。"② 刘氏断然否定《左传》传经之说。他从《左传》身上找出了大量刘歆作伪的证据，凡《左传》中与经文密切之处，如"君子曰"、条例、解经之语等，都是刘歆伪作；哀公十四年后的续经，也是出于刘歆伪作。不仅如此，《左传》的编撰形式也是刘歆依据经文年月对《左氏春秋》重新编排而成的。经刘逢禄考证，《左氏春秋》本来是如《晏子春秋》、《吕氏春秋》一样属杂史之流，并非是左丘明受经后所作之传，而《左氏春秋》后人已不能看到，看到的是刘歆作伪篡改《左氏春秋》而成的《左传》，正因为《左传》系由刘歆而成，所以与《春秋》经多有出入。这种意见和古文经学派左丘明受经作传之说针锋相对，彻底否定了《左传》作为释经之传的资格。

我们知道，刘逢禄攻击《左传》传经说含有强烈的政治寓意，但他自称"欲以《春秋》还之《春秋》，《左氏》还之《左氏》，而删其书法凡例及论断之谬于大义、孤章绝句之依附经文者，冀以存左氏之本真"③。刘氏援经说作政论、直斥古经的大胆做法，一下子引起了学界的震动。其实，这种分别《春秋》、《左传》，《左传》不传《春秋》的说法宋人林栗、明人

---

① 刘逢禄：《公羊何氏释例》，《清经解》第7册，卷一二八七，上海，上海书店，1988年影印本。
② 刘逢禄：《左氏春秋何氏考证》，《清经解》第7册，卷一二九四。
③ 刘逢禄：《箴膏肓评》，《清经解》第7册，卷一二九六。

陆粲都曾提及，但由于刘逢禄之说适应了今文经学派乃至晚清学术思想界的需要，反响很大。

继刘氏之后，康有为也大力鼓吹刘歆作伪说。他的《新学伪经考》虽是思想界的巨作，但穿的依然是学术的外衣。其中论《左传》的部分在继承前人学说基础上加以深入发挥，立论新异，气势逼人。康氏的刘歆作伪说主要提出了两条证据：一是《左传》是刘歆割裂《国语》而成，二是《史记》、《汉书》等史书中为古文经学派提供重要论据的记载一律是刘歆的伪作。

康有为对古文经学的否定可谓登峰造极，中国历史上罕有其匹。他的这套学说，在19世纪末20世纪初一度风靡，追随者众多。如北京大学的崔适等人便很为信从。崔适作《史记探源》、《春秋复始》，详细阐发了康有为以刘歆分割《国语》而成《左传》之说，集中辩驳了古文经学的传授谱系及左丘明受经作传之说。

就是在这样的学术背景下，章太炎坚守门户，遵从古文师说，对《春秋》、《左传》进行深入的研究，写出了一批卓有影响的论著，同刘逢禄、康有为等人的伪经说展开学术论争。章氏有关《春秋》、《左传》之著述，主要有：1891—1896年所著《春秋左传读》，此书乃因刘逢禄《左氏春秋考证》，依次考订其失，以斥其《左传》不传《春秋》之说；1902年写成《左氏春秋考证砭》、《砭后证》和《驳箴膏肓评》各一卷，前者"以明传意"，后者"以申郑说"，中间一种后更名为《春秋左传读叙录》，"以明称'传'之有据，授受之不妄"，① 这三本著作"第录曾、吴、虞、荀、贾、司马、张、翟、刘说，委细证明"《左传》传经之可信②；辛亥革命时期完成的《刘子政左氏说》一卷，乃撷取刘向《说苑》、《新序》、《列女传》所举《左氏》事义六七十条而次第之，复"为之疏证，凡得三十余事"③；晚年所著《春秋左氏疑义答问》五卷，上甄曾、吴、孙、贾、太史公之微义，下取杜预之所长，以昭析《左传》为经作传，以史修经之大义。具体

---

① 参见章太炎：《驳箴膏肓评》，《章太炎全集》（二），900页。
② 参见章太炎：《春秋左传读叙录·后序》，《章太炎全集》（二），866页。
③ 章太炎：《与人论国粹学书》，载汤志钧编：《章太炎年谱长编》，297页。

说来，章太炎对《春秋》、《左传》主要从以下几点进行了论述。

1. 以《春秋》为经史一体，孔子所修

章太炎对《春秋》的论述多从宏观理论着手，内容涉及《春秋》的缘起、性质、授受等多方面的问题。

章太炎对《春秋》缘起作了历史分析。他认为，周初及其以前并无"春秋"之名，周《春秋》之始作，当在共和之后、宣王之际，正是宣王时的太史官，确立了《春秋》的凡例。而列国《春秋》产生之次第，章氏以为晋国最早，秦、郑次之，宋在其后，齐、鲁更后，鲁《春秋》始于隐公元年，即平王四十九年。列国《春秋》之"所以有先后者，周室颁书法于诸侯，由近及远所致"①。至于孔子修《春秋》之缘起，章太炎认为纬书"端门受命"之说和杜预的"获麟而作"之说均荒诞无验，他把孔子修《春秋》的原因归结为二：一是面临"四夷交侵，诸夏失统"的局面下，孔子述行事、成史书以存国性、继夏统；二是在"王纲绝纽，乱政亟行"的情况下，孔子欲推迹成败，惩恶劝善，秩序社会。②

关于《春秋》的性质，他承袭前人的"六经皆史"说，发展了刘知幾、章学诚等人的《春秋》史观，竭力反对刘逢禄、皮锡瑞等人《春秋》是经非史的论点。在《春秋故言》中，他引《慎子》、《齐物论》、《孟子》等典籍进行认真论证后，得出结论说："《春秋》，往昔先王旧记也"③，"《春秋》者，司马迁、班固以前唯一之史也。《春秋》未作，世无正式之史"④。他还详细考证出孔子修史的文献来源：一是作为周室之史的《春秋》，二是百国《春秋》，三是鲁国《春秋》。经此反复论证后，他认为，《春秋》经史一体，不可置疑。

在孔子与《春秋》的关系问题上，章太炎遵从古文家法，认为孔子是修《春秋》而非作《春秋》，并进行了认真的论证。一方面，他对公羊学派言必引孟子的孔子作《春秋》说提出驳斥。他说：《春秋》是孔子在旧

---

① 章太炎讲，诸祖耿记：《春秋三传之起源及其得失》，载《制言》第56期。
② 参见章太炎：《春秋左氏疑义答问》，《章太炎全集》（六），248页。
③ 章太炎：《春秋故言》，《检论》卷二，《章太炎全集》（三），407页。
④ 章太炎讲，诸祖耿记：《春秋三传之起源及其得失》，载《制言》第56期。

史基础上删改而成,"岂删改一二条即可谓之作也?"① 另一方面,他对某些古文学家所称《春秋》为周公所作、孔子不修《春秋》的说法提出了批评。章太炎指出:"虽然孔子所笔削者甚少矣",但他并非不对旧史有所修改,孔子对于"旧史之事状审核而义法或失者,则施特笔以定之,此何遽不为修?"② "韩宣子云周礼在鲁者,所以美周公之德耳,非谓《易象》、《春秋》是周公所作也。"③ 经孔子手定的《春秋》与周公的旧典已大为不同,以《春秋》为周公所作的说法显然不够准确。同时,他对孟子称孔子曰:"罪我者其惟《春秋》"一句进行了解释,《春秋》是官史,孔子不在其位,不当修官史,以班固修史获罪类推,孔子负罪当指私人修官史而言,而非指孔子作《春秋》也。④

很显然,上述三点紧紧围绕今、古文之争的一个核心问题——孔子与《春秋》的关系而展开的。公羊学家认为,孔子受天命而作《春秋》,改制立法垂教万世。章太炎正是站在公羊学派的对立面进行驳斥。若仅就观点看,章太炎基本上沿袭前人陈说,缺乏新义。章氏上述论述的意义在于,他的论证较前人更加细致条理、全面具体,取证的可信度明显增强。他对《春秋》缘起的历史分析、对孔子修《春秋》文献来源的考证,都是《春秋》研究中的重要突破。他对孔子修《春秋》原因的分析,有可推敲之处,但他力求结合当时的社会历史背景来分析问题,这在当时不失为一种新视角。

2.《左传》传授信而可考,不可造讹

《左传》的成书传授一直是本糊涂账。古文经学家一般认为《左传》是由与孔子同时或稍后于孔子的鲁君子左丘明所作,依据是《史记·十二诸侯年表序》的记载:"鲁君子左丘明惧弟子人人异端,各安其意,失其真,故因孔子《史记》具论其语,成《左氏春秋》。"他们一致认为,《史记》即是孔子所修之《春秋》,而《左氏春秋》即是《左传》。这种《左

---

① 章太炎讲,诸祖耿记:《春秋三传之起源及其得失》,载《制言》第56期。
② 章太炎:《春秋左氏疑义答问》,《章太炎全集》(六),262页。
③ 章太炎:《国学讲演录》,110页。
④ 参见章太炎讲,诸祖耿记:《春秋三传之起源及其得失》,载《制言》第56期。

传》受经成传之说受到的第一个挑战，即来自《左传》本身。通过对《左传》内容，特别是《左传》中有关预言占卜之辞的分析，《左传》的成书年代最早也应在战国早期，而决不会在春秋晚期，上距孔子去世当有一百三十多年，如左丘明与孔子同时或稍后，何以作传时能预见百年后的事情呢？今人的解释是：左丘明受经作传之后，其门人后学受习《左传》者，还不断对原书有所增益补充，经历了相当长的时间，大约在战国早期，《左传》内容才基本形成文字，定了下来。战国早期只是推测的上限，西汉末年经刘歆之手后才被官方定为解经之书，因此《左传》成书下限不会晚于西汉末年。正因为直到西汉末年，刘歆请立《左传》博士才能构成《左传》成书的充分证据，从而为反对者的刘歆作伪说提供了借口。为了澄清事实，反驳刘逢禄等人的刘歆作伪说，章太炎对《史记》、《汉书》、《说苑》、《荀子》、《韩非子》等古文献进行了认真的搜求取证。

章太炎首先考证了《左传》的始作者，他不同意刘歆等人"《春秋左氏传》是邱明所为耳"的说法，更不同意子夏传经作传之说，提出"孔、左经传，同时述作"①，以为经有丘明所作者，传亦兼孔子之笔，经传相依，犹衣之表里也。针对作《传》之左丘明，《史记》、《论语》所指不是一人的提法，章太炎作了否定，他以子夏年龄类推，认为左丘明完全有可能像子夏一样活到百余岁，或八十余岁。这里，章太炎力图通过对左丘明身份的考证来解决《左传》传经问题，但由于缺乏翔实的文献依据，存有推论之处，从而降低了论证的严密性和可靠性。"孔、左经传，同时述作"仅能是一家之言，并未被后人认可。

关于《左传》从战国到西汉时的经师授受系统，章太炎从大量古代文献中一点一条地辑录出《左氏》经师的言行记载，然后整理考核，最后得出如下授受谱系：

> 曾申者，首受《春秋传》于左氏者也，依《檀弓》记，曾申下及鲁穆公时，其受《春秋》，当在悼、元之世。曾申又以授吴起，《吕

---

① 参见章太炎讲，诸祖耿记：《春秋三传之起源及其得失》，载《制言》第56期。

氏·当染》篇及太史公书皆称吴起学于曾子,是也。起母死不葬,曾子薄之而与起绝,后归魏文侯为将,亦在鲁之元、穆间,晚又相楚,与悼王同死,则在鲁穆公二十七年,去获麟百岁矣。起以《春秋》授子期,期授铎椒,椒为楚威王傅,威王元年,上距悼王卒四十二岁,去获麟百四十二年,去鲁悼公卒九十年,而《铎氏微》始作,逾二年,秦始称王。自楚威王元年下至楚考烈王六年,凡八十二岁,而虞卿欲以信陵君之存邯郸为平原君请封,则卿不得直受《春秋》于椒,《别录》所称铎椒传虞卿者,中间尚有阙夺也。荀卿赵人,虞卿相赵,荀卿得见之,其后荀卿客春申君,为兰陵令,春申君死而荀卿废,在邯郸解围后十九年,固得受《春秋》于虞卿。自荀卿之废,又十八年,秦并天下,时张苍为御史,主柱下方书,计苍以汉孝景五年薨,年百余岁,秦并天下时,苍已三十余矣,而时荀卿尚在,《盐铁论》称李斯为相,荀卿为之不食,故苍得从受《春秋》,且其身在柱下,无所不观,所见方书,当在始皇三十四年焚书以前,故其谱牒时有出《左氏》外者。此其授受可知者也。①

这一传承系统并非由章太炎最早提出,如刘向在《别录》、《汉书·儒林传》中就已提及,但章太炎是博引上古文献系统论证《左传》源流的第一人。当代历史学家李学勤曾专门著文指出:"章太炎重视《左传》的早期授受。在这一方面,《春秋左传读》在关于《左传》的著作中极具特色,说是前无古人,后无来者,也非太过。"② 我们知道,清代学者崇尚汉学,于《左传》多批评杜预,推崇贾逵、服虔。章太炎则进一步上溯,"极引周、秦、西汉先师之说"③,爬梳整理,论难辨析,实有超出前人之功。虽然在章氏看来,《左传》的传授谱系是不言自明的,但他为了反驳公羊学说,不惜在故训旧说中工下功夫,所得结论基本上是令人信服的。从章太

---

① 章太炎:《春秋左氏疑义答问》,《章太炎全集》(六),253页。
② 李学勤:《章太炎论〈左传〉的授受源流》,《先哲精神》,133页,杭州,杭州出版社,1996。
③ 章太炎:《春秋左传读》,《章太炎全集》(二),808页。

炎不厌其烦的考证中我们可以看到,《左传》经师的早期著作虽早亡佚,其间授受的轨迹依然可寻,《左传》为刘歆伪造说难以成立。

此外,章太炎还考证了《左传》与《国语》的成书次序。他说:"太史公于左氏成《春秋》不言失明,于其成《国语》则谓在失明后,是作书次第之可知者。"① 他认为《国语》成书于左丘明失明之后,明显晚于《左传》,康有为等人认为刘歆割裂《国语》成《左传》说不值一驳,再次为反驳刘歆造伪说寻得一条证据。

3. 对《春秋》三传的关系多有研究,虽主《左传》,但并不排斥《公羊》、《穀梁》二家

明了《春秋》三传的关系,不仅有利于澄清《左传》的身份,而且还可以看出三传的价值所在。在这一方面,章太炎进行了努力。

在《春秋》三传起源先后问题上,章太炎认为《左传》为先,《穀梁》次之,《公羊》最后。他在《经学略说》中讲道:"桓谭《新论》云:《左氏》传世后百余年,鲁穀梁赤为《春秋》,残略多所遗失;又有齐人公羊高缘经文作传,弥离其本事。观《公羊》隐十一年传称'子沈子曰',何休云:沈子称子,冠氏上者,著其为师也。《穀梁》定元年传直称沈子,则沈子当与穀梁为同辈,此公、穀后先之证也。"② 具体说来,左丘明与孔子同时而年龄与子夏相仿,为春秋末年之人;"穀梁在吴起后,所引尸子,即尸佼也。佼与商鞅同时,穀梁与孟子时代相近";公羊又晚,"《公羊传》行于秦汉之际,其人上不及子夏,下不至汉,殆周秦间人也"。③

章太炎在论证《春秋》三传起源顺序时,有一条证据深为后人重视。经他考证,《公羊》有抄袭《穀梁》之处,《穀梁》有抄袭《左传》的痕迹。这一说法如能成立,不仅可以证明三传成书先后,而且能判断三传的价值所在,进而可以有力地驳斥公羊学派的《左传》作伪说。

章太炎曾多次以"新周故宋"为例说明三传沿袭——《穀梁》抄袭《左氏》,《公羊》抄袭《穀梁》,以至产生误解、造成谬论。如他在《春秋

---

① 章太炎:《春秋左氏疑义答问》,《章太炎全集》(六),252页。
② 章太炎:《国学讲演录》,121页。
③ 章太炎讲,诸祖耿记:《春秋三传之起源及其得失》,载《制言》第56期。

左传读叙录》后序中说:"《左氏》称孔丘圣人之后而灭于宋,穀梁子闻其说,故于'宋督弑其君与夷及其大夫孔父'传曰:'其不称名,盖为祖讳也。孔子故宋也。'《公羊》误读《穀梁》之文,复于成周宣榭灾下,发新周之文以偶之,由是有黜周王鲁之谬。"①

"新周故宋"或"黜周王鲁",是公羊学派三统三世说的产物。孔子在三统中位居"王鲁",称素王,以《春秋》当新王。依照董仲舒的《春秋繁露·三代改制质文篇》的解释,"新周"或"亲周",是指周为鲁最接近的一代;"故宋",是说商周由近代进入较远的一代。"黜周王鲁"实即"新周故宋"的另一种表达,既然以鲁为三统("商—周—鲁"取代"夏—商—周")的新王,那么周自然退出王的位置。"黜周王鲁"说实际上是公羊学派的一种变法改制理论。下面我们试对"故宋新周"略作考察,以对章氏上述论说进行验证。"宋督弑君"发生在桓公二年,"成周榭火"发生在宣公十六年。我们不妨把《春秋》三传原文照录于下,以便查对。

《春秋》:"二年,春,王正月,戊申,宋督弑其君与夷,及其大夫孔父。"

《左传》:"二年,春,宋督攻孔氏,杀孔父而取其妻。公怒,督惧,遂弑殇公。君子以督为有无君之心,而后动于恶,故先书弑其君。"

《穀梁传》:"二年,春,王正月,戊申,宋督弑其君与夷。桓无王,其曰王,何也?正与夷之卒也。孔父先死,其曰及,何也?书尊及卑,《春秋》之义也。孔父之先死何也?督欲弑君,而恐不立,于是乎先杀孔父,孔父闲也。……或曰:其不称名,盖为祖讳也。孔子故宋也。"

《公羊传》:"二年,春,王正月,戊申,宋督弑其君与夷,及其大夫孔父。及者何?累也。弑君多矣,舍此无累者乎?曰有。仇牧、荀息皆累也。舍仇牧、荀息无累者乎?曰有。有则此何以书?贤也。

---

① 章太炎:《春秋左传读叙录·后序》,《章太炎全集》(二),865页。

何贤乎孔父？孔父可谓义形于色矣。其义形于色奈何？督将弑殇公，孔父生而存，则殇公不可得而弑也，故于是先攻孔父之家。殇公知孔父之死，己必死，趋而救之，皆死焉……"

从上面引文可以看出，《左传》简要直接，《公》、《穀》二传累赘烦琐。《春秋》经按重君轻臣次序叙述，《左传》按事实经过叙述，二者所叙出入不大。《公》、《穀》叙说愈细，离经愈远，由于缺乏新义，只好重叠反复，这恰如顾颉刚所说中国古史系统的形成那样，愈到后来层累愈多，离题愈远。据《春秋左传正义》可知，"孔父"或许无名，或姓孔名父，此乃春秋时期常见现象，并无为祖避讳之意。《穀梁》无中生有，节外生枝，既提"盖为祖讳"，又提"孔子故宋"，意谓孔子系念先人宋国，不便直书其名，采取曲笔所致。这显然是自我作古，偏离经义。《穀梁》提出"故宋"一说，正为后来《公羊》提出"新周"张本。再看：

《春秋》："十六年，夏，成周宣榭火。"
《左传》："十六年，夏，成周宣榭火。人火之也。凡火，人火曰火，天火曰灾。"
《穀梁传》："十六年，夏，成周宣榭灾。周灾不志也，其曰宣榭何也？以乐器之所藏目之也。"
《公羊传》："十六年，夏，成周宣榭灾。成周者何？东周也。宣榭者何？宣宫之榭也。何言乎成周宣榭灾？乐器藏焉尔。成周宣榭灾，何以书？记灾也。外灾不书，此何以书？新周也。"

从上引三段传文看，后者抄袭发挥前者的痕迹依然明显。后者所增内容，或为主观推测，或为臆想发挥，缺乏历史根据。《穀梁》推测起火之因，增加宣榭是周人收藏乐器之所，认为可能是乐器被盗而纵火。《公羊》除照抄《穀梁》外，又将"成周"改为"东周"，并增加"新周"概念，揣测孔子修《春秋》时既怀"故宋"观念，又怀"新周"思想。"故宋"是怀念旧邦，"新周"肯定新王，似乎是顺理成章。再往前推，得出"绌周王鲁"、"绌周王齐"、"绌周王晋",等等,自然言之成理。然究其目的,无非是想说明孔子能与时俱进、赞同改制,因为东周日见衰微,王已不王,不如顺应历史潮流,早让诸侯称王,反而能见圣人高明。但考之经文,孔子本人思想并非如此,更无改制的预见。因此,"故宋"、为"祖讳"、为"长者讳",乃《春秋》、《左传》所无,实是《穀梁》所赋;"新周"、"绌周"、"王鲁",亦是《公羊》所加。由上对照可知,三传之中,《左传》叙事最为朴实可靠,《穀》、《公》二传逐渐添枝加叶。章太炎论证三传缘起顺序的学术价值由此可见一斑。

对《春秋》三传的评价,章太炎认为,《春秋》三传各有长短,不宜偏废,主张以《左氏》为主,兼取《公羊》、《穀梁》二家。他指出三传长短所在,"《穀梁》下笔矜慎,于事实不甚明了者,常出以怀疑之词,不敢武断。荀卿与申公皆传《穀梁》,大抵《穀梁》鲁学,有儒者之风,不甚重视王霸。"《公羊》本无神话、预言,"本义为董、胡妄说所掩,而圣经等于神话,微言竟似预言","何休更推演之,以为黜周、王鲁、为汉制法诸说,弥离《公羊》之本意矣"。章太炎评判三家,未忘家法,最后论定说:"今治三传自应以《左氏》为主,《穀梁》可取者多,《公羊》颇有刻薄之语,可取者亦尚不少,如内诸夏、外夷狄之义,三传所同,而《公羊》独著明文。又讥世卿之意,《左》、《穀》皆有之,而《公羊》于尹氏卒、崔氏出奔,特言世卿非礼。故读《公羊传》者,宜舍短取长,知其为万世制法,非为汉一代制法也。"[①] 从总体上说,章太炎并没有完全拘牵于古文家法,他对《春秋》三传的态度基本上是客观的。

4. 对《春秋》、《左传》的笔法、条例、行文、义理等不同之处也尽量作出了解释

清代公羊学派关于《左传》刘歆作伪说乍听起来虽骇人听闻,但这并非是信口开河。除《左传》的传承谱系是一大问题外,《左传》的思想倾向、编纂方式等与《春秋》的分歧也是有目共睹。既然公羊学派所云《左传》"是非颇谬于圣人"系空穴来风,那么古文经学家便需要对"左丘

---

① 章太炎:《国学讲演录》,123~124 页。

明好恶与圣人同"一语作出认真的论证。

《春秋》、《左传》既为孔子、丘明二人同修，《传》以传《经》，为何二者每有相异之处呢？章太炎解释说，从主旨上讲，这是由于《经》、《传》二者用意不同所致——经明鲁史之法，传定是非之真。"大抵《经》有忌讳承赴之文，《传》以实事著之。其他《经》、《传》互异者，犹《太史公书》一事兼存二说，以列国旧史稿草本有互歧，不能质定也。"编撰《左传》的目的是以详明的史实去配合《春秋》之义，防止后人领会失真。况"且孔子作《春秋》，本以和布当世事状，寄文于鲁，其实主道齐桓、晋文五伯之事。五伯之事，散在本国乘载，非鲁史所能具。为是博征诸书，贯穿其文，以形于《传》，谓之属辞比事。……虽有赴告不具于《经》，与其改官、定赋、制军诸大典法，足以法戒后王而不可越书于鲁史者，则无嫌于阙文，然后无害凡例。其褒贬挹损，亦著焉。"①《春秋》尊史以求善，《左传》实录以求真，有所不同，分工使然。在章太炎看来，《春秋》"名分不可越，故仍其旧记；事状不可诬，故以付之丘明"。"《经》、《传》异能，其实一体。"②

对于《左传》中"续经"部分出现的原因，章太炎也作了解释，他说："若乃贯穿百国，辞无钼吾，引事说《经》，兼明义例，非程功十余年，固弗能就，是故《传》之成也，延及哀公之末，此十余年之事，亦附而书，引策书以终孔子，疏牍朴以终哀公，尊圣阕事，写其余意，其十二经中题哀公者，亦左氏笔也。（仲尼前卒，不得举哀公谥为题）《传》称'悼之四年'，于悼举谥。赵襄子卒，后于悼公四年；楚惠王卒，先于悼公三年；《传》亦并有其谥，则皆晚岁所增与补著谥号者也。"③"续经"部分是由丘明在孔子去世后所成，但其义例主旨则是孔子在世时所定。《左传》与《春秋》载史下限《经》短《传》长，恰恰体现了左氏"尊圣阕事，写其余意"的合理安排。

《左传》的凡例，由于与《春秋》存在差别，颇受公羊学派攻击。在

---

① 章太炎：《春秋故言》，《章太炎全集》（三），411～412页。
② 章太炎：《春秋左氏疑义答问》，《章太炎全集》（六），262页。
③ 同上书，252页。

这一点上，章太炎反对杜预提出的《左传》所载五十凡例袭自周公旧典说，他认为，"五十凡例乃宣王始作《春秋》之时王朝特起之例。"①《左传》凡例除宣王之史所遗外，还有据鲁史所增，其余大抵为素王新意。②《左传》凡例基本上是秉承孔子意图所成。

此外，章太炎对《春秋》、《左传》文义的解释也时有新意。例如，对《春秋》"王正月"之"王"的解释，《左传》、《穀梁传》传统的注释多为"时王"说，毛奇龄在《春秋毛氏传》作"春王"解，《公羊传》多持"文王"（特指孔子）说，章太炎在《春秋左传读·隐公篇》中则解释说："王者，以一贯三，所书之王，本兼三王说，非文王一人，亦非殷王一人，夏王一人。"③ 他提出了"三王"说。

就上所论，章太炎关于《春秋》、《左传》的研究，基本上是围绕二者之间的关系展开论述的。章太炎较为系统全面地论定了《左传》非刘歆伪造，较为客观地评价了《左传》对理解《春秋》的重要作用，与刘师培的《左传》研究并秀，代表着近代《左传》研究的最高成就。他对《春秋》缘起、性质的翔实考订，有利于澄清公羊学派所造成的负面影响，具有反封建的意义。同时，章太炎的学术思想和学术观点也深深影响了一批学者。如，受章太炎影响，陈鼎忠曾作《六艺后论》，把《春秋左传读叙录》驳议43条合并归纳为8条，并高度称赞章氏说："按刘氏所考，经章氏之驳，无复余地。"④ 钱穆的《刘向歆父子年谱》、黄侃的《三传平议》也多受章太炎的影响。

（二）《周易》研究

章太炎对《周易》的论述相对《春秋》为少，但却言精义要，富于创见。他对《周易》成书过程的考证，每有超过康有为、皮锡瑞等今文经学者之处。他以训诂学、历史学、社会学、佛学解易，常能掘发新意，度越前规。下面，我们拣择章氏论《易》涉猎的主要问题试作简要阐述。

---

① 章太炎：《国学讲演录》，112页。
② 章太炎：《丙午与刘光汉书》，《章太炎全集》（四），155页。
③ 章太炎：《春秋左传读》，《章太炎全集》（二），63页。
④ 陈克明：《群经要义》，222页，北京，东方出版社，1996。

1. 论易学源流

章太炎对易学源流的阐述主要集中在两个方面：

其一，《周易》的作者及成书过程。

《周易》的作者及成书过程，历代学者说法不一。班固《汉书·艺文志》曾对《周易》经传的创作过程概括道："《易道》深矣，人更三圣，世历三古。"所谓"三圣""三古"之义，颜师古注曰："伏羲为上古，文王为中古，孔子为下古。"按班固的解释，《周易》成书历夏、商、周三代，作者分别是作八卦的伏羲、重卦并撰卦爻辞的文王、著《易传》的孔子。这一说法自汉以来影响较大，居于主流。汉魏之际，有人提出异说，主要有四种观点：（1）认为伏羲画八卦后自重为六十四卦；（2）认为神农重卦；（3）认为夏禹重卦；（4）认为周文王作卦辞而周公作爻辞。[①] 北宋时期，欧阳修撰《易童子问》，以勇于疑古的精神，考辨了《易传》七种的内容，认为《系辞传》、《文言传》、《说卦传》、《序卦传》、《杂卦传》并非出自一人之手，不可视为孔子所作。继此，清人姚际恒撰《易传通论》、康有为作《新学伪经考》，均持《易传》非孔子所作之说。特别是康有为的议论，不但推翻孔子作《易传》的旧说，并断言《说卦传》、《序卦传》、《杂卦传》三篇均为汉人伪作。章太炎在辨别分析前人成说的基础上，提出了自己的观点。

关于《周易》八卦的起源，他主张伏羲作卦说，但不取伏羲受《河图》的传言。（按：伏羲受《河图》而成八卦之说出于《春秋纬》。）李鼎祚《周易集解》引郑玄注曰："《春秋纬》云：河以通乾，出天苞；洛以流坤，吐地符。河，龙图发；洛，龟书成。《河图》有九篇，《洛书》有六篇。"此说以"河图"、"洛书"为书籍。以此为引子，宋人以卦爻象数为基础，以黑白数式为形态，也发明了一套"河图""洛书"之学。据清代学者胡渭考释，宋人所谓"河图"当指"五行之数生成图"，"洛书"当指"太乙下行九宫图"，绝非古之"河图"、"洛书"。但无论哪一种解释，都含有浓厚的神化迷信色彩。章太炎从分析《河图》入手，力求客观理性地

---

① 参见孔颖达：《周易正义·卷首》。

解开伏羲作卦之谜。他指出，《河图》既非图，也非书，而是"仪其地之象"，一种古人观察地理现象、描述地理位置和地理风貌的原始记录之物。此物因岁久而"沦于河"，"伏羲得之而以为陈宝"。由此可见，《河图》并没有什么诡异之处，显然不是"天赐"之物。禹之《洛书》成因与此相同。① 根据司马迁《史记·补三皇本纪》可知，伏羲生于雷泽（今山东曹县一带），其部落建在太皞（今河南淮阳附近），因此伏羲又称太皞氏。河南、山东属于历史上黄河易于泛滥易道的地区，伏羲在此得《河图》是有可能的。虽然目前学界对历史上是否存在伏羲其人尚无定论，但将伏羲作为一个时代的代表却是公认的②。即便如此，章氏此说也不失为一得之见。

章氏既然否定了《周易》是"天赐"圣书，那么，八卦之始作缘由又当如何呢？在章太炎看来，八卦是伏羲受《河图》启发依类取象而作。《易传》曰："《易》者，象也。"他运用文字学解释道："南越大兽谓之象，《易》以为名。文字之权舆，昉诸八卦，依类象形。"③ 这种"依类象形"作八卦的方法与"初造文字，取法兽蹄鸟迹"如出一辙，兼为古文字学大师的章太炎把这一点讲得生动形象："盖鸟舒六翮，即成☰象，但取其翮而遗其身，即成☷象。于是或分或合，错而综之，则成八卦。"④ 经此诠释，章太炎既否定了《河图》、《洛书》的神秘性，又较合理地说明了《河图》与八卦的关系。

重卦出于何人，说者纷纭。章太炎认为王弼的重卦出于伏羲说、郑玄的重卦出于神农说、司马迁的重卦出于文王说皆有可推敲之处，而孙盛的重卦出于夏禹之说较为可信。"夏禹之说，从郑玄之义蜕化而来。郑玄《易赞》及《易论》云：夏曰《连山》，殷曰《归藏》，周曰《周易》。孙盛取之，以为夏有《连山》，即兼山之艮，可见重卦始于夏禹。"⑤ 章太炎把

---

① 参见章太炎：《河图》，《訄书》初刻本，《章太炎全集》（三），32页。
② 参见夏金华《章太炎易学思想蠡测》，载《上海社会科学院学术季刊》，1992（4）。
③ 章太炎：《说象象》，《太炎文录初编》卷一，《章太炎全集》（四），16页。
④ 章太炎：《国学讲演录》，59~60页。
⑤ 同上书，60页。

重卦出现的时间断为"必不在夏禹之后"①，这与今天学者通常认为《连山》成书已具六十四卦的看法颇为一致。

至于卦辞、爻卦之作，历代论者存有分歧。马融、郑众认为卦辞、爻卦均为周公所作，皮锡瑞则以为孔子作卦、爻下辞。对于前者，章氏以子之矛，攻子之盾，使其陷于左右失据、不言自破的境地。② 对于后者，章太炎暂时搁置古文家法，引《史记》、《易·系辞》持中论证，并作《孔子作易驳议》十二条，一一指出皮氏十二项论说的不足之处。③ 然后，章氏依《史记》所说，据《易传》、《左传》指出："卦辞、爻辞之作，当是皆出文王。《系辞》云：'《易》之兴也，当文王与纣之事耶？'又云：'作《易》者，其有忧患乎？'太史公据此，谓'西伯拘而演《周易》'。故卦辞、爻辞并为文王被囚而作。"④ 按：《系辞传》下曰："《易》之兴也，其当殷之末世，周之盛德耶？"又曰："《易》之兴也，其于中古乎？作《易》者，其有忧患乎？"这里所言"殷之末世，周之盛德"、"中古"皆指商末周初，章太炎以周文王作卦辞、爻辞，时间推断是得当的。

关于孔子与《易》之关系，章太炎从四个方面作了考察。第一，从渊源上讲，孔子的易学思想系承袭文王而来。章太炎认为，周代《周易》不只一部，"至孔子赞《易》，乃专取文王所演者耳"⑤。第二，《易》经孔子研读和整理后，性质和地位发生了变化。"孔子赞《易》以前，人皆以《易》为卜筮之书"，孔子赞《易》以后，《易》之"开物成务，冒天下之大道"始为世人重视，并因此而被升格为六经之一。⑥ 第三，《易传·系辞》确为孔子所作。章氏批评欧阳修疑《系辞》为孔子所作之说："欧阳修经学疏浅，首疑《系辞》非孔子作，以为《系辞》中有'子曰'字，决非孔子自道。然《史记》自称太史公曰，太史公下腐刑时，已非太史令

---

① 章太炎：《国学讲演录》，60页。
② 同上书，60~61页。
③ 参见章太炎：《驳皮锡瑞三书》，《太炎文录初编》卷一，《章太炎全集》（四），110~112页。
④ 章太炎：《国学讲演录》，60页。
⑤ 同上书，62页。
⑥ 同上书，63页。

矣，而《报任少卿书》犹自称太史公……商瞿受《易》之时，或与孔子问答，退而题'子曰'字，事未可知，安得径谓非孔子作哉？"① 第四，章太炎对乾、坤二卦的"文言"传也有异解。他不同意梁武帝等人"文言者，文王之言也"的解释，认为"文言"是"文王以后，孔子以前说《易》者发为是言，而孔子采之耳。所以题曰文言者，盖解释文王之言"。② 关于孔子与《周易》特别是与《易传》的关系，后人多有猜测，但一直没有定论。《论语·述而》所载"加我数年，五十以学易"，加上"韦编三绝"等记载，至少反映了孔子对《易》曾进行过认真的研读、整理和讲授。后世学者认为，《易传·系辞》为孔子所作的可能性较大。③ 由此，我们可以说，章太炎对孔子与《周易》关系的论述基本上是确当的。不足之处是，他论证孔子作《十翼》材料不足，缺乏说服力。

对于孔子以后的《周易》传承谱系，章太炎有清楚描述。《六经》之中，因《周易》是卜筮之书，未遭秦火，因此传承谱系也较明白可见。经章氏考证，《周易》授受系统为："自商瞿一传至桥庇子庸，二传至馯臂子弓，三传至周丑子家，四传至孙虞子乘，五传而至田何。"④ 自商瞿五传而至田何，皆有踪迹可寻，唯商瞿之书未见，对此，章氏专门作了考证。据他考证，《齐策》及贾生《胎教篇》存有商瞿传文。"《齐策》颜斶对宣王言：《易传》不云乎，'居上位，未得其实，以喜其为名者，必以骄奢为行。据慢骄奢，则凶从之。'此真商瞿传也。贾生在田何后、丁宽前，《胎教篇》引《易》'正真本而万物理，失之毫厘，差之千里'，《戴记·经解篇》亦引《易》'君子慎始，差若毫厘，谬以千里'，或谓出于《易纬》。汉初安得有纬书？明亦古《易传》文，其后《易纬》乃袭之尔。"⑤ 接下来，"宣元之间，传易者有施雠、孟喜、梁丘贺氏。由是有施孟、梁丘之

---

① 章太炎：《国学讲演录》，64页。
② 同上书，65页。
③ 参见金景芳《学易四种》、《周易讲座》，李学勤《周易经传溯源》等著作。
④ 章太炎：《国学讲演录》，64页。
⑤ 章太炎：《菿汉昌言》连语一。

学焉。于是民间别有费直、高相二家之说。"① 章氏论述《周易》早期传授大抵不误，尤其是对商瞿之书的推断更见他深厚的古文献功底。

章太炎对历代易学也有评说。对于汉魏说易诸家，清代汉学家大都认为"京、郑、荀、虞甚明，惟王辅嗣为异"，章太炎则不以为然。他指出，京、郑、荀、虞诸氏虽"分析上下，各从其始"②，但并不真谓知象，若论真解费氏《易》者，当推王弼一家，"只要把王氏《易略例》看看，就晓得王氏远在诸家之上"③。章太炎认为，汉儒说《易》还有一病，"大氐汉世博士，喜道阴阳秘书，学者从风化之，虽主费氏者勿能坚"④。汉儒说《易》多化于阴阳五行之说，魏晋学者解《易》较为理性，这是魏晋学者长于汉儒之处。宋儒说《易》，陈希夷、刘牧之创"河"、"洛"、"先天八卦"之说，章太炎斥之为"荒唐悠谬"、"旁门左道"。⑤ 清人说《易》有惠栋《周易述》和《易汉学》、李道平《周易集解纂疏》、江藩《周易述解》、张惠言《周易虞氏义》和《周易虞氏消息》、焦循《易学三书》等。通观大体，章太炎认为他们得失参半，得在"识古"，失在"拘滞"，大多数人琐碎识小，不能通贯易之大道。焦循说《易》，不株守汉易，时有创获，向遭时人非议，章太炎则遵从"学无汉晋"，唯是所尚的原则，给予了高度评价："焦循为《易通释》，取诸卦爻中文字声类相比者，从其方部，触类而长，所到冰释，或以天元术通之，虽陈义屈奇，诡更师法，亦足以名其家。"⑥ 从总体上看，章太炎对汉、宋、清儒的评判虽寥寥数笔，但言简意赅，贯彻了他崇尚纯朴而不务灾异诡说、实事求是而不唯汉是从的学术思想。

其二，《周易》的性质。

章太炎对《周易》性质的认识有一个发展过程。在早期，他对《易》

---

① 章太炎讲，潘承弼记：《章太炎先生讲授今古文之源流及其异同》，载《国学论衡》第 2 期，1933 年 12 月出版。
② 章太炎：《易象义》，《检论》卷二，《章太炎全集》（三），385 页。
③ 章太炎：《章太炎的白话文》，75 页。
④ 章太炎：《易象义》，《检论》卷二，《章太炎全集》（三），386 页。
⑤ 参见章太炎：《国学讲演录》，66 页。
⑥ 章太炎：《清儒》，《检论》卷四，《章太炎全集》（三），473、478 页。

作用的评价远远不如《春秋》："《易》之为书，广大悉备，然常用止于别蓍布卦"，只不过是"占事知来，惟变所适，不为典要"的普通书籍罢了。① 中年以后，章氏对《易》多了一些理解。一方面，他以《易》为上古史料，意义同于史书。他在《易论》篇中说："六十四序虽难知，要之记人事迁化，不越其绳，前事不忘，故损益可知也。夫非谶记历序之侪。"② 所谓"前事不忘，故损益可知"与鉴往知来之史籍何异？所以章太炎说："《易经》也是史。"③ 另一方面，他体验到《周易》富有深刻的哲理。对人生而言，《易》道既讲究"以争竞而得存活"的进取性，又寓有"退避求自安全"的保守性，进退咸适；④ 就社会而言，"发展社会、创造事业，俱为《易》义所包矣。"⑤

从上述看，虽然章氏对《易》的理解前后有所变化，但他基本上认为，《易》不只为卜筮之书，曾断言"《周易》与数术异，纬候不与六籍同流"⑥，《易》有超出卜筮的价值和内涵，堪为史书，富有哲理。章太炎从史学、哲学角度看待《周易》，具有科学性和进步性。这为他进一步深入研究《周易》确立了正确的方向。

2. 释《周易》义理

历代学者解易，就主要侧重点而言，有人侧重于象数的解说推演，有人侧重于义理的阐释发挥。章氏易学的主要特点，是从多角度、跨学科就《周易》的义理之学进行阐释。我们试把章太炎对《周易》的阐释归纳为以下几个方面：

第一，用汉学解易，即沿用乾嘉汉学的解易传统，采用文字训诂、音韵、校勘等研究方法，对《周易》的卦爻符号、文辞章句进行笺注和解读。在这一方面，章太炎的主要著作除收入《膏兰室札记》和《诂经札

---

① 参见章太炎：《原经》，《国故论衡》中卷。
② 章太炎：《易论》，《检论》卷二，《章太炎全集》（三），380页。
③ 章太炎：《章太炎的白话文》，70页。
④ 参见章太炎：《易论》，《检论》卷二，《章太炎全集》（三），384页。
⑤ 章太炎：《国学讲演录》，63页。
⑥ 章太炎：《原教》，《检论》卷六，《章太炎全集》（三），527页。

记》的《需于郊不犯难行也》、《需不进也》、《天下之动贞夫一者也》、《其人天且劓》、《化益》、《壮于頄解》外，还有《八卦释名》、《说彖象》等。章太炎以文字训诂解易，不像乾嘉时期惠栋、张惠言那样以汉代易学为正统，泥守考据，而是颇有焦循之风，不唯汉是从，而依汉人解易的精神，以文字训诂为下手功夫，贵通大义。兹举例为证。

《八卦释名》是章太炎以文字学解易的代表之作。对于八卦，人们多侧重于其起源、演卦、卦义等方面的探讨，而对于八卦卦名（乾、坤、震、巽、坎、离、艮、兑）、象征物象（天、地、雷、风、水、火、山、泽）、象征意义（健、顺、动、入、陷、丽、止、说）之间的内在联系，却鲜有人作专门研究，更罕有从文字学角度进行诠释者。正如章太炎所说："德象虽具，谈者多未明其字诂。"鉴于此，他从文字学角度切入对八卦进行释名。先看乾卦。他说：据《说文》："乾，上出也"，指草木冤屈而出，从"倝"声，并无"天"的意思。但"倝"意为"日始出，光倝倝也"，语转为"昪"。昪者，元气昪昪，称天者多言昪。"昪"即指"天"。所以说，"乾为天"。"乾行健"，则是由"象声而为训"所来。次言坤卦。"坤从土、申，土位在申，为地易明。象声而训，故言顺。"再说震卦。震者，乃指霹雳震动者也。因此，震象为雷，震训为动。再下是巽卦。他对巽卦的释名颇费心思。巽選声类同，他先是广引《广雅》、《说文》、《尧典》、《五帝纪》、《列女传》证得"選"含"入"意；又训選为遣，从《春秋传》、《荀子·儒效》篇掘发出"纵"意，对证《释名》"风，放也"，"纵"、"放"义旨相合，水到渠成，得出"巽为风"。① 他对其他四卦的解释，也皆是如此，以训诂字义类推其理，旁征博引，言出有征，发人未发，确实能自圆其说，阐明道理。

第二，以史说易，即从历史学角度治易。以史说易源于古文经学的"六经皆史"说，认为《周易》经、传乃至卦、爻符号含有历史记叙或历史意义，是一种历史记录。"以史说易"的学术传统由来已久。《淮南子》

---

① 参见章太炎：《八卦释名》，《太炎文录初编》卷一，《章太炎全集》（四），15页。

一书就持《易》为"上古史"说，南宋李光《读易详说》、杨万里《诚斋易传》均为以史证易的重要著作。前述章太炎对《周易》成书过程、易学源流的辨析就是以史证易的例子。章太炎除从传统历史学的角度解释易学，还积极运用近代社会学理论、新史学理论阐释《周易》。这从《自述学术次第》、《易论》、《历史之重要》对《序卦传》的解释就可见一斑。

《序卦传》旨在解说《周易》六十四卦的编排次序，揭示诸卦相承相受的意义。全文分两段：上段叙上经"乾"至"离"三十卦次序，下段叙下经"咸"至"未济"三十四卦次序。通常认为，《序卦传》是一篇颇具哲理深度的六十四卦推衍纲要。章太炎则说："《周易》，人皆谓是研精哲理之书，似与历史无关，不知《周易》实历史之结晶，今所称社会学是也。"① 他并以《序卦传》为例作了论证。

《易论》主要是就《序卦传》初始部分有关"人事"、"相因"、"相反"等门类的卦进行分析。"屯"卦，记述的是人类初始阶段的情形。在这一阶段，人类处于蒙昧野蛮状态，"草昧部落之酋，鹑居鷇食"，"民如野鹿"，过着渔猎生活。"婚姻未定，以劫略为室家"，正如"屯"卦六三爻辞所说"匪寇婚媾"，还没有形成较稳定的夫妻制。"蒙"卦所记婚姻状况稍见进步，"始有娉女，而爻称'内妇'、'克家'"。"需"卦载，"君子以饮食燕乐"，说明了人们生活状况的改善。

"讼"、"师"、"比"、"小畜"卦则反映了私有财产的出现以及当时的社会冲突。"农稼既兴，民之失德，乾糇以愆，而争生存、略土田者作，故其次'讼'。"为争生存、争饮食，"小讼用曹辩，大讼用甲兵"，聚众而起，所以行"师"。"比"卦则说明了因互相争讼出现了相对稳定的有纲纪有城郭都邑的诸侯国邦，但其首领仅为"假王"。有了国邦、"假王"，赋调所归，故有"比"必有"蓄"。

"履"、"泰"、"否"三卦则表现了国家建立的情形。"'讼'以起众，'比'以畜财；军在司马，币在大府。"有了军队与财富，万国亲和，觌威不用，"帝位始成，大君以立"，此为"履"。帝王的出现，国家的建立，

---

① 章太炎：《历史之重要》，载《制言》第 55 期。

既是社会矛盾的产物,又是社会发展的必然。国家安定,"其道犹'泰'"。"泰者,通也","物不可以终通","泰""浸以成'否'"。同理,"物不可以终否,故受之以'同人'。""同人",简言之就是"君子以类族辨物",有道之君宗盟其族,繁荣国家。

经此一番解释后,章太炎得出结论说,从"屯"到"同人"十卦,乃"生民建国之常率,彰往察来,横四海而不逾此"。如此解释,基本符合《序卦传》初始部分的含义。通过这一论证,章太炎基本证明了他以《易》为"记人事迁化"、"非谶记历序之侪"的观点。①

这种把历史学、社会学结合起来阐释《序卦传》的指导思想在《自述学术次第》中表现得更加系统明了。他以"屯"、"蒙"说人类历史的初始,以"需"说酒食宴乐的初始,以"观"说宗教的初始,以"噬嗑"说刑罚的初始,以"贲"说文明及婚礼的初始,一一举证,力图说明《易》乃"开物成物,其大体在兹矣"。他举"屯"、"比"、"豫"、"晋"言行政制度的变化,举"咸"、"恒"、"姤"、"归妹"言婚姻方式的变化,举"屯"、"蒙"、"需"、"讼"、"师"、"比"、"畜"、"履"、"泰"、"否"言人类社会的发展变化,以为"道古今人事之变化,可谓深切著明矣"。他还以"蛊"、"随"、"观"、"乾"诸卦堪能"穷理尽性",说明人生哲理。综此三者,章太炎论证"《易》者,藏往知来之学、开物成务之书,所叙古今事变,不专为周氏一家",顺理成章。

章太炎以历史学、社会学解《易》,视角新颖,在方法论上不失为一种尝试,以《周易》为古史资料,确也能说明一些问题。然而,《周易》在古代首先是占筮用书,而不是史书,若喧宾夺主,以偏概全,因其具有史料价值而把它等同于史书,无视其中的宗教巫术成分,论证易失于严密,所得结论也难免牵强。如他在《自述学术次第》一文中对"晋"卦的解释就存在这方面的问题。"晋"卦卦文"康侯用锡马蕃庶",原指武王之弟卫康叔受封为康侯事。章氏为说明行政制度的变化,训"康"为"空",释"康侯"为"虚置爵位",认为"秦汉之关内侯,唐以来之虚封侯",甚

---

① 以上引文见章太炎:《易论》,《检论》卷二,《章太炎全集》(三),380~381页。

至其后的"罢侯置守，改土归流"等行政制度改革，均已在"晋"卦中作了"隐示"。①

第三，以佛解易。据孔颖达《周易正义·序》考察，这种阐释方法早在六朝已经出现。宋明时期以佛解易者渐多。明代中叶以降，以禅解易之风也蔚然兴起。章太炎以佛解易主要是以唯识论、大乘起信论等佛学理论来阐释《周易》中的一些基本哲学问题。兹举两例。

例一，援佛学阐释《周易》的万物生成理论。《周易·说卦传》有："乾以君之，坤以藏之。"又有："乾，天也，故称乎父。坤，地也，故称乎母。"《周易·序卦传》："有天地，然后万物生焉。"《说卦》虽对乾、坤两卦有多种释义，但根本一点是说万物皆由乾、坤而生，六十四卦亦由乾、坤演变而来。对此，章太炎解释说："彼天地者只乾坤之一象耳。乾知大始，坤作成物。乾即阿赖邪，先有生相即能起见，能见而境界妄见矣，故曰大始。坤即末那，执此生为实，执此境界为实，皆顺乾也，故曰成物。"② 这里，章太炎主要援用的是法相唯识宗的八识学说。法相唯识宗用八识三性四分学说来解释世界的本质和构成。八识分别为眼识、耳识、鼻识、舌识、身识、意识、末那识和阿赖耶识。唯识论认为，第八阿赖耶识包含一切事物现象的种子，是前七识的共同依据和主宰者，也是前七识存在的前提。阿赖耶识也叫藏识。依照章太炎的理论，阿赖耶识是宇宙万物的根源，是一切精神现象和物质现象产生和发展的总原因，"阿赖耶识为情界（指人类和动物界）、器界（指除情界以外的宇宙万物）之本"③，"为万物之本"④。阿赖耶识从"无始"以来就存在，而且永远起作用。但是阿赖耶识自身不会显现，而必须依靠末那识。第七末那识，又叫执识、意根识，它以第八识的存在作为自己存在的前提，并以第八识为认识对象，经常把第八识当作自我，具有恒审思量自我（即不停顿地思虑第八识）的功能，并执着于阿赖耶识本身以及阿赖耶识所显现的境界为实有。

---

① 参见章太炎：《自述学术次第》，载《制言》第25期。
② 章太炎：《菿汉微言》，20页。
③ 章太炎：《人无我论》，《太炎文录初编》别录卷三，《章太炎全集》（四），427页。
④ 章太炎：《无神论》，《太炎文录初编》别录卷三，《章太炎全集》（四），401页。

显然，阿赖耶识与末那识是互相依存的，这正如章太炎所说，"二者若束芦相依以立"①。"乾"与"坤"就如同"阿赖耶识"与"末那识"一样，只有结合起来发生作用才能生成万物。至此，我们可以理解，章太炎把"乾"比作阿赖耶识、把"坤"比作"末那识"，具有一定的合理性。

接下来，章太炎又援引佛学详细阐明了"乾""坤"如何结合生成万物的过程。章太炎说："'大哉乾元，万物资始。'此固阿赖邪之征。'至哉坤元，万物资生'，即无明，为缘生第一支也。无明无往不在，而末那我痴即是无明本体。且坤卦言'先迷''后得主'。迷者，无明不觉之谓。依如来藏，有此不觉，不觉而动，始为阿赖邪识，故曰'先迷'。阿赖邪识既成根本，无明转为我痴，执此阿赖邪识以为自我，故曰'后得主'。以其恒审思量，故《传》曰'后得主而有常'。以其执持人、法，故《传》曰'含万物而化光明'。万法依是建立也。"② 为了较准确地把握章氏这段话的含义，我们有必要再了解一下章太炎的佛学宇宙发生论。

据何成轩解释，章太炎的宇宙发生论是这样一个转化过程：真如无明阿赖耶识末那识自我六识世界。真如即如来藏，是世界的最终本原和绝对本体。"无明"即"不觉"，是佛学所称十二因缘开头的一种，意思是盲目无知冲动的意识。唯识论认为，无明是万物生成的起因，由于有了无明，才辗转缘生出社会人生和宇宙万物。在章太炎看来，只因具备了这种意识，才产生了阿赖耶识。在世界万物中，阿赖耶识因"无明"而"先迷"，因此，它作为如来藏的化身，成为世界的本原或本体。"末那我痴即是无明本体"，章太炎把"无明"看做是"末那识"先期形式。末那识含藏有我识（人我执、法我执）种子，经常把阿赖耶识当作人我（自我），把阿赖耶识幻现的境界当作法我（客观世界），通过六识呈现出来。因此，在佛学中，不但客观世界是虚幻的假象，而且连人的自我也是虚幻的假象。形体的我是幻我，阿赖耶识才是真我。这样，阿赖耶识含藏一切事物现象的种子，通过和末那识的相互作用，变现出森罗万象的世界。

---

① 章太炎：《辨性》上，《国故论衡》下卷。
② 章太炎：《菿汉微言》，21页。

简言之，章太炎的上述真如缘起说①为：无始以来的无明迷住如来藏，使它转变为阿赖耶识，阿赖耶识也就是万物生成的种子。此后无明转为末那识，末那识执阿赖耶识为"人我"和"法我"，由是生成大千世界。由此类推，章太炎得出了《周易》的万物生成序列——乾元资始；坤德"居后"，故迷失道；后得乾主，以阳居首，乾坤相合，阴阳交感，万物由此化生。

在上述缘起说和生成论中，乾和阿赖耶识是否能自发地产生万事万物呢？章太炎回答说，不能，其中需有一动因。对阿赖耶识来说，为无明发动；对乾、坤来说，则为震。震者，动也。他指出，伏羲时，八卦的排列次序"起震终艮"，就是因为"震之一动，是即生因"，所以不以乾"造端"而以震居先。可见，外因在这两种生成论中的作用都不可忽视。

章太炎的真如缘起说与《周易》万物生成理论参照比较，互相阐释，持之有据，言之成理，含有深刻的辩证性和逻辑性。需要指出的是，他所运用的佛学理论，基本上是经过他改造后的法相唯识论，并吸收了《大乘起信论》的成分，因此不能照唯识论原意来理解。再者，他的《周易》万物生成论没有揭示出世界的本原，如能上升到宇宙发生论的高度，将真如与太极这两个具有本原性的概念交互阐释，会更富有哲学意义。

例二，以佛学"三无自性"解说"易无体"。易有无体，学界一直有所争论。章太炎征引佛学，论证"易无体"之说可以成立。他先是引高僧慧远的话说："《易》无体而感为体。"又引《咸》卦《象》："天地感而万物化生。"章太炎结合佛学缘起说阐明"感"的性质。他指出，感是众生心的业用随因缘假合而生的，并非实在之法（客观现象）。因此，所谓《易》以感为体，实际上就是《易》无体，这正合于《系辞》"神无方而《易》无体"之说。② 接着，他用唯识宗的"三无性"说（相无性、生无

---

① 缘起说，即佛学关于世界万物起源的理论，章太炎的缘起说看似是唯识宗的阿赖耶识缘起说，实则是《大乘起信论》的真如缘起说，详见何成轩：《章太炎的哲学思想》，170页，武汉，湖北人民出版社，1987。

② 章太炎：《蓟汉微言》，23页。

性、胜义无性）与"易无体"印证①。章太炎推论说：既然法非实有，不过是阿赖耶识随缘显现而已，那么，寻找法之本际，自然没有本际。从法无本际可知法之"相无自性性矣"。非实在之法即是虚幻，虚幻之法也有生相，寻找生之本际，生也没有本际，只不过是无始以来的无明业力引生相续而已，所谓"生生不息"者也，故生也无自性性矣。《易》"无思、无为也，寂然不动"，唯有"感而遂通天下之故。"因此，"易无体则胜义无性性矣。"② 章氏以"三无性"诠释《易》无体，至此完成。

援佛解易，是章太炎《易》学的一大特色。在他看来，不仅在有关宇宙的起源、事物的本质等问题上《易》与佛学相通，而且《易》的基本概念如"性"、"命"、"气"、"天"等也可与佛学互相诠释③。章太炎的这些诠释虽不乏真知灼见，给人以启迪，但也往往有扑朔迷离、曲解附会之笔，令人费解难懂。兹不再作专门指出。

第四，用科学解易，指运用近代科学特别是自然科学知识来研究《周易》。这一方法首起于德国哲学家、数学家莱布尼茨。莱氏于1679年撰写的著名论文《论二进制数学》，以近代科学解易，阐明了二进制数学与易理相通的道理。在这一方面，章太炎作了初步尝试，如称《易》所说的"乾元恒动曰'龙'"一语，"即今所谓'永动力'"；称"坤元恒静曰'利永贞'"一语，"即今所谓'永静力'"。④ 这虽然是牵强附会，但由此可以看出他已认识到《周易》与自然科学之间存在一定的联系。

章太炎以自然科学解《易》的主要成就表现在他对地理学的运用上。

---

① "三无性"说是相对于唯识宗"三性"说而来的。"三性"说：（1）遍计所执性，即以名言表示而执为实有。这样得到的认识是一不实在的分别，是一种迷妄。（2）依他起性。遍计所执也是非凭空而来的，而是有所依的，一切事物都依因缘和合而起，这是一种相对的真实。（3）圆成实性。排遣遍计所执性，了悟一切事情皆依因缘而起，就能得到诸法的真实性，这样的认识，是绝对的真实。三无性说与此一一对应，就是说，遍计所执的有，都属于迷妄，无体无相，这叫做相无性。依他起性的各种现象，都从因缘而生，似有非有，这叫做生无性。圆成实性的道理，远离遍计所执的我、法，超绝于人们正常认识之外，领会这种最高境界，就是胜义无性了。

② 章太炎：《菿汉微言》，21页。

③ 参见章太炎：《菿汉微言》、《菿汉昌言》等著作。

④ 章太炎：《易论》，《检论》卷二，《章太炎全集》（三），383页。

如他在批评先天八卦说时讲道:"当时所观之天,为全世界共见之天,所观之地,则中国之地也。今以全地球言之,中国位东半球之东部,八卦方位,就中国所见而定。乾在西北者,中国之西北也;坤在西南者,中国之西南也。古人以北极标天,以昆仑标地。就中国之地而观之,北极在中国西北,故乾位西北。昆仑在中国西南,故坤位西南。正南之离为火,即赤道。正北之坎为水,即翰海。观象、观法,以中国之地为本,故八卦方位如此,后之先天八卦,乾在南而坤在北,与天文、地理全不相应。"① 这番批评言出有据,使人信服。

从总体上说,章太炎对《周易》的研究有两大特色:一是摒弃了过去视《周易》为卜筮之书的神学色彩,以《易》为史学、哲学,从而作出了较为客观的评价。二是解《易》手段多样,视角新颖,且不乏创见。如,以佛学解《易》,虽然古已有之,但以唯识论解《易》则是他的创造;而以科学解《易》、以社会学解《易》,已明显体现出《周易》研究的近代特征。

(三)《诗经》研究

章太炎对《诗经》缺乏集中系统的论述,相关文章散见各处。早年文字大都收入《膏兰室札记》和《诂经札记》中,约有20余篇,如《式月斯生》、《无酒酤我解》等,基本上是沿袭传统解经方法,对《诗经》文字、章句进行训诂、考释。后收入《太炎文录》的《大疋小疋说》、《毛公说字述》、《大雅韩奕义》依然是训诂之作,不过稍益精审。录入《检论》的《六诗说》、《关雎故言》、《诗终始论》、《方言》等篇,开始对《诗经》中存有争议的问题提出自己的看法。概括说来,章氏的《诗经》研究主要论及三大问题。

1.《诗经》的性质

《诗经》原不过是一部诗歌结集,并没有什么神秘性可言,但在封建社会由于被奉为神圣的经学,经历代卫道者的涂饰和经师的注疏,歧义迭见,因此,要想对《诗经》进行科学研究就必须解决《诗经》的性质问

---

① 章太炎:《国学讲演录》,65~66页。

题。从章太炎的有关著述看,他主要从以下三方面对《诗经》的性质进行了论证。

第一,从成因上看,《诗经》以言志、道情性。《虞书》:"诗言志,歌咏言,声依咏,律和声。"《庄子·天下篇》也说:"诗以道志。"章太炎据此认为,"先有志而后有诗","诗者,志之所发也"。不过,"有志亦可发为文",诗与文不同的地方在于诗可歌也。正是因为诗有歌咏功能,所以《诗》三百篇之体裁,虽自二言至九言皆有,而唯四言为最多。之所以四言最多,是因为四言便于歌咏之故。① 章太炎把表达心声视为《诗经》作者的首要意图,这与把《诗经》看做宣扬道德教化的圣经自然有别。

第二,章太炎提出了"诗主情性"的理论。他认为诗是人感情的真实流露,诗是人感情的天地。他在《国故论衡》中说:"《语》曰:'在心为志,发言为诗。'此则吟咏情性,古今所同,而声律调度异焉。……《三百篇》者,四言之至也。"②《诗经》是诗歌中抒发人情性的代表作。"诗主情性"说并非章太炎的独创,但对于把已沦为封建统治奴婢的《诗经》从封建主义的桎梏下解放出来,摆脱唐宋以来经学化的释《诗》方法,无疑是有裨益的。

第三,从本质上讲,《诗》以纪事,为史料。章太炎扯掉《诗经》的神圣外衣,刮垢磨光,现其本来面目。与其"六经皆史"之说相一致,他指出,"《诗经》也记王朝列国的政捐"③,《毛诗》的立说,"关于事实和《左传》相同,关于典章制度和《周礼》相同"④,《诗经》堪称史诗。以《诗经》为古史,虽是古文家旧说,但却有利于他较客观地对《诗经》进行研究。这一点,为后来疑古派的《诗经》研究提供了启示。

2. 孔子删《诗》及《毛诗序》问题

关于孔子如何整理《诗》,孔子本人只有非常简略的论述:"吾自卫反

---

① 参见章太炎:《国学讲演录》,84页。
② 章太炎:《辨诗》,《国故论衡》中卷。
③ 章太炎:《章太炎的白话文》,70页。
④ 章太炎讲演,曹聚仁整理:《国学概论》,22页。

鲁，然后乐正，《雅》、《颂》各得其所。"① 这是说他在 69 岁回鲁国后，对《诗》进行了一番编订和正乐的工作。司马迁作《史记·孔子世家》，说孔子从三千多篇古诗中去重、正乐并选择可宣扬礼义的三百篇编成《诗经》。这一说法和当时把《五经》当作圣经的理论相一致，汉人信而不疑。宋代兴起疑经学风，宋儒高扬纲常名教，认为《诗经》中有大批"淫诗"，"若以圣人删定"，则是借圣人之名传播"恶行邪说"，所以不能承认孔子按礼义标准删诗之事。以此肇始，学术思想界展开了删《诗》说与非删《诗》说的长期论战，此后各个时代都有大批学者卷进战团。在近代，魏源、皮锡瑞等人均持不删《诗》说，认为孔子所定之诗，只有 305 篇，周秦传记诸子所引逸《诗》，皆毛《诗》所脱。也就是说，当时符契礼义原则的只有 305 篇，孔子所做的只是去重去芜的工作。章太炎作《删诗申义》驳斥魏、皮二氏，虽是出于门派之见，但他的论据则值得重视。在此文中，他引《华阳国志》所载武王伐纣时巴蜀之诗一首进行分析，认为该诗应统于《周南》、《召南》，而《周南》、《召南》未录，《诗经》又未见类似诗句，以此推断，此诗乃孔子所删之诗，不删《诗》之说不能成立。② 这有利于澄清孔子删《诗》真相。

与孔子删《诗》相关的一个问题是《商颂》年代的判定。唐人陆德明认为：孔子删录《诗经》，"既取周诗，上兼商颂，凡三百一十一篇。以授子夏，子夏遂作序焉。"③ 孔颖达《毛诗正义序》则说："先君宣父厘正遗文，缉其精华，褫其烦重。上从周始，下迄鲁僖，四百年间，六诗备矣。"陆、孔二人虽均主孔子删诗编诗说，但有"上兼商颂"和"上从周始"的不同。后人赞同陆说者认为，《诗经》最后所收入的《商颂》四首，是商人怀念先祖成汤功烈的作品；赞同孔说者则认为，《商颂》四首是周封商代后裔宋人怀念先烈之作，仍应属于周诗。魏源《诗古微》认为，"商颂实周颂也，亦颂之变也。"皮锡瑞著有《商颂美襄公证》，也持《商颂》周诗说。章太炎通过对《汉书·礼乐志》和《周官》有关文献的考察，得出

---

① 《论语·子罕》。
② 参见章太炎：《删诗申义》，《膏兰室札记》卷二，《章太炎全集》（一），166 页。
③ 陆德明：《经典释文·叙录》。

了与魏、皮二氏相反的结论。他说:"《齐诗》家之说《商颂》,亦谓商人所作,与毛《诗》同。非如鲁、韩二家以《商颂》为美襄公及以《商颂》为正考父所作也。"①《商颂》年代的判定是《诗经》研究中争议的一大焦点,不可不论及。对照王国维等人的相关论著可知②,周诗说较商诗说更为可信。章太炎在这一问题上由于执着于与魏、皮二氏立异,而在论述中存有失误。

《毛诗序》乃是为《诗经》各篇所作的题解。关于《毛诗序》的作者、大小序、尊废以及对大序的分析和评价,一直是《诗经》研究和争论的重要问题之一。晚清今文经学派力主三家诗说而反对《诗序》。魏源《诗古微》论列《国风》中三家诗说与《毛诗序》之异同得失,指出《毛诗序》穿凿附会、歪曲本义之谬误达18处之多,廖平、皮锡瑞也是废序论的积极倡言者。章太炎本古文师说,尊《毛诗》而轻三家,主张依《序》解《诗》。他尊《序》的理由主要有二:一是《诗序》有史为证。他列举事例说明"《毛序》所云,皆与《左传》符合",如"《左传》隐三年:'卫庄公娶于齐东宫得臣之妹,曰庄姜,美而无子,卫人所为赋《硕人》也。'闵二年:'郑人恶高克,使帅师次于河上,久而弗召,师溃而归,高克奔陈,郑人为之赋《清人》。'……"都能印证《毛诗序》的可信。③ 二是有《序》才能知《诗经》之本意。他说:"今治《诗经》,不得不依《毛传》,以其序之完全无缺也。诗若无序,则作诗之本意已不明,更无可说。三家诗序存者无几,无从求其大义矣。"④ 至于《毛诗序》的作者是谁,章太炎认为子贡、卫宏作《序》说不可信,子夏作《大序》、毛公作《小序》说较为妥当。

我们知道,《毛诗序》非一时一人之作,章太炎以为子夏作《大序》、毛公作《小序》的说法并不可靠。章太炎尊序也是沿袭前人成说,意义不大。但他尊序的两条理由却有合理之处,一方面,《毛诗序》保存了一部

---

① 章太炎:《齐诗商颂》,《膏兰室札记》卷二,《章太炎全集》(一),166页。
② 参见张西堂:《诗经六论》,2页,上海,商务印书馆,1957。
③ 参见章太炎:《国学讲演录》,91~92页。
④ 同上书,94页。

分先秦旧说，《毛序》虽不像章太炎所说"皆与《左传》相符"，但的确二者有相同的地方，章太炎以史证经，角度可取；另一方面，《毛诗序》虽含有大量封建毒素，但由于距《诗经》时代较近，如果剔除其中的糟粕，还是具有重要参考价值的。

3. 关于"六诗"、"四始"、美、刺、正、变之例

所谓"六诗"，最早见于《周礼·春官·大师》："教六诗：曰风、曰赋、曰比、曰兴、曰雅、曰颂，以六德为之本，以六律为之音。"对于"六诗"，人们通常遵循孔颖达的说法。孔氏《毛诗正义·诗大序疏》认为，"风、雅、颂"三者，指的是诗的体裁；"赋、比、兴"三者，指的是诗的作法。章太炎不同意孔氏的解释，而取郑玄、郑众、贾公颜等人的说法，认为"六诗"乃指诗的六种体裁，并作《六诗说》专门论证。

首先，章太炎驳斥了以"赋比兴为异辞"者的论据。以"赋比兴为异辞"者认为，《毛诗》中多有言"兴"之处，而此"兴"之义，正是指诗的表现手法。章太炎据其所考，极力反驳说："左氏说赋，《彤弓》、《角弓》，其实《小雅》也。'吉甫作诵'，'其风肆好'，其实《大雅》也。若斥《彤弓》、《角弓》曰赋，《崧高》曰风、颂，则不可。"依此类推，"《故训传》虽言'兴'，宁知非泛言通名？抑大司乐'以《乐语》教国子，兴、道、讽、诵、言、语'？'兴者，以善物喻善事。'将《故训传》所指在是欤？《关雎》兴于鸟，《鹿鸣》兴于兽，其皆《乐语》。所谓'兴者'，而不与六诗之'兴'同科。要之，比、赋、兴宜各自有主名区处，不与四始相拿。"①《毛诗》之"兴"，或为通言，或与《乐语》称"兴"同科，而不能称作一种诗体，更不能说"四始"中杂有"兴"体也。"赋、比"亦同"兴"也。

那么，赋、比、兴不见于《诗三百》，又见于何处呢？章太炎据《左传》推论说：古时声韵之文甚众，有"九歌"、"六府"、"三事"、"十五种"之说②，十五流之诗，三百篇皆不录，世无疑"九歌"之尽合于风、

---

① 章太炎：《六诗说》，《检论》卷二，《章太炎全集》（三），390～391页。
② 参见章太炎：《国学讲演录》，85页。

雅、颂者，然则赋、比、兴何以必合于风、雅、颂也？章太炎指出，赋、比、兴就见于被孔子所删去的诗中。①

其次，孔子为什么要删掉赋、比、兴呢？章太炎结合赋、比、兴释义，分别作出了解释。什么是赋？赋之"句读参差不齐"，"篇章闳肆"，"文繁而不可被管弦也"，因此，周乐与三百篇，皆无赋。什么是比？"比者，辩也。"以辨析精细工巧取胜，"其文亦肆，不被管弦，与赋同。故周乐与三百篇，皆无比。"什么是兴？如郑玄所说，"谓讽诵其治功之诗"，与后世诔文相似，又近述赞，"篇第填委，不可遍观，又亦不益教化。故周乐与三百篇，皆无兴"。② 总之，赋、比、兴为诗体，因广博多华，不益教化，不宜被管弦，故为孔子三百篇删而不取。

最后，关于论"风、雅、颂"之义，章太炎仍承继《诗大序》之释："风，风也"；"雅，正也"；"颂者，美盛德之形容，以其成功告于神明者也"。不过，章氏虽承袭旧说，同意"风有讽谕之义，雅之训正，读若《尔雅》之雅"，③ 但他对"雅"的含义却提出了新解。一般认为，"雅"释义为"正"，"雅"即"雅乐"，是宫廷和贵族用的正乐。《说文》："疋，足也。古文以为《诗》大疋字。或曰胥字。一曰：疋，记也。"章太炎据此认为，诗之称"疋"，"疋"训为"记"，纪事之谓，乃雅之正义。他又从声调推论，认为"雅即雅乌"，为歌呼之声。颂则取其称颂之义，"褒美则曰形颂"。④

章太炎的"六诗"说，是对郑玄、贾公彦等人学说的发展，今天有的学者对此进行了肯定。考之"六诗"起源，赋、比、兴存有此义。不过，自唐以来，人们一直把它们作为表现手法来立意，并作为固定成说被广泛应用，原始意义仅能供参考了。

章太炎也讲美刺之说。"变风变雅"一说，最初见于《毛诗序》："至

---

① 参见章太炎：《六诗说》，《检论》卷二，《章太炎全集》（三），391页。
② 章太炎：《六诗说》，《检论》卷二，《章太炎全集》（三），391～392页。
③ 参见章太炎：《国学讲演录》，86页。
④ 参见章太炎：《大疋小疋说上》，《太炎文录初编》卷一，《章太炎全集》（四），12页。

于王道衰，礼义废，政教失，国异政，家殊俗，而变风变雅作矣。"这段话反映了政治兴衰与诗歌美刺的关系，有其合理因素。郑玄著《诗谱》加以发挥，把歌颂周先王和西周盛世的诗称为"《诗》之正经"，而把那些产生于衰乱之世的讽刺诗和爱情诗称为"变风"、"变雅"，从而提出了"风雅正变"说。"变"是不正的意思，指这些诗不居于正统。章太炎虽然也主张"盛周为正，衰周为变"，认为"《风》《雅》有美有刺"，[①] 但其"正"、"变"的评判原则却是与封建主义价值观不相容的。例如，他对朱熹"误解'郑声淫'一语，以为郑风皆淫，于是刺忽之诗，皆释为淫奔之作"十分不满，指斥"晦庵之言"是"无知而妄作尔"。[②]《关雎故言》是章太炎主张诗有美刺说的又一例证。《关雎》所谓"淑女"者，毛公以为后妃，郑玄认为是三夫人以下，而章太炎则提出"淑女"当为鬼侯之女，殷伤者也。至于《关雎》是美是刺，今文经学派则多持刺诗之说，章太炎分析其事状后指出："《关雎》辞在称美，而义有风刺"，鬼侯女"扶衰赞治"，故录于《国风》之端，以见微知著，显现《风》旨。[③] 章氏对《关雎》篇的看法自成一家之言。

"四始"，初见于《史记·孔子世家》："《关雎》之乱，以为《风》始；《鹿鸣》为《小雅》始，《文王》为《大雅》始，《清庙》为《颂》始。"司马迁这里只是举出《诗经》四部分各自的开篇，并无其他深意。《毛诗序》进一步发挥，认为风、《大雅》、《小雅》、《颂》这四类诗"是谓四始，诗之至也"，意思是说这四类囊括了所有诗的类型，是后来诗的源头。《鲁诗》、《齐诗》对此也分别作了演义。对三家诗的"四始"说，章太炎本于理性的原则作了较为客观的评判。他指出，《鲁诗》、《毛诗》的"四始"说与司马迁之说大体相同，有一定合理性；而《齐诗》"以水、木、火、金说四始"，"齐之不逮毛、鲁远也"，《齐诗》之说最不合理。[④]

《诗终始论》是章太炎探讨"四始"问题的一篇重要文章，所提观点

[①] 参见章太炎：《国学讲演录》，87页。
[②] 同上书，93页。
[③] 参见章太炎：《关雎故言》，《检论》卷二，《章太炎全集》（三），394～395页。
[④] 参见章太炎：《国学讲演录》，91页。

颇有新意且能自圆其说。该文主要解答了以下两个问题。

一是回答了《周南》、《召南》与《国风》的关系问题。《周南》、《召南》位列《国风》之首，历代学者看法不一。有人说《周南》、《召南》是地名，它们同《邶》、《鄘》、《卫》一样，也应属于《国风》。有人说《周南》、《召南》是乐章或乐器名，应独立于《国风》之外，是诗的一种体裁，故有"南、风、雅、颂"之称。章太炎兼取二家之说。他先是指出，《周南》、《召南》是楚国之《风》。他说："十五国风，不见荆、楚。楚者，《周南》、《召南》之声也，已在正风中矣。"① 为什么这样说呢？据章氏考证，文王之化，被于西南，"而江、汉间尤美"，朔风变楚，而周、楚同源。另按音训，"夏、楚者，同音而互称。"而《周》、《召》其地即在南阳、南郡间，南郡乃楚地也。故此，国风十五，非未录楚风，周召二南，即楚之风也。不仅如此，"二南广之以为'雅'，二雅张之以为'颂'。四始之声，惟楚、夏以为极。"② 二南也是诗的一种体裁。章太炎以房中乐为例作了推论："归周之国，二分皆在南部。《周南》、《召南》，辞称江、汉，《序》言自北而南，谓潼华、洛师之际，非冀州也。《韩诗》以为在南阳、南郡间者，得其地。《诗传》曰：国君有房中之乐，而《谱》以为《周南》、《召南》。《礼乐志》言房中祠乐，高祖唐山夫人所作也。周有房中乐，至秦名曰《寿人》。凡乐，乐其所自生。礼不忘本，高祖乐楚声，故房中乐，楚声也。明二南为荆、楚风乐。周、秦、汉相传，皆知其本。"③

二是解释了《诗》始于《周》、《召》，终于《殷武》的原因。据上可知，在章太炎看来，楚风是《诗经》的源头和中心之一。以此为基础，章氏进一步提出，"《书》始于唐典，道北方文化所由基。《诗》始周、召，以为复牺、农、颛、喾南方之化，而枞之也。"章氏认为，四始以周、召为前导，目的是为了怀念根本，不忘所自，"荆、梁、吴、楚，一国磐石之宗"；《四始》殿以《殷武》，是因为"殷之奋伐荆楚，则河朔与楚自古相竞也。""舜造南风之声，其兴也勃；纣为北鄙之声，其废也忽焉。""六

---

① 章太炎：《诗终始论》，《检论》卷二，《章太炎全集》（三），397页。
② 章太炎：《方言》，《检论》卷五，《章太炎全集》（三），484～485页。
③ 章太炎：《诗终始论》，《检论》卷二，《章太炎全集》（三），397页。

代之乐，孔子独美《武》、《韶》"，"而《武》有南音，《韶》亦流入于南。"以《殷武》殿后，目的是说明"歌律当以南纪为宗"。总之，章太炎认为《诗》之始于《周》、《召》，终于《殷武》，目的是"张楚"，表扬"楚风"，使人不忘其宗。①

从这两点不难看出《诗终始论》从人文地理角度论述《诗经》的精彩之处。他所论二南与《国风》的关系，可能受到崔述的影响，但论述更为深刻，把前人的两种学说较合理地结合为一体。所论《诗》始周、召，终于《殷武》的原因，注意到古代文化南北有别，认识到南方文化的重要影响，这是章太炎的高明之处。不足的是，他认为南北"自古相竞"、"河朔与虏宾邻"人文粗鄙，含有狭隘的种族情绪。

综上，与《春秋》、《周易》研究相比，章太炎的《诗经》研究所取得的成果要少得多。正因此，长期以来，人们不太重视他的《诗经》研究。由上述看，有些论述主题，如孔子删《诗》、《毛诗序》等问题，今天看来意义不大；但若从历史考察，这又的确是经学时代经学大师不可回避的问题。而他对《诗经》性质的论述、他的《诗终始论》、《六诗说》，言之成理，具有较高的学术价值，应引起研究者的重视。

（四）《尚书》研究

章太炎虽在清末已饮"经学大师"之声誉，但其有关《尚书》之著述，大抵成于民国以后。民国时期，由于考古学的发展和西方现代科学特别是自然科学的大规模传入，开拓了《尚书》的研究领域，增加了《尚书》的研究手段，使《尚书》研究进入了一个全新的天地。② 而章太炎的《尚书》研究成就，不在于领时代之风骚，而在于压古文经学之后阵。

为了更好地理解章太炎的《尚书》研究，我们有必要先对近代《尚

---

① 参见章太炎：《诗终始论》，《检论》卷二，《章太炎全集》（三），396~399页。
② 当时的主要学派有：王国维等人借助甲骨文、金文等考古资料、采用二重证据法从训诂着手进行研究，可称之为新训诂派；顾颉刚等人上承清代考据学和语言文字学成果，汲取西方语言学、民俗学方法，对《尚书》进行历史研究，称为古史辨派；郭沫若、范文澜等人以马克思主义为指导研究《尚书》，以《尚书》为奴隶社会的文献，此为马克思主义史学派。

书》研究作一简要回顾。在近代,今文经学派出于政治需要或门户之见,专尊汉今文,不仅否定伪古文,而且否定汉古文。具体一点讲,先是龚自珍否定中古文①,魏源否定马(融)、郑(玄)古文,之后廖平、康有为全盘否定汉代古文经,说他们均出自刘歆伪造。他们进而由否定汉古文反过来对伪古文采取宽容态度,乃至有意贬低古文经学家如阎若璩、惠栋等人辨伪古文的业绩,说什么"辨古籍真伪,为术浅且近者也"②。这种简单的否定古文《尚书》的态度,其政治用意如何,我们不作评述,但其在学术上却明显陷入荒诞。康有为的信徒以惠栋自比的崔适不仅秉承康有为之学,而且还在《尚书》研究方面更有所进,那就是康有为虽以为《书序》是刘歆伪造,但《史记》中与《书序》相同的话,康认为"乃《书序》剿《史记》,非《史记》采《书序》"。崔适在《史记探源》中则说《史记》中这些话全是刘歆窜入的。这种毫无根据的臆说,已由疑经走向疑史,诞妄可想而知。这一思潮直接影响了民国初年学界的风气。就是在此背景下,章太炎脚踏实地地开始了《尚书》研究,并对今文经学派的某些妄说进行了批判。章氏这一方面的专门性著述,当推《新出三体石经考》、《古文尚书拾遗定本》最为有名。

《新出三体石经考》,撰写于1933年,同年由钱玄同缮写成册,并作为《章氏丛书·续编之六》在北京刊印,后在《华国月刊》连载。"三体石经",即"郑石经",又称"正始石经",魏正始年间立古文《尚书》为官学,以东汉马(融)、郑(玄)古文本为标准,用先秦古文、秦小篆和汉隶书三种字体刻于石碑。宋代以后学者对三体石经虽多有揣摩推测,但一直未能识其真面目。1922年12月,在洛阳发现了三体石经残碑。三体石经的发现,对于研究汉魏时期的经学特别是古文经学具有很高的学术价值。

---

① 中古文,指汉代皇家"中古文秘书"所藏的古文《尚书》,《汉书·艺文志》称"中古文本",或称"中本"、"中秘本"。中古文本常用以校其他《尚书》本。龚自珍撰《说中古文》一文,提出十二点怀疑,不过大都无据。

② 龚自珍:《资政大夫礼部侍郎武进庄公神道碑铭》,《龚自珍全集》,142页,上海,上海人民出版社,1975。

残碑发现不久，章太炎得"三体石经"拓本，如获至宝，奉之为"天球河图之亚"。①他取三体石经中古文诸字，根据许慎所标六书来"明其形声，辨其正错"，遇到"古字变化，笔迹不常"者，则又采铜器铭文"用相证明"。不过，章氏运用金文有一个规定：必须取"文义比顺，形体明白，信而可征者，非是则舍焉。"通过对"三体石经"研究，章太炎主要有两大创获：一是在古文字研究上有所突破。经考证石经后，他发现、校读了许多《说文》不录或误录的古文字。同时，《新出三体石经考》对解释《尚书》文字用处颇多。刘起釪指出，仅就此而言，他的古文字研究成就足以与吴（大澂）、孙（诒让）、罗（振玉）、王（国维）相辉映，尽管他自认与诸人不同调。二是澄清了传统说法中的一些错误。《新出三体石经考》澄清了过去视东汉"熹平石经"与魏代"正始石经"均出自蔡邕一人之手的说法，明确指出"正始石经"乃邯郸淳据郑玄、王肃真本古文书成，从而为汉魏今古文之分找到了一条确凿的证据。

《古文尚书拾遗定本》，先以《古文尚书拾遗》为题于1934、1935年发表于《国学论衡》第四、第五期，1936年章氏去世后，由其弟子编成《定本》印行，标目为"太炎先生最后著作"。《定本》不分篇章，而是就马、郑本古文各篇，起《尧典》迄《立政》中的一些问题，提出自己的解释。凡考订《尚书》新义173条，书后附说"乱"、"洪"、"迪"、"爽"四字义。章氏此文所征引资料，已非旧注疏家所能比。他不仅充分运用《逸周书》中的相关文献与《尚书》相印证，还以新发现的魏三体石经中的古文《尚书》资料阐发汉古文的意蕴，又参考了弟子吴承仕新获敦煌《尧典》释文，旁征日本足利本古文《尚书》，更进而上援先秦史料，下揽汉魏马、郑、王古文之说，贯通融会，出以己见。故此，章太炎疏解《尚书》，"较前人为胜"②。兹举其精要者两例，以见一斑。

说《太誓》序"惟十有一年"。这一纪年从何而起，历来说法不同。有人认为是承文王受命之元，有人说是从武王继位算起。章太炎分析后认

---

① 参见章太炎：《新出三体石经考》，载《华国月刊》第1期。
② 诸祖耿：《记本师章公自述治学之功夫及志向》，载《制言》第25期。

为，以上两家说法皆依据后人晚出《太誓》所作，而"晚出《太誓》盖周秦间人所作以释古《太誓》者"，不足为据，宜质之周初记载。据《逸周书》，"《书序》称十有一年，《洪范》称十有三祀者，乃周家受命之元"，这与武王即位之元是有区别的。章太炎对出现这种纪年不清现象的原因也作了分析，他说："共和以前，纪年之书未见，史官亦随笔书之，或用本元，或用受命元，或用革命元。其他有月无年者尚众，此不能以《春秋》义法相绳也。"① 章太炎用"周受命之元"解释是成立的。

释《康诰》"殪戎殷"。章太炎说：《尚书大传》作"杀兵殷"解，文句不通。《春秋·宣公传》引此说，显然传讹。杜预解："殪，尽也"，又据《方言》："戎，拔也"。"殪戎殷"作"尽拔殷"解，"义或当尔"。《礼记·中庸》："壹戎衣"，语亦本此。"而属诸武王，以文王虽宰割殷畿，未尽拔殷，至武王乃尽拔耳。"② 章氏这一训释的正确性，从《逸周书·商誓》篇可得以验证。

章太炎《古文尚书拾遗》的学术价值，我们从他本人的自我评价中不难看出，他说："余有《古文尚书拾遗》，自觉较江（声）、王（引之）、孙（诒让）三家略胜。然全书未能通释，此有待后贤之研讨矣。"相对于对其他经书的研究而言，章太炎的《尚书》研究起步较晚，不过，他的研究从反对清末今文经说切入，有助于《尚书》研究能从不同角度向纵深发展；他承用传统学术手段，发挥文字训诂之所长，加上注意参照新发现的石经，不乏新的学术创获。

（五）三《礼》研究

近代是三《礼》研究的重要发展时期，涌现出《礼书通故》（黄以周）、《礼经通论》（邵懿辰）、《礼记质疑》（郭嵩焘）、《仪礼私笺》（郑珍）、《周礼正义》（孙诒让）等一批较有影响的专著。与他们相比，章太炎论《礼》的专门性著述较少，兹举其要者，陈说如下。

---

① 章太炎：《古文尚书拾遗定本》，载《制言》第25期。
② 同上。

1.《周礼》研究

自古以来,人们对《周礼》褒贬不一,"纷如聚讼,不可缕举"①,两汉以来一直是经今古文之争的焦点之一。汉代学者刘歆称它是"周公致太平之迹"的经典。② 直到清末,经学大师孙诒让仍坚信《周礼》"为先秦古经,周公致太平之法,自无疑义"③。东汉以来攻评者也不乏其人,林硕称之为"末世渎乱不验之书",何休斥它为"六国阴谋书"。④ 宋人胡安国、欧阳修、苏轼、苏辙也多毁《周礼》。明姚际恒《古今伪书考》把它归入"伪书"目下。康有为《新学伪经考》明确宣布《周礼》是刘歆、王莽伪作。章太炎经过研究,对《周礼》的作者和成书年代、性质、六官之制等问题提出了自己的看法。

《周礼》的作者和成书年代。关于《周礼》的作者和成书年代,以《周礼》为周公手作说影响最大。此说源出刘歆,郑玄、贾公彦踵之,后世景从者众多。章太炎没有迷信前贤的说法,提出了修正意见,认为《周礼》"非一时一人之作",而当如历代会典,屡有增损,"创始之功,首推周公,增损之笔,终于穆王耳"。⑤ 其主要证据有三:一是以《职方篇》、《康诰》、《酒诰》互相参证,证明《周礼·夏官》一文为周穆王时所作。按,《逸周书》有《职方篇》,为穆王时作,而其文见于《周礼·夏官》。据章太炎考证,《职方篇》言中国疆域,与周初疆域出入较大,《周礼》非周公一时所作可明。而"穆王以后,则未见修改之迹",因此,章太炎判定"周公以后、穆公以前,《周礼》一书,时有修改"。二是以《管子》证之。"管仲治齐,略变《周礼》之法,《小匡篇》及《齐语》并载桓公问为政之道,管子称:'昔吾先王昭王、穆王,世法文、武之远绩,以成其名。'"据此,章太炎说:"《周礼》至穆王乃定,此亦一证。"三是《周礼·萍氏》所载之水禁与《酒诰》不符。章太炎说:"《周礼》萍氏掌国之

---

① 参见《四库全书总目提要》。
② 贾公彦:《序周礼废兴》。
③ 孙诒让:《周礼正义·序》,《籀庼述林》卷四。
④ 参见贾公彦:《序周礼废兴》。
⑤ 参见章太炎:《国学讲演录》,95页。

水禁，几酒、谨酒，其法不甚严厉。……如言《周礼》之作在周公时，则萍氏显违《酒诰》之文。《酒诰》曰：'群饮，汝当佚，尽执拘以归于周，予其杀！'不仅几酒、谨酒而已！此亦可见《周礼》之屡有修改。"① 综此三者，章太炎得出上述结论。长期以来，学界对《周礼》的作者及其成书年代一直没有达成共识，章氏此论可备一说。

《周礼》的性质。章太炎认为，"《周礼》者，成周之典"②，"经国家、定社稷之书也"③，"林硕以为黩乱不验之书，何休以为战国阴谋之书"都是无知妄言。至于汉儒为什么称《周礼》为黩乱不验之书，章太炎进行了历史分析。他解释说："《周礼》自七国时已不甚传。虽以孟子之贤，犹未之见，故其言封建与《周礼》全异（孟子言：'公、侯皆方百里，伯七十里，子、男五十里。'《周礼》谓公五百里，侯四百里，伯三百里，子二百里，男百里）。汉初儒者未见《周礼》，而孟之说流传已久，故深信不疑。"贾谊虽见《周礼》，但"患诸侯王尾大不掉"，亦不肯明征。由此可知，《周礼》非为黩乱不验之书。"至谓《周礼》为六国阴谋之书者，汉人信《孟子》，何休专讲《公羊》，故有此言耳。"以《周礼》为阴谋之书实是公羊学家对古文经学的诬造。对于后之论者"以王莽、王安石皆依《周礼》施政而败，故反对《周礼》"的做法，章太炎提出了批评。他说："二王致败之由在不知《周礼》本非事事可法，只可师其意，而不可袭其迹。"二王变法失败不能归因在《周礼》身上。④

六官之制。六官之制，古无异论。清金鹗作《求古录礼说》，言六官之制，实始于周，而殷以上皆五官。《曲礼》："天子之五官，曰司徒、司马、司空、司士、司寇。"金氏以此制与《周官》不同，遂断定此为殷制。章太炎专作《驳金氏五官考》，以澄清事实。章氏据《左传》推论，"少

---

① 章太炎：《国学讲演录》，97～98页。
② 章太炎：《原经》，《国故论衡》中卷。
③ 章太炎：《国学讲演录》，94页。
④ 同上书，100～102页。

皞、颛顼之制,确为五官"①,但如果说"殷亦五官,斯则惑之甚矣"②。他指出:判定殷代官制,与其据《曲礼》,不如据《论语》。《论语》云:"何必高宗?古之人皆然。君薨,百官总己,听于冢宰三年。"此所谓冢宰,当如《周官》之冢宰,为六官之首。冢宰于《周礼》又曰太宰。太宰之名,不见虞、夏之书,而起于商。《说文》、《左传》皆有记载。周设太宰之官,即因殷礼。而《逸周书·大明武解》:顺天行五官,官侯厥政。此"五官下于四佐",乃是小卿之意,即诸侯之五大夫:小宰、小司徒、小司马、小司寇、小司公。"《曲礼》所书,本诸口说,盖由诸侯五小卿事辗转致误"。③ 这一论证指明了金鹗的错误所在,有助于澄清殷代官制的真相。

2. 《仪礼》研究

《仪礼》,原称为《礼》;汉代称为《士礼》,又称《礼经》;到晋代改称《仪礼》。《中庸》云:"礼仪三百,威仪三千。"《礼记·礼器》云:"经礼三百,曲礼三千。"章太炎认为,"礼仪"、"经礼"就是《周礼》,"威仪"、"曲礼"指的就是《仪礼》。④ 章氏对《仪礼》的关注集中于两点:

一是《仪礼》的成书过程。《仪礼》何时何人编定成书?有周公说、孔子说以及六国儒家编定说,等等。章太炎承继古文师说,反对今文经学派《仪礼》定于孔子说,主张"《礼》五十六篇,皆周公旧制"⑤,并作《孔子制礼驳议》申明之。

按,皮锡瑞《经学通论·三礼》有:"礼十七篇,盖孔子所定。《檀弓》云:'恤由之丧,哀公使孺悲学士丧礼于孔子,《士丧礼》于是乎书。'据此,《士丧礼》出于孔子,其余篇亦出于孔子可知。"⑥ 章氏认为,皮锡瑞曲解了"书"之含义,这里言"书",不言"作",意谓"旧礼崩坏,自

---

① 章太炎:《国学讲演录》,98页。
② 章太炎:《驳金氏五官考》,《太炎文录续编》卷一,《章太炎全集》(五),55页。
③ 同上书,57页。
④ 参见章太炎:《国学讲演录》,103页。按,此仅是章氏一家之言。大多数学者认为,礼仪、威仪、经礼、曲礼皆指《仪礼》。
⑤ 章太炎:《驳皮锡瑞三书》,《太炎文录初编》卷一,《章太炎全集》(四),23页。
⑥ 皮锡瑞:《经学通论》,13~14页,北京,中华书局,1954。

此复著竹帛",言下之意,礼早已存在,孔子只不过是做了一点继承工作罢了。他还进一步驳诘说:即使《士丧礼》出于孔子,也不可证得《丧服》等篇为孔子所作,"《丧服》礼兼上下,又非《士丧》之篇,文不相涉"。《丧服》篇既然非孔子所作,那么《仪礼》作于孔子之说自然不能成立。

又按,《孟子》曰:"诸侯之礼,吾未之学也。"章太炎认为孟子此言也是驳孔子制礼说的一个证据。正是因为"经礼三百,曲礼三千,制自周室,不下庶人,其后礼崩乐坏,当孔子时而已不具,故儒者不得篇篇诵习。若制自孔子者,下逮齐宣,才百有余岁,非残缺之限,孟子又无容不学也。"

此外,章氏还从《左传》、《墨子》等上古典籍中搜求证据,以壮己说。

经此旁征博引、反复论证后,章氏得出的结论基本上是客观的。他说:"孔子曰:'殷因于夏礼,所损益可知也;周因于殷礼,所损益可知也。'晚世尊公旦者,黜孔子以为先师;讼孔子者,又云周监二代,实无其礼。不悟著之版法,姬氏之功;下之庶人,后圣之绩。成功盛德,各有所施,不得一概以论也。"① 章氏既以《礼》为周公旧制,又承认非成于一人之手,孔子有发扬光大之功,这与目前学界的观点基本吻合。②

二是对《丧服》的研究。《丧服》是《仪礼》中记录丧服制度的专篇,它按照生者与死者亲属关系的亲疏,分五等服制,即斩衰、齐衰、大功、小功、缌麻五个等级,称五服。如在五服之外,就不再是亲属。事实上,《丧服》不仅规定了父子、夫妇、男女的等级,而且规定了君臣的关系。因此,历代王朝都十分重视五服制的制定和推行。自汉以来,《丧服》研

---

① 章太炎:《驳皮锡瑞三书》,《太炎文录初编》卷一,《章太炎全集》(四),23~25页。

② 詹子庆在《对礼学的历史考察》一文中指出:"'周公制礼'之说,不像经今文学家判断的那样是子虚乌有的传说,而应属于信史,现可确认,以后成书的《礼经》,它们依据的最早蓝本,应包括'周公制礼'留下的残篇断简。"载《东北师范大学学报》(哲社版),1996(5)。

究一直盛而不衰。小戴记论《丧服》者十余篇,大戴记亦有论丧服变除之言,《通典》所录论《丧服》篇多至二三十卷。章太炎于《仪礼》诸篇,也独重《丧服》,不仅有《丧服依开元礼议》、《丧服草案》、《丧服概论》等专论,而且在与吴承仕、沈商耆等人的书信往来中也曾多次论及。章太炎之所以重视《丧服》,是因为他认为《丧服》含有"团体固结,虽陵夷而不至澌灭"的文化民族主义成分①,而"清礼既不可行,而轻议者又多破碎"②,因此有重提《丧服》的必要。他曾详细比较唐、宋、明、清历代《丧服礼》,斠其得失,一一枚举:举"宋世所失者一事",宋代规定:"妇为舅姑,有从其夫服三年者。"章氏据《礼经》"妇为舅姑齐衰期"认为,妇既为舅姑斩衰三年,又要为夫斩衰三年,这违背了不二斩之原则。举"明孝慈录所失者三事",一是"明制为母服亦斩衰",不符合《仪礼》的母丧齐衰三年的原则;二是明代废除殇服,有违古制;三是"增庶母服至齐衰杖期,乃令庶母之尊亲,过于祖父母,斯于比例大谬"。举"清通礼所失者一事",清代规定"为其高祖父母缌",不合礼制。经过比较,他认为唐代《开元礼》"上视《礼经》,诚犹瑾瑜之匿微瑕,下视三家,可谓玉之章章"③较为完美。章氏正是在《开元礼》基础上,因损革益,编定了《丧服草案》。章太炎对《丧服》的研究主要是出于现实需要,但他对唐、宋、明、清四代礼制的比较,对后来研究者则具有借鉴意义。

3.《礼记》研究

《礼记》是儒家关于礼学的一部论文集。章太炎对《礼记》的探讨以泛泛之论居多,但也不乏管窥之见。

《礼记》的作者与编成,历代学者看法不一。唐陆德明《经典释文序录》谓:"《礼记》者,本孔子门徒共撰所闻,以为此记。后人通儒各有损益。故《中庸》是子思伋所作,《缁衣》是公孙尼子所制。郑玄云:'《月

---

① 参见章太炎:《国学讲演录》,107 页。
② 章太炎讲演,潘景郑笔述:《丧服概论》,载《国学商兑》第 1 卷第 1 号,1933 年 6 月出版。
③ 章太炎:《丧服依开元礼议》,《太炎文录续编》卷一,《章太炎全集》(五),36~39 页。

令》是吕不韦所撰。'卢植云：'《王制》是汉时博士所为。'"后传至汉人后苍，再授戴德、戴圣、庆普三人。陆氏此说较具权威性，为后世众多治《礼》者所承认。章太炎承接前人之说，又有所发展。他说："二戴所录，有非礼家之言"，而兼采诸子之文及汉人之作者，如"大戴之《千乘》、《四代》、《虞》，戴德《诰志》、《小辨》、《用兵》、《少闲》七篇，采自《孔子三朝记》"。大戴《立事》以下十篇录自《曾子》，小戴《中庸》、《坊记》、《表记》、《缁衣》四篇当为子思之书。又大戴《武王践阼》录自《太公阴谋》，原为道家之书。小戴《王制》为汉孝文帝令博士所作。① 针对皮锡瑞《王制笺》一文，他还专作《王制驳议》以申明《王制》的作者。

按，皮锡瑞著《王制笺》，以《王制》为素王改制之书，又作《论王制为今文大师即春秋素王之制》再次宣扬。章太炎不囿于乃师俞樾亦主素王制法之说，慷慨陈词，大力申张《王制》非孔子改制之作。第一，《王制》荒忽疏陋之处颇多，非孔子所作。他指出，"周尺""东田"之文，经文错乱，非孔子之作甚明；言"制禄"部分，"又参半《孟子》，孟子自言去籍以后，其详不闻，当孔子时，周典犹在，纵欲改制，不当适与孟子所略闻者同"；《王制》对官制的考证尤为凌乱不经，既昧于设官分职之略，又与《孟子》所说不合，却与《昏义》、《尚书大传》、《春秋繁露》相扶。总之，《王制》非孔子所作，乃不达政体者为之。第二，《王制》不仅不合于汉制，而且不合于周制，为后王制法之说不能成立。章太炎引汉代官制与《王制》比较，二者差距较大。再以周制验之，《王制》也难成立。《王制》所言天子经费、疆域等与《尧典》、《周官》、《公羊》诸家记载均不一致。由此，章氏得出结论说："《王制》者，博士抄撮应诏之书，素非欲见之行事，今谓孔子制之为后世法，内则教人旷官，外则教人割地，此盖管、晏之所羞称，贾捐之所不欲弃，桑维翰、秦桧所不敢公言，谁谓上圣而制此哉？"② 《王制》乃孔子为汉制法之说不能成立。皮锡瑞等宣讲《王制》，目的是为孔子改制寻找证据，神化孔子，章太炎此论不仅考证翔实，

---

① 参见章太炎：《国学讲演录》，108～109 页。
② 章太炎：《驳皮锡瑞三书》，《太炎文录初编》卷一，《章太炎全集》（四），26～29 页。

具有学术价值；而且驳斥了改良学说的理论基础，具有思想意义。

需要指明的是，章太炎对《礼》的学术探讨远没有对《礼》的现实意义重视。如他在《礼隆杀论》中指出，施恩报德、尊用贤人、礼敬老者等方面的礼节应当继承，而服务于专制主义的跪拜、祭祀诸礼，迷惑百姓，应当废止。章太炎晚年极力推崇《论语》、《孝经》、《大学》、《儒行》、《丧服》诸篇，主要目的也是为了现实需要，试图行"礼法"、明"定分"、提倡礼教。

综上所论，章太炎经学成就是突出的。他治经的重点，自以《左氏春秋》为主。他治《易》，别具特色，极富思辨色彩；治《书》时间虽晚，但参稽新发现的石经，较接近王国维的"二重证据法"；治《诗》，重在文论，如"诗主性情"说就受到今人积极肯定；治《礼》，现实性强，带有时代特征。当然，他的经学研究也夹杂有守旧过时的东西甚至糟粕。由于处于学术研究的转型期，他的经学研究还明显带有古典经学的印迹，如强烈的学术派性、某些研究方法的陈旧、讨论的问题有的也失于老套等。不过，就总体而言，他的经学研究已初步突破了陈旧的经学观（神学目的论、政治功用论、伦理劝教论）、迂腐的研究方法（神怪、附会、琐碎考据），初步确立了近代经史观，并开始运用近代学术研究方法。最后说明一点，章太炎对经学历史、经学派别也有系统论述。① 限于篇幅，我们不再作评论。

---

① 主要见于《国学讲演录》和《国学概论》，文献较为集中。

第四章　章太炎对儒学的学术研究（下）

　　章太炎首倡国学研究①，是中国现代学术研究的奠基者之一。在学术史研究方面，章太炎作为"中国近代第一位有系统地尝试研究学术史的学者"②，以非凡的气度、渊博的学识，把中国学术史研究推向一个新时代。毫无疑问，在章氏的国学研究中，儒学史是其学术史研究的主流和骨干；而学术思想则是他学术史研究的灵魂和指针。在这一章里，我们将围绕章太炎的儒学史研究及其儒学学术思想展开讨论。

一、儒学史研究

　　章太炎对中国儒学史的研究全面系统，新义迭见。我们考察章太炎的儒学史研究，不仅可以从其著作中整理出一部"太炎的中国儒学史论"，而且可以从其研究得失中获取教益，增长学识，改进我们的学术研究方法。下面，我们按照中国儒学演进的历程分阶段对其儒学史研究进行论述。

（一）先秦儒学研究

　　先秦是中国儒学的开创时期。当时，儒家还没有像后来那样占得统治地位，只是百家争鸣中的一家，与墨、道、法、名、阴阳等诸子百家一起共启中国文化之山林。儒学由孔子创立后，经其弟子的传播和阐扬，直到战国中期才成为显学。章太炎对先秦儒学的研究可归为以下三个方面。

　　1. 揭掉圣人的面纱，重新评价孔子的历史地位

　　言儒学必称孔子，论先秦儒学更离不开孔子。孔子在章太炎的儒学思想中占有重要地位。章太炎曾从学术层面探讨孔子，从思想层面改造孔

---

① 参见胡适之：《再谈整理国故》，《国故学讨论集》，上海，上海书店，1991。
② 侯外庐：《近代中国思想学说史》，826页，上海，生活书店，1946。

子，出于现实需要利用孔子。这里，我们主要是论述章太炎孔子研究的学术价值，而对其在思想史、政治史上的意义仅粗为涉猎。

章太炎从学术层面对孔子的评价基本上是客观平实的。其主要观点可概括为二。

其一，神化孔子不足取。自汉武之世"罢黜百家，独尊儒术"以来，历代封建统治者大都崇敬孔子，尊奉儒学。尊孔崇圣之风盛行，使人们难以对孔子作出客观评价。再加上历代学者不仅不敢正面评价孔子①，而且转而借孔子之名发挥己见，"浸假而孔子变为董江都、何邵公矣，浸假而孔子变为马季长、郑康成矣，浸假而孔子变为韩退之、欧阳中叔矣，浸假而孔子变为程伊川、朱晦庵矣，浸假而孔子变为陆象山、王阳明矣，浸假而孔子变为顾亭林、戴东原矣"②。至清朝末年，孔子浸假而为康有为矣。历史真相被弄得更加模糊。

章太炎对历史上歪曲事实，把孔子偶像化神圣化的做法十分不满，并从学术上认真分析了这一现象出现的原因。他在《论诸子学》中指出："盖中国学说，其病多在汗漫。春秋以上，学说未兴；汉武以后，定一尊于孔子，虽欲放言高论，犹必以无碍孔氏为宗。强相援引，妄为皮傅，愈调和者愈失其本真，愈附会者愈违其解故。故中国之学，其失不在支离，而在汗漫。"③ 孔子之所以成为崇拜的偶像、神化的圣人，原因不在于孔子及其学说本身，而是历代封建统治者和学者的"皮傅"、"调和"、"附会"造成的。他虽未能直接从政治上寻找根源，但却明确把孔子的历史与历史的孔子区分开来，这是具有积极意义的。

章太炎还通过对先秦历史特别是对诸子的研究来揭示历史上孔子的真相。他在《儒墨》中指出，先秦儒、墨同为显学，孔、墨地位平等，厚此薄彼不合实际。他通过强调道、墨、法等诸子的地位，来反对孔子的独尊。这一点，后面将作进一步论述。

其二，孔子的功绩应当肯定。章太炎评判孔子的历史功绩是与剔除后

---

① 参见梁启超：《论中国学术思想变迁之大势》，《饮冰室合集》文集之七，99页。
② 梁启超：《清代学术概论》，86～87页。
③ 章太炎：《论诸子学》，《章太炎选集》，354页。

人裹在孔子身上的盛装相表里的。他指出，康有为之辈把孔子尊为通天教主、改制素王是"忘其所以当尊，而以不当尊者奉之，适足以玷阙里之堂，污泰山之迹耳"①，从而造成了名实不符，出现了真假孔子。那么，先秦时代的孔子真相如何呢？他又何以当尊呢？章太炎曾多次作出回答。其中，《驳建立孔教议》所作概括言简意赅，较具代表性："孔子所以为中国斗杓者，在制历史、布文籍、振学术、平阶级而已。"②具体说来，孔子所以当尊的理由主要有以下几条：

一是"制历史"，整理历史文献，保存了古史资料。章太炎对孔子的历史学功绩最为称赞。他说："往者《尚书》百篇，年月阔略，无过因事记录之书，其始末无以猝睹。自孔子作《春秋》，然后纪年有次，事尽首尾，丘明衍传，迁、固承流，史书始粲然大备，檠则相承，仍世似续，令晚世得以识古，后人因以知前。故虽戎羯荐臻，国步倾覆，其人民知怀旧常，得以幡然反正。此其有造于华夏者，功为第一。"③ 由此决定，"孔氏之教，本以历史为宗"，孔氏之学，"亟以提倡历史为职"，"《春秋》而下，则有《史记》、《汉书》以至历代书志、纪传，亦孔氏历史之学也"。④ 经此论证，孔子理所当然是优秀史学家，"孔氏，古良史也，辅以丘明而次《春秋》，料比百家，若旋机玉斗矣。谈、迁嗣之，后有《七略》。"⑤ 孔子为史学家，又是史学宗主，这是孔子当尊的第一条理由。

二是"布文籍"，大开私人讲学之风，打破了"学在官府"、贵族垄断文化的局面，推动了"学术下移"，为文化普及作出了卓越贡献。他指出："《周官》所定乡学，事尽六艺，然大礼犹不下庶人。当时政典，掌在天府，其事迹略具于《诗》、《书》，师氏以教国子，而齐民不与焉。是故编户小氓，欲观旧事，则固闭而无所从受。……自孔子观书柱下，述而不

---

① 章太炎：《驳建立孔教议》，《太炎文录初编》卷二，《章太炎全集》（四），197页。
② 同上书，196页。
③ 同上书，196～197页。
④ 章太炎：《答铁铮》，《太炎文录初编》卷二，《章太炎全集》（四），371页。
⑤ 章太炎：《订孔》，《訄书》重订本，《章太炎全集》（三），135页。

作，删定六书，布之民间，然后人知典常，家识图史。"① 我们知道，春秋时代"王室衰微"、"礼崩乐坏"，"学在官府"向"民间兴学"转变是历史大趋势，当然非孔子一人所能左右。但孔子作为中国历史上开办私人教育的第一人，对传播和普及文化作出了巨大贡献，也是客观的。因此，章太炎认为，"书布天下，功由仲尼"，"微孔子，则学皆在官，民不知古，乃无定臬"。② 他把孔子视为大教育家并不为过。

三是"振学术"，开启中华文化繁荣之山林。章太炎指出："九流之学靡不出于王官。守其一术，而不遍览文籍，则学术无以大就。自孔子布文籍，又自赞《周易》、吐《论语》以寄深湛之思，于是大师接踵，宏儒郁兴。虽所见殊途，而提振之功在一。"③ 章太炎认为，正是由孔子，不仅创立了儒家学派，而且带来了诸子复兴的学术盛景。《论诸子学》说："孔子问礼老聃，卒以删定六经，而儒家亦自此萌芽。"又说："有商订历史之孔子，则删定六经是也。有从事教育之孔子，则《论语》、《孝经》是也。由前之道，其流为经师；由后之道，其流为儒家。"④ 从这里可以看出，章氏虽归属于古文经学阵垒，但他对孔子的儒学宗师地位并无分毫异议。在他看来，"九流盛于中国，儒家实导其源；使在官之学问，一变而为在野之学问，孔子之力也"⑤。

四是"平阶级"，加速了奴隶主贵族政治的瓦解。章太炎指出，春秋以往，世卿秉政，贤路壅塞，偶有一二贤才被登用，也不过从事些皂隶之事，不足以同世卿相竞，"自孔子布文籍，又养徒三千，与之驰骋七十二国，辨其人民，知其土训，识其政宜，门人余裔，起而干摩，与执政争明。……曾未百年，六国兴而世卿废，民苟怀术，皆有卿相之资。由是阶级荡平，寒素上遂，至于今不废"⑥。这里所谓的"阶级荡平"，并不是说

---

① 章太炎：《驳建立孔教议》，《太炎文录初编》卷二，《章太炎全集》（四），197页。
② 章太炎：《订孔上》，《检论》卷三，《章太炎全集》（三），425页。
③ 章太炎：《驳建立孔教议》，《太炎文录初编》卷二，《章太炎全集》（四），197页。
④ 章太炎：《论诸子学》，《章太炎选集》，359、361页。
⑤ 徐澂：《余杭章先生语录》，1940年江苏省图书馆校刊本。
⑥ 章太炎：《驳建立孔教议》，《太炎文录初编》卷二，《章太炎全集》（四），197页。

消灭阶级差别，而是指建立在宗法血缘关系上的世卿世禄制被破坏。联系当时的历史可知，贵族政治正趋衰落，中等阶级作为新兴力量开始登上政治舞台。孔子养徒三千，援以六籍，虽开游说干禄求仕之端，但奴隶主政治的瓦解是历史大势所趋，非孔子之力所能及，不能简单归为孔子之功。章氏此论存有失误。

五是"敬鬼神而远之"的无神论思想倾向。章太炎以孔子为无神论者而大加阐扬："昔无神之说，发于公孟，排天之论，起于刘柳。……而推表元功，不得不归之孔子。"① 孔子之所以具有崇高的地位，其原因之一就在于他的无神论思想，"仲尼所以凌驾千圣，迈尧、舜轹公旦者，独在以天为不明及无鬼神二事。"② 为了凸显孔子无神论思想的价值，他还对上古时代的社会文化背景进行了分析：上古民智未开，多机祥神怪之说，人道不立，彝伦未察，周公虽制礼作乐，但也未能革机祥，绌神怪。独孔子出，神怪绌，人道始立，人伦始显，"而不以史巫尸祝为大故"，孔子此功甚至超越周公。③《论诸子学》虽然反复揭露儒家的疮疤，但仍能较公正地指出："孔氏之功则有矣。变机祥神怪之说而务人事，变畴人世官之学而及平民，此其功亦复绝千古。"④ 康有为等人把孔子视为通天教主，而章太炎从历史出发，竭力称道孔子学说的无神论倾向，章氏之说更具有进步意义。我们知道，伴随春秋以来王室衰微，天命神权思想开始发生动摇，孔子学说的无神论倾向就是当时这种思潮的反映。在孔子整个思想体系中，他的天命观最明显的特征是具有深刻的社会属性和浓厚的政治伦理色彩，而不是迷信鬼神和上帝的意志。孔子作为儒家学派的创始人，其天命观的无神论倾向，对于确立儒家学派重人事轻鬼神的学派风格，产生了深远的影响。从这里说，章太炎虽有夸大孔子无神论思想之嫌，但却抓住了孔子思想中的实质性内容。

我们对章太炎出于现实需要对孔子所作的评价需作具体分析。

---

① 章太炎：《答铁铮》，《太炎文录初编》别录卷二，《章太炎全集》（四），372页。
② 章太炎：《儒术真论》，《章太炎政论选集》，120页。
③ 参见章太炎：《独圣下》，《訄书》初刻本，《章太炎全集》（三），104页。
④ 章太炎：《论诸子学》，《章太炎选集》，366页。

首先分析一下章太炎的诋孔。学界一般承袭时人的说法，认为《订孔》和《诸子学略说》是章太炎贬抑孔子的代表作。在这两篇文章中，章太炎主要对孔子提出了以下批评。

(1) 批评孔子及儒家的道德和人格。《诸子学略说》反复说："儒家之利病，在以富贵利禄为心"；"儒家之湛心荣利，较然可知"；儒家之道德"艰苦卓厉者绝无，而冒没奔竞者皆是"；"老子以其权术授之孔子，而征藏故书，亦悉为孔子诈取。孔子之权术，乃有过于老子者。孔学本出于老，以儒道之形式有异，不欲崇奉以为本师"；"儒家者流，热中趋利"；……①

(2) 对孔子学术成就有所贬抑。《订孔》篇云："六艺者，道墨所周闻……异时老、墨诸公，不降志于删定六艺，而孔氏擅其威。遭焚散复出，则关轴自持于孔氏，诸子欲走，职矣。《论语》者唵昧，《三朝记》与诸告饬、通论，多自触击也。"② 删定六艺通常被看做是孔子的主要功绩，这里却被说成是道、墨不屑一顾的寻常事，而被奉为经典的《论语》，也被认为有唵昧不通之处。孔子的学问，一向被认为如"万仞宫墙"，高不可测，章太炎则指出：孔子之学下比孟子，"博习故事则贤，而知德少歉矣"。③ 荀子"以积伪俟化治身，以隆礼合群治天下"，所创名学，在"琐格拉底、亚历斯大德间"，"其视孔氏，长幼断可识矣"。他在《订孔》中明确指出，"孟、荀道术皆踊绝孔氏"④。这与传统的尊孔崇圣观念可谓有霄壤之别。

上述章氏诋孔的言论白纸黑字，乃铁打事实，无须置疑。当时学术界思想界对章氏这些诋孔言论反响强烈，孔教分子许之衡大为震怒，投书《国粹学报》说："余杭章氏《訄书》，至以孔子下比刘歆，而孔子遂大失其价值，一时群言多攻孔矣。"⑤ 甚至于《诸子学略说》发表十余年后，柳

---

① 章太炎：《诸子学略说》，《国粹学报》丙午年第8、第9期。
② 章太炎：《订孔》，《訄书》重订本，《章太炎全集》（三），134页。
③ 同上。
④ 同上书，135页。
⑤ 许之衡：《读〈国粹学报〉感言》，载《国粹学报》第6期。

诒徵等人对之依然耿耿于怀。问题是，如何看待章氏诋孔密切关系到对章氏整个儒学思想的评价，因此我们对此还需作进一步探讨。章氏一生是尊孔呢？还是诋孔？目前学界多持诋孔说，至少认为他在革命时期是一个诋孔论者。我们认为，章氏上述诋孔言论仅是他出于政治需要的策略之举，并不能反映他对孔子的真实看法和一贯立场，这不难从当时的社会背景和现实斗争中找出几条理由。

第一，章太炎深恶康有为辈立孔教为国教、借学术作为政治的嫁裳，遂至激而诋孔，过正以矫枉。他曾解释说："鄙人少年本治朴学，亦唯专信古文经典。与长素辈为背道驰，其后深恶长素孔教之说，遂至激而诋孔。"[①] 他后来又说："庄子所以连孔子也驳斥，也因战国时学者托于孔子的很多，不如把孔子也驳斥，免得他们借孔子作护符。"[②] 这可视为是夫子自道之言。

第二，章太炎对孔子及儒家道德的批判含有反封建的政治用意。结合《论诸子学》的发表背景可知，1906年是中国历史上儒学地位被封建统治者抬得最高的一年。这一年，为了挽救濒于崩溃的清王朝，光绪皇帝下诏将祭孔提高到与祭天同等重要的位置。这样一来便将传统上的"从祀"提升为"大宗"，同时使孔子成了"配天"。一年内，章太炎将同一篇文章分别以《论诸子学》与《诸子学略说》为题发表，可以看出他对该文的重视程度。当时适值章太炎革命思想高涨时期，他要宣传资产阶级民主革命，就首先必须反对封建主义及其代表儒家的伦理道德，孔子自然也难逃指责。

第三，章氏这种诋孔言论仅是昙花一现，随政治风云而变幻，并不能代表他一贯的立场。我们知道，上述两条诋孔言论随着社会形势的发展很快被他唾弃。而前面所述章氏从学术层面对孔子的评价则基本上前后一致。章氏之所以能将其诋孔言论轻易否决，显然是由于其中所含主观成见太多、缺乏客观的学术立场。

下面，我们再来分析一下章太炎对孔子的褒奖之辞。与诋孔相背，章

---

① 章太炎：《致柳翼谋书》，《章太炎政论选集》，764页。
② 章太炎讲演，曹聚仁整理：《国学概论》，353页。

太炎曾多次对孔子大加称赞。如在早年所作《客帝论》中，他称孔子为"文王"，尊孔子及其衍圣公为"共主"。在中年所作《菿汉微言》中，他把孔子的地位也抬得很高，称"唯文王为知忧患，唯孔子为知文王。《论语》所说，理关盛衰，赵普称半部治天下，非尽唐大无谂之谈。又以庄证孔，而'耳顺''绝四'之指，居然可明。知其阶位卓绝，诚非功济生民而已。"① 晚年他在《菿汉昌言》中则说："文王、孔子之教，使人与禽兽殊绝，是泛行之术也。……入则孝，出则弟，谨而信，泛爱众而亲仁，行有余力则以学文，可谓弟子矣；见利思义，见危授命，久要不忘平生之言，可谓成人矣；行己有耻，使于四方，不辱使命，可谓士矣。此三者足以敦薄俗，立懦夫，于今救世之急，未有过于是者也。"② 无庸多思，这里章氏对孔子的评价显然不符事实，评价过高。究其因，这也主要是章太炎从现实出发和受现实影响所致。《客帝论》作于戊戌维新时期，受康、梁维新思想影响甚大。《菿汉微言》作于受厄于龙泉寺之时，他从《周易》、《论语》中找到了精神困弊时的寄托点，故对孔子在哲理上的造诣之深赞不绝口。《菿汉昌言》作于五四新文化运动后期，尊孔意在抵制日益高涨的新文化思潮。

综上所述，章太炎对孔子的评判我们可从两个层面来理解。他从学术层面对孔子的评价前后观点大体一致，基本上符合历史事实，较为客观公正。这一层面的评价对孔子以肯定为主，视之为史学家、教育家、无神论者，持尊敬态度。他从现实层面对孔子的评价有失实之处，虽具有振聋发聩、解放思想的意义，但学术价值不高。有的学者认为章太炎思想发展经历了从批孔到尊孔的过程，从上面论述看，这一表述略显简单。我们认为，章太炎一生基本上对孔子持一种尊重的态度，他的尊孔是建立在实事求是的历史探索基础之上，与尊奉孔教者的偶像崇拜、神化孔子不同。

2. 对孟、荀及其学说的评价

从学术角度讲，章太炎更重视荀子研究。章太炎对荀子的研究是从探

---

① 章太炎：《菿汉微言》，87页。
② 章太炎：《菿汉昌言》卷三，3～4页。

讨荀子在经学史上的地位开始的。章氏先是从刘向《别录》中考证出荀子是《左传》传授谱系中的显人："左丘明授曾申，申授吴起，起授其子期，期授楚人铎椒，铎椒作《抄撮》八卷授虞卿，虞卿作《抄撮》九卷授荀卿，荀卿授张苍……"① 后来，他又考证出荀子还是"《穀梁》、《毛诗》之祖"②。从哲学方面讲，他认为荀子的思想"但务修己治人，不求高远。论至极之道，固非荀子所及。"③ 哲学玄思非荀子所长。但他对荀子重人事、"制天命而用之"的朴素唯物论思想十分称许，并把荀子含有唯物主义色彩的认识论"形体色理以目异，声音清浊、调竽奇声以耳异，甘苦咸淡辛酸奇味以口异，香臭芳郁腥臊酒酸奇臭以鼻异……"称作"天下之公言"。④ 从总体上说，他对荀子基本上作了肯定评价。

章太炎较为重视孟、荀的人性论。他对孟、荀主张不同人性论的原因进行了认真探讨。"至于性善、性恶之辩，以二人为学问入门不同，故立论各异。荀子隆礼乐而杀《诗》、《书》，孟子则长于《诗》、《书》。"⑤ "在荀子主礼仪，礼仪多由人为的，因此说人性本恶，经了人为，乃走上善的路"；"在孟子是主《诗》、《书》，《诗》是陶淑性情的，《书》是养成才气的，感情和才气都自天然，所以认定人性本善的"。⑥ 章氏认为，因为他们两人为学的途径和侧重点的不同，所以产生了"性善"、"性恶"两大对立的主张。他还分析了教育对孟、荀二人的影响，"孟母知胎教，教子三迁，孟子习于善，遂推之人性以为皆善；荀子幼时教育殆不如孟子，自见性恶，故推之人性以为尽恶。"⑦ 至于孟、荀两家人性论之短长，他也作了评说："荀子谓礼义辞让，圣人所为。圣人亦人耳，圣人之性亦本恶，试问何以能化性起伪？此荀子不能自圆其说者也。"而"孟子既云性善，亦何必重视教育，即政治亦何所用之。"因此，二家之说俱偏，唯孔子"性相

---

① 章太炎：《春秋左传读叙录》，《章太炎全集》（二），854页。
② 章太炎：《论诸子学》，《章太炎选集》，362页。
③ 章太炎：《国学讲演录》，176页。
④ 章太炎：《后圣》，载《实学报》第2册，1897年9月出版。
⑤ 章太炎：《国学讲演录》，178页。
⑥ 章太炎讲授，曹聚仁整理：《国学概论》，33页。
⑦ 章太炎：《国学讲演录》，178页。

近、习相远"之语为中道也。① 章氏从文化教育的角度对性之善恶论产生的根源进行分析，的确能说明一些问题。

章太炎认为，"孟、荀皆大儒，尊孟摈荀，是一偏之见"②，他对孟、荀的这一评判可以说是公正客观、无所偏向的。但一进入思想领域，与现实政治联系起来时，章氏则不再如此公平地看待孟、荀二子，而是扬荀黜孟，服务于革命需要。这在晚清"排荀"与"尊荀"的斗争中较为明显地表现了出来。

甲午战后，思想界出现了一股"排荀"言论，代表人物有夏曾佑、梁启超、谭嗣同、康有为等。他们借排"荀学"之名，表达自己的政治见解，到19世纪末蔚成思潮。至于排荀的原因，他们都有明确的表述。康有为的理论是，孔子之道包含大同、小康二义，小康治升平之世，大同治太平之世。但长久以来孔子的大同之义却湮没无闻，究其原因，"始误于荀学之拘陋，中乱于刘歆之伪谬，末割于朱子之偏安"。③ 荀子是罪魁祸首之一。梁启超之说可谓是对乃师理论的发展。他强调指出，孔门之学后衍为孟子、荀卿两派，孟子治《春秋》传大同，荀子治《礼》传小康。自汉以降两千年间历代君王皆盘旋荀学肘下，故造成孟学绝而孔学亦衰，孔子大同之义遂隐耀不明的局面；为重扬大同精义，"发挥民权的政治论"，于是专以申孟绌荀为标帜。④ 夏曾佑则从宗教立论。在他看来，宗教乃社会变革的根本动力，自孔子的"经世之教"大行，诸弟子中"全闻者知君主之后即必有君民并主与民主，故道性善，而言必称尧舜"，而自汉以后学术则为"半闻者"垄断，"半闻者"即荀子一派，所学为帝王之学，唯知"言性恶而法后王"，致使两千年来儒教尽亡，"唯存谬种"。⑤ 谭嗣同在《仁学》中则把荀学归为专制暴政的工具和渊薮，认为"二千年来之政，

---

① 章太炎：《国学讲演录》，179页。
② 但植之：《蓟汉微言札记》，载《制言》，第25期。
③ 康有为：《礼运注叙》，《康有为政论选集》，192页。
④ 参见梁启超：《清代学术概论》，84页；《梁启超年谱长编》，84页；《论中国学术思想变迁之大势》，《饮冰室合集》文集之七。
⑤ 参见夏曾佑：《答宋燕生书》，《宋恕集》，530页，北京，中华书局，1993。

秦政也，皆大盗也；二千年来之学，荀学也，皆乡愿也。惟大盗利用乡愿，惟乡愿工媚大盗，二者交相资"①。可以说，申孟绌荀是晚清维新派思想家的共识。

　　下面，我们再看一下清代尊荀现象出现的历史背景及其发展状况。《荀子》思想综合百家，改造儒学，自成体系，对后世学术影响深远。韩非、桓谭、王充、柳宗元、刘禹锡、王夫之、戴震等著名思想家都既从《荀子》中涵汲养分，壮成己说，又承流扬波、发扬光大。但后人对荀子本人的评价并不高。自汉以后，特别是到了宋代，荀子地位更是每况愈下，理学家们攻荀、排荀不遗余力，甚至要把他排除于儒家之外。二程攻击荀子"极偏驳"。朱熹则将之视为"异端"，甚至认为荀子之害有如"焚书之祸"，"观他无所观籍，敢为异论，则其末流，便有焚坑之理"。②至清乾嘉时期，伴随《荀子》研究者的增多，荀子的评价才开始改观。18世纪晚期的《四库全书总目》及其《简明目录》，在提要中对《荀子》一书都予以肯定，并以"钦定"的口吻断言荀"卿之学源出孔门，在诸子之中最可近正"，从而开启汉学家重估荀子的端绪。19世纪20年代，戴震后学郝懿行已敢放言《荀子》，表明"其学醇又醇"，"颇怪韩退之谓为大醇小疵"之说。③后经过《述学》（汪中著）、《荀子笺释》（谢墉著）、《荀子补注》（郝懿行著）、《荀子集解》（王先谦著）、《诸子平议》（俞樾著）等著作对《荀子》的考证阐释，到清朝末年，在汉学界已形成一股崇尚荀子的学风。

　　正是在此背景下，章太炎走上了尊荀之路。在帮洋务派人士所办的《正学报》"例言"中，他明确指出："九流腾跃，以兰陵为宗；历史汗牛，以后王为法。"④而章太炎的第一部自选集《訄书》初刻本，不仅以《尊荀》始，而且以"尊荀"语终，末篇所刊《独圣》，结语以为荀子"隆礼义而杀《诗》《书》"，功绩与孔子一样伟大。当然，章太炎尊荀，自有超

---

① 谭嗣同：《仁学》，《谭嗣同全集》增订本（下），337页，北京，中华书局，1981。
② 参见朱熹：《战国汉唐诸子》，《朱子语类》卷一三七。
③ 参见郝懿行：《与王引之伯申侍郎论孙卿书》，《荀子补注》卷末。
④ 章太炎：《正学报·例言》，《章太炎政论选集》，62页。

出学术立场的政治寓意。具体说来，章太炎借尊荀之名主要提出了以下主张：

(1) 借"法后王"以言变法。荀子的"法后王"原是指取法能够实现封建统一的地主阶级，强调革新精神，目的是为后世封建统治者提供借鉴。章太炎赞同荀子"法后王"的历史观，赞扬荀学"有循于旧名，有作于新名"的历史进化论，① 他把"法后王"解释为"法《春秋》"、法孔子，提倡他的"傃古以便新"精神，实质上强调的是变法精神。这既是对改良派黜荀言论的回击，又符合时代进步潮流。

(2) 据"合群明分"以倡革命排满。"合群明分"或曰"明分使群"，是荀子社会观的核心，原是为建立封建等级制度和严格封建秩序服务的。章太炎用西方社会学对"合群明分"作了新的解释，把"合群"理解成民族团结，认为只要做到了"合群明分"就"足以御他族之侮"②。"合群明分"成了章太炎民族革命斗争的手段。这与康、梁等人的理论归宿显然有别。

此外，章太炎对荀子的"《王制》之法，《富》《强》之论，《议兵》之略"也推崇备至。③ 正是受荀子思想的影响，所以他在经济上提出"损有余，益不足"，在道德上主张"欲不可绝，欲当为理"，在法制上称"有治人，无治法"。④

简言之，康、梁等人"申孟绌荀"，打的虽是学术旗号，目的是宣传变法维新保皇。章太炎力持尊荀立场，极力证明"同乎荀卿者与孔子同，异乎荀卿者与孔子异"⑤，强调荀子"固仲尼后一人"，⑥ 也走上了极端，同样含有强烈的政治用意，不能仅归结为汉学家的立场。

3. 开展儒学与子学的比较研究

章太炎是近代治子学的名家。他的诸子学研究重心不是斤斤于琐碎考

---

① 参见章炳麟：《后圣》，载《实学报》第 2 册，1897 年 9 月出版。
② 章太炎：《菌说》，《章太炎政论选集》，137 页。
③ 参见章炳麟：《后圣》，载《实学报》第 2 册，1897 年 9 月出版。
④ 参见唐文权、罗福惠：《章太炎思想研究》，413 页。
⑤ 章炳麟：《后圣》，载《实学报》第 2 册，1897 年 9 月出版。
⑥ 参见章太炎：《兴浙会章程》，《章太炎选集》，17 页。

据，而是着重于对诸子学义理的探究，并结合西学、佛学从哲学层次上进行考察。他的诸子学研究不是局限于从学术上进行董理，而是紧扣时代脉搏，与时代思潮共相激荡，从而使他超越书斋型学者的研究成就。对于章太炎在近代诸子学研究中的地位，胡适曾有一番评说，他指出："到章太炎方才于校勘训诂的诸子学外，别出一种有条理系统的诸子学。太炎的《原道》、《原名》、《明见》、《原墨》、《订孔》、《原法》、《齐物论释》堪称空前的杰作。"① 正是因为章氏具有如此深厚的诸子学功底，所以他的儒学和子学比较研究才能得心应手，做到阐幽发微、明析粗细。

章太炎对先秦儒学与其他诸子学的比较研究主要体现在《訄书》、《检论》、《诸子学略说》、《国故论衡》等著作中。通观章太炎的研究，与前人相比，以下几点较具特色。

其一，强调儒家与其他诸子在义理方面的相通之处。如他在进行儒、道比较时指出，周秦诸子，唯道、儒两家所见独到，两家在宇宙论、道德论等方面有许多相同之处。两家本是同源，后来才告分离的。② 长期以来，研究者往往重儒轻墨，突出二者的差异。章太炎虽然对墨子多有批评，但在进行儒、墨比较时更多的则是强调二者之间的共性。墨家主"兼爱"、"尚同"，而孔子亦主之；"墨子无论有无，一以自苦为乐"，孔子亦与此同；《墨经》为名学之发端，而"孔子有正名之语"，③ 若论忠恕之道，"荀子虽非墨氏，惟其文质异流耳……荀卿论治，正与相符"④；儒家欲变周之文从夏之忠，墨子亦言法禹也，两家指导思想也相同。⑤ 他还指出，儒家在诸多方面吸收发展了法家的思想，两家在许多方面已经融合，不必谈"法"而"色变"；同时，法家也从《周官》等经典中学得了很多东西。⑥ 他认为儒兼纵横，才喜玩弄权术，热中趋利；而纵横家"便辞利口，覆邦

---

① 胡适：《中国哲学史大纲》卷上，30页。
② 参见章太炎讲演，曹聚仁整理：《国学概论》，31页。
③ 章太炎：《国学讲演录》，219页。
④ 章太炎：《订孔下》，《检论》卷三，《章太炎全集》（三），427页。
⑤ 参见章太炎：《儒墨》，《訄书》初刻本，《章太炎全集》（三），8页。
⑥ 参见章太炎：《儒法》，《訄书》初刻本，《章太炎全集》（三），10~11页。

乱家"，又正是孔子、子贡倡导所致。① 名家与荀子关系密切，两者在诸多方面都曾相互影响。兵家与儒家也有相同之处，如两家都强调"治气"，注重民心、士气。② 除论儒家与纵横家的关系牵强外，这些论述广引诸子、儒家以及其他历史文献为依据，从义理高度指明了儒家与其他诸子所存在的共性，一定程度上冲击了儒尊子卑的传统看法。

其二，突出诸子有高于儒家之处。如他在论述儒、道的差异时指出，道家的高明，首先表现在政治主张上，"道家范围大，对于一切破除净尽；儒家范围狭小，对于现行制度尚是虚与委蛇；也可以说是'其殊在量，非在质也'。"如老、庄的名利观念就明显比孔子轻得多。③ 其次表现在权术上，"道尤胜于儒"④。

其三，若将儒、释、道三家加以对比，"儒释之论，其利物则有高下远迩"之分，儒家之论务切近，佛家之说务久远，"而老聃挟兼之"，既务切近，又务久远，因而道家"以处工宰则明白四达，以处布衣任侠则穷窘之士委命，以处大师则保傅天人"，无人不相宜，无处不有用。⑤

其四，在哲理玄思方面，道家明显高于儒家。为什么这样说呢？因为孔子只言人事，而命世哲人，却无一赶得上庄子，"《逍遥》任万物之各适，《齐物》得彼是之环枢，以视孔、墨，犹尘垢也"⑥。章太炎从起源上对法家进行了考察，认为法家起初以"道为本、法为末"为指导思想，强调德刑相长、德意深明，这不仅是后世法家所不能比，就是儒家也比不上的。章太炎对法家代表人物如管子、商鞅等人多有研究，称赞他们的经济思想、法制思想都大大超过儒家。儒、侠比较，"儒有其下，侠有其上"，侠家的感慨奋厉、矜节自雄、勇往直前的英雄气概，正是优柔寡断的儒家所缺少的。⑦ 章太炎的这些观点，有的显得论据不足，含有主观臆说的成

---

① 参见章太炎：《论诸子学》，《章太炎选集》，384～385 页。
② 参见章太炎：《儒兵》，《訄书》初刻本，《章太炎全集》（三），12～13 页。
③ 参见章太炎讲授，曹聚仁整理：《国学概论》，31～32 页。
④ 章太炎：《儒道》，《訄书》初刻本，《章太炎全集》（三），10 页。
⑤ 参见章太炎：《道本》，《检论》卷三，《章太炎全集》（三），429 页。
⑥ 章太炎：《庄子解故》，《章太炎全集》（六），127 页。
⑦ 参见章太炎：《儒侠》，《訄书》初刻本，《章太炎全集》（三），12 页。

分，比如对儒、道权术的比较；但从总体上说，这些论述是立得住的。章太炎敢于指出儒学有所短，子学有所长，不仅较为客观地反映了历史真实，而且是对儒家独尊地位的挑战。

总而言之，章太炎对儒家与诸子的比较不仅有利于澄清历史真相，具有学术价值；而且冲击了儒家的独尊地位，具有思想启蒙意义。此外，还从方法论上为后人研究孔子及儒学提供了借鉴。章太炎虽有过信诸子言论的地方，但他从与孔子同时代的墨子身上，从与儒家并列的诸子身上寻找史料，反观孔子、儒家，这比仅仅盯住儒家经典研究儒家的做法要客观、进步许多。我们从胡适的《中国哲学史大纲》（上）、郭沫若的《十批判书》中，不时都能看到这种研究方法对他们的影响。

（二）汉代儒学研究

汉代儒学以经学为主要表现形态。经过董仲舒等人的努力，儒学由先秦时期的一家之学一跃成为汉代的一尊之学。作为官方的御用之学，汉代儒学兼综各家，是一种新的儒学。"汉分西东，文有今古"，章太炎本宗古文，反对今文，因此，他与汉代儒学有着较深的学术渊源，对汉代儒学有着更为深刻的认识。大体说来，章太炎对汉代儒学主要有以下看法。

1. 对西汉儒学多有批评

西汉儒学以今文经学为盛。今文经学滥觞于西汉，章太炎反对康有为等人的公羊学说，溯本追源，自然对西汉儒学多有讥评。

其一，批评西汉儒学中的谶纬迷信。在汉代，不论是今文经学派或古文经学派，为了迎合最高统治者的意愿，往往拿谶纬之学来解经，甚至出现了经学神学化的倾向，其中尤以今文经学派为甚。对此，章太炎指出，今文经学家"破碎六籍，定以己意，参之天官、历象、五行、神仙诸家，一切假名孔氏，以为魁柄，则六籍为巫书"[1]，他们混淆名实，颠倒黑白，危害极大；而始作俑者董仲舒尤难辞其咎，"董仲舒以阴阳定法令，垂则博士，教皇也"，其结果不仅"使学者人人碎义逃难，苟得利禄，而不识

---

[1] 章太炎：《订孔上》，《检论》卷三，《章太炎全集》（三），424页。

远略"①，而且他本人还"崇饰土龙，乞效吓蟆，燔瘗荐脯，以事求雨"②，愚蠢至极。章太炎认为，董仲舒即"谶纬之先驱"③，"盖自仲舒以来，儒者皆为蚩尤矣"④。章太炎批评今文学家凭一己之意改造先秦儒学，并杂糅迷信神符之说，把经书等同于神怪之书，这无论从学术史或思想史的角度考察，都具有积极意义。

其二，批判西汉儒学的"通经致用"。章氏一向主张把学问分为"求是"之学与"致用"之学，又强调学者首要任务在于"求是"——"学者将以实事求是，有用与否，固不暇计"⑤，因此，他强烈反对那种唯利是图、曲学干禄的做法。他明确指出，董仲舒"以五行比臣子事君父"⑥、《公羊》"以其谲言佞谀暴君"⑦ 均不足取，"通经致用，特汉儒所以干禄，过崇前圣，推为万能"，其实质则适为学术之桎梏矣。⑧ 章氏的这一说法有失偏颇，过分强调了经学研究的学术意义，而忽视了经学在当时社会中的经世内涵和社会价值。

其三，批评西汉之学因循守旧。章太炎认为，汉儒为学有两个极端：一是易流向通经致用，误入虚妄神诞之途；一是死守古籍，走上复古守旧的老路。"不知古，乃无定臬"，了解过去固然重要，但"布六籍者，要以识前事，非谓旧章可永循也。""一意循旧者，汉世博士有之"。⑨ 汉代博士唯古是尚，以《春秋》决狱、《禹贡》治河、《诗经》当谏书，为害甚大。

2. 对东汉儒学多有肯定

不唯汉是从是章太炎学术的一大特色。章太炎对东汉儒学的肯定并非仅出于一脉相承的古文家法，而是经过了一番认真考察，尽管评论中不乏

---

① 章太炎：《学变》第八，《訄书》重订本，《章太炎全集》（三），144 页。
② 章太炎：《原儒》，《国故论衡》下卷。
③ 章太炎：《论中古哲学》，载《制言》第 30 期。
④ 章太炎：《原法》，《检论》卷三，《章太炎全集》（三），436 页。
⑤ 章太炎：《与王鹤鸣书》，《太炎文录初编》卷二，《章太炎全集》（四），151 页。
⑥ 章太炎：《子思孟轲五行说》，《太炎文录初编》卷一，《章太炎全集》（四），19 页。
⑦ 章太炎：《春秋左传读叙录·后序》，《章太炎全集》（二），855 页。
⑧ 参见章太炎：《与人论朴学报书》，《太炎文录初编》卷三，《章太炎全集》（四），154 页。
⑨ 章太炎：《订孔上》，《检论》卷三，《章太炎全集》（三），423～425 页。

失误之处。他认为，东汉之学至少有以下三大优点：

一是求实精神。章太炎对东汉实事求是、言必有征的学风十分推崇，称赞"杜、贾、马、郑之伦作，即知'拊国不在敦古'，博其别记，稽其法度，核其名实，论其社会以观世，而'六艺'复返于史"。"神话之病，不溃于今"①，正是由于东汉古文经学较为严谨客观地看待经学，才使被西汉谶纬迷信遮蔽了的先秦学术精神得以继承发扬。

二是无神论思想。章太炎对王充、仲长统、桓谭等人的无神论思想曾反复称道，"东京作者，《论衡》为先，亦推《法言》、《新论》之旨，取鬼神阴阳之说，一切破之"②。他认为，变机祥神怪之说为务人事，是东汉之学长于西汉之学的一项重要表现。

三是社会批判精神。东汉末年，接二连三的外戚、宦官、党锢之祸，使得东汉王朝的统治出现了深刻危机，为皇权服务的神学化经学也遭到像王符、仲长统、扬雄、崔寔等人的批判。他们由批判经学进而批判整个社会的腐败，从而形成了一股关心现实的社会批判思潮。章太炎一度曾以仲长统自任，对这股思潮作了高度评价。他说："王符之为《潜夫论》也，仲长统之造《昌言》也，崔寔之述《政论》也，皆辨章功实，而深嫉浮淫靡靡，比于'五蠹'"，他们"又恶夫以宽缓之政，治衰敝之俗"，倡言"人事为本，天道为末"，颇具务实入世精神，值得提倡。③

需要指出的是，章太炎对某些古文学家的缺点也毫不避讳。他曾指出："汉世学者徒传训诂，训诂既就……或复明习图纬，以滑其智"④，尤其错误的是，"汉人之视经典，若神圣不可测者，本是常语而故诘诎其义，以见经文之奥妙……必令不解而后经典为神圣"⑤。这基本上反映了当时学界的实际。

---

① 章太炎：《清儒》，《訄书》重订本，《章太炎全集》（三），155页。
② 章太炎：《论中古哲学》，载《制言》第30期。
③ 参见章太炎：《学变》，《訄书》重订本，《章太炎全集》（三），144～145页。
④ 章太炎：《思乡原下》，《太炎文录初编》卷一，《章太炎全集》（四），135页。
⑤ 章太炎：《菿汉微言》，55～56页。

3. 对扬雄、刘歆、桓谭、王充儒学思想的高度评价

在汉儒中，章太炎除从史学角度对司马迁、刘向等人予以高度评价外，还对扬雄、刘歆、桓谭、王充等人儒学思想作了积极肯定。

扬雄以非正统、讥当道而著称，他对西汉今文博士以经术为治术的行径多有抨击，指斥西汉统治者利用刑罚、诗书礼乐、举士制度束缚士人，造成庸才充斥庙堂、真才不见容于世的局面。他反对把《六经》神圣化、把孔子神化，认为经典也是常人所作，故有意仿《周易》而作《太玄》、效《论语》而作《法言》。对这样一位传统儒家的叛逆者，章太炎称赞他"持论至剀易"。①

在汉代今文经学家眼中，刘歆也是一个儒学叛徒。刘歆把德比天子的"素王"孔子拉回普通人中间，仅视孔子为先师、为"述而不作，信而好古"的学者，把神圣的"六经"仅看做普通的史料。章太炎一反常人，不仅以"刘子骏之绍述者"自居，而且宣称"孔子死，名实足以伉者，汉之刘歆"②，对刘歆大为尊奉。

桓谭是以反对谶纬迷信出名的"异端"思想家，曾被光武帝斥为"非圣无法"③，章太炎却称其《新论》足为后世师法，并为《新论》亡佚大为惋惜。

王充在历史上久被视为异端，清代学者钱大昕《论衡跋》抨之曰："以予观之，（王充）殆所谓小人而无忌惮者乎。观其《问孔》之篇，《刺孟》、《至圣》、《自纪》之作……后世误国之臣，是今而非古，动为天变不足畏、诗书不足信、先王之政不足法，其端盖自充启之。小人哉！"④ 章太炎虽佩服钱大昕的学问，但对钱氏加在王充身上的罪名深为不平，一律予以平反。

从上述看，章太炎对汉代儒学的评价并非是以旧古文经学家的标准来衡量的，而是站在思想家的立场上，从思想史角度尽可能地进行理性分

---

① 参见章太炎：《学变》，《訄书》重订本，《章太炎全集》（三），144页。
② 章太炎：《订孔》，《訄书》重订本，《章太炎全集》（三），135页。
③ 《后汉书·桓谭传》。
④ 钱大昕：《论衡跋》，《潜研堂文集》卷二十七，420页，台北，商务印书馆，1968。

析。相对于以往人们多专注于对汉代经学的研究而言，他对汉代儒学的研究显得别具价值。

（三）魏晋南北朝儒学研究

魏晋南北朝时期，儒学又有新的发展。儒学不仅走上了玄学化的道路，而且在与佛、道的相互撞击中，开始了在纷争中求生存、在融合中求发展的曲折过程，这种状况一直延续到隋唐。章太炎对这一时期的儒学发展提出了自己的看法。

1. "文有今古，而学无汉晋"——重视魏晋南北朝经学的学术价值

章太炎虽师出古文学派，但不拘牵于古文家法、唯汉学是尊，而是主张对魏晋经学予以客观评价。他以魏晋之学"校汉世之学"后发现，"魏晋有卓然者矣"①，魏晋也有像杜预这样的优秀人才；尊汉忘晋，实为不公。章太炎认为，魏晋经学至少在两个方面超过了汉代经学。

第一个方面是魏晋之学注重义理的探求，注重广采众说，自出新义。魏晋时期，古文经学代替了今文经学，门派壁垒相对减弱，"汉人牵于学官今文，魏晋人乃无所牵也"②，魏晋经师不再像东汉时期的经师那样受家法束缚，因而能集思众益、广采博收，学术成就必然有超越前人之处。东汉古文经学以考证、训诂纠正了西汉今文经学的穿凿附会和记诵章句，却失于琐碎寡要。再者，魏晋经学把解经的形式由以前的"经注"发展为"经疏"，讲经重在探求大旨，弥补了东汉经学的这一不足。同时，魏晋经学疑经改经者相对较少，"说经守师，不敢专恣，下逮梁陈，义疏烦猥，而皆笃守旧常，无叛法故"，不枝不蔓，较为严谨。③

第二个方面是谶纬神学的衰亡。汉代经学与迷信结合，谶纬泛滥，烦琐、迂腐、荒诞，变成了宣传天人感应神学目的论的说教。进入魏晋后，王充的《论衡》开始广为流传，扬雄、王符等人的思想备受重视，受他们的无神论思想影响，魏晋学者在研究中注意消除经学的神学色彩。如范缜

---

① 章太炎：《汉学论下》，《太炎文录续编》卷一，《章太炎全集》（五），22页。
② 同上。
③ 参见章太炎：《案唐》，《检论》卷一，《章太炎全集》（三），451页。

继承并发展了王充的无神论思想,且又博通经术、精治三礼,是古文经学派反对有神论的干城。章太炎高度评价范缜的无神论思想,并把他与王充并列,称"范缜作《神灭论》……实自王充、阮瞻来……固儒说也",是儒者的典范。① 当然,魏晋时期道、佛的兴盛,也在一定程度上加速了儒学理论的重新建构,从而促进了谶纬之学退出历史舞台。

2. 评骘玄学,多独至之论

魏晋玄学是传统儒学的特殊发展,是儒道合流的产物。玄学家们的观点并不一致。玄学开创者何晏、王弼极力主张以自然为本,以名教为末,以儒合道,宣扬"贵无论";阮籍、嵇康等人则把正始玄学以自然为本的思想推向极致,大肆贬斥名教,提出"越名教而任自然"的主张;向秀、郭象则是元康玄风的代表,强调"名教"与"自然"、儒与道的统一,以道合儒,生成新儒学。一般说来,他们都不同程度地对儒家名教进行过批判,精神追求上则大多倾向于道家的自然无为思想。正因如此,长期以来,玄学一直备受儒者抨击。早在东晋时期,裴𬱟就指责玄学徒长"砥砺之风,弥以陵迟",毁坏礼教。② 范宁对玄学的抨击更为激烈,曾批判说:玄学"时以浮虚相扇,儒雅日替,宁以为其源始于王弼、何晏,二人之罪深于桀纣。"③ 此外,像干宝《晋纪》、颜之推《颜氏家训》,皆抨击玄学不遗余力。他们出于维护礼法名教之立场,视玄学为异端,结论自然牵强,难以服众。明清之际大思想家顾炎武有感于明亡之痛,疾恨当时理学崇尚空谈而轻视实用之学风,追溯前辙,归咎于玄学,并加以大力挞伐:"……名士风流,盛于雒下,乃其弃经典而尚老庄,蔑礼法而崇放达,视其主之颠危若路人然,即此诸贤为之倡也。自此以后,竞相祖述……以至国亡于上,教沦于下,姜戎互僭,君臣屡易,非林下诸贤之咎而谁咎哉。"④ 顾氏所论为玄学对后世的负面影响,并非全面评价。章太炎从反对封建纲常名教的立场出发,对玄学作了重新评价。

---

① 参见章太炎:《论中古哲学》,载《制言》第30期。
② 参见《晋书·裴𬱟传》。
③ 《晋书·范宁传》。
④ 顾炎武:《日知录》卷十三,《日知录集释》,589页。

其一，表彰魏晋玄学勇于批判儒教的精神。章太炎表扬玄学家节操高尚，说他们"屏弃功利，殚残圣法"、"高郎而不降志"。他尤其推重反对封建儒教的代表人物嵇康、阮籍等人，"嵇康、阮籍之伦，极于非尧、舜，薄汤、武……而皆崇法老庄"①。他对鲍敬言蔑视名教的言论十分欣赏，"鲍生好老庄，以为：儒称天生烝民而树之君，岂其皇天谆谆命之？……'古者无君，胜于今世'。君臣既立，变化遂滋，养游手之人，长侵割之患。"② 在章太炎看来，上述诸人"辩智闳达，浸淫反于九流"③，不仅具有周秦诸子"各为独立，无援引攀附"的独立自得风范，而且具备反对纲常名教、勇于批判现实的精神，应当予以肯定。

其二，表彰魏晋玄学重自然、重个性的自由精神。玄学家受老庄思想影响，大都不拘礼法，旷达放任，倡言"越名教而任自然"，追求自由飘逸的生活。这一点在他们的学术思想中得以深刻反映。玄学思潮一改自汉以来学术蹈袭旧说、汗漫无自得、不能自名其家的状况，"旁理诸子"，"次六国而起"，④ 在学术思想史上占有重要地位。

其三，玄学重视名理，是宝贵的哲学遗产。章太炎说："真以哲学著见者，当自魏氏始。"⑤ 他认为，九流之中和哲学最有关系的，要算儒、道二家，而老、庄思想虽具丰富的哲学内涵，地位却又不及儒、墨诸家，只有到了魏晋时期，儒、道结合，佛学摄入，个人意志活跃，自由意识觉醒，思想空前解放，从而涌现出刘劭《人物志》、鲁胜《墨辩序》、裴颜《崇有论》、范缜《神灭论》及《列子》、伪《古文尚书》、《孔丛子》等一大批哲学著述，才可真正称得上哲学时代的到来。正是在这一层意义上，章太炎把汉、隋之间的哲学，特命名为"中古哲学"。⑥

其四，指出玄学并非空谈，含有"事功"的成分。历代学者多认为玄

---

① 章太炎：《学变》，《訄书》重订本，《章太炎全集》（三），145页。
② 章太炎：《学变》，《检论》卷三，《章太炎全集》（三），446页。
③ 同上书，447页。
④ 章太炎：《信史下》，《太炎文录初编》卷一，《章太炎全集》（四），65页。
⑤ 章太炎：《论中古哲学》，载《制言》第30期。
⑥ 同上。

学"清谈废事,必忘大节",往往对玄学持否定意见。章太炎则指出,玄学不仅与"经学"相扶持,而且"常与礼律相扶","夫经莫穹乎《礼》、《乐》,政莫要乎律令,技莫微乎算术,形莫急乎药石。五朝诸名士皆综之。其言循虚,其艺控实,故可贵也。……自唐以降,玄学绝,六艺方技亦衰"①。以往论者之所以对玄学持否定态度,主要是因为他们仅注目于嵇康、阮籍等反礼教名法的言论,却忽视了何晏、向秀等人所具有的"顺时而应世"、重视礼法的思想。章太炎声称玄学"固不与艺术文行牾,且翼扶之"②,虽有过誉夸大之嫌,但对玄学的评价较否定论者却更为合理全面。

其五,为玄学祸国说辩诬。以往学界在分析东晋、宋、齐、梁、陈衰亡的原因时,有人归之于玄学身上。章太炎对此进行了辩驳:"五朝所以不竞,由任世贵,又以言貌举人"、"矜流品",贵族地主的门阀士族制度限制了智能之士的发展、贤良人才的任用,其咎不在玄学。相反,"五朝有玄学,知与恬交相养,而和理出其性。故骄淫息乎上,躁竞弥乎下"。"五朝士大夫,孝友醇素,隐不以求公车征骋,仕不以名势相援为朋党。"章氏认为,正是由于玄学的熏陶,五朝士大夫才节操清正,安贫乐道,上"贤于季汉",下胜于唐、明。③ 玄学祸国论实质是文化决定论,并不正确。

章太炎注意到玄学中反对传统、批判现实的思想内容,并出于反封建的需要对玄学作了高度评价,这一点是值得积极肯定的。但也应看到,章太炎为突出玄学的积极意义,评价中不乏夸大失实之处。如在《五朝学》中他片面夸大了玄学对人的道德情操的作用,在《学变》中过高估计了阮籍、嵇康等人玄学思想重自由、反封建的意义。实际上,像阮籍、嵇康等人的社会批判,根本不可能触及封建主义本体,正如唐长孺先生所说:"嵇、阮在原则上并不反对儒家所规定的伦理秩序,只是反对虚伪的名教。

---

① 章太炎:《五朝学》,《太炎文录初编》卷一,《章太炎全集》(四),75~76 页。
② 同上书,75 页。
③ 同上书,76~77 页。

他们理想中真率自然之人格仍然与封建道德不可分割。"① 不过，从总体上说，章太炎对魏晋玄学的评价对于打破"不务综终始，苟以玄学为诟"的学术局面还是有所贡献的。

3．"学贵其朴，不贵其华"——对魏晋文风、学风的大力阐扬

义理、考据和辞章，并称儒家的三门学问。章太炎对辞章之学也有研究，尤其推重魏晋文风。他在《自述学术次第》中称："余少已好文辞，本治小学，故慕退之造词之则，为文奥衍不驯"，后受谭献影响，"宗法容甫、申耆"等文选学派，"读三国、两晋文辞，以为至美"，"吴魏之文，仪容穆若，气自卷舒，未有辞不逮意、窘于步伐之内者也"，始觉唐宋古文"务为蔓衍"，汪（容甫）、李（申耆）文选学派过于"局促"，只"能作常文"，不能议礼论政，又秦汉虽有高文典册，但"至玄理则不能言"，因此一意慕法魏晋之风。②

在《论式》、《案唐》诸文中，章太炎还较为深刻地发掘了魏晋学风的积极意义，并详细分析了魏晋学风优胜的原因。第一，与汉代相比，魏晋之学有先秦老、庄形名之长，而无汉世牵于章句之短。王弼、鲁胜、裴颜、陈寿、贺循、孙毓、范宣、范汪、蔡谟、徐野人、雷次宗、张裴、裴秀，如群星璀璨，视汉世为胜。③ 第二，魏晋之学"持理议礼"，明显长于盛唐。自唐以降，为文长于风议而短于玄理，"观其流势，洋洋缅缅，即实不过数语"，"晚唐变以谲诡，两宋济以浮夸，斯皆不足劭也。"④ 终唐一代，正因为短于辩智，所以韩愈、吕温、柳宗元、刘禹锡、李翱、皇甫湜之伦，皆承王勃之化，俪语华靡，笃守旧常，学无思得。第三，澄清世人对魏晋学风的错误认识。历代文人一般认为魏晋学风浮华不实。章太炎明确指出，这种错误看法是由"不窥魏晋玄言"、"专以儒言为式"等固步自封的做法造成的。他提出，欲了解魏、晋之风，必先豫之以学，对魏晋玄学

---

① 唐长孺：《魏晋玄学之形成及其发展》，《魏晋南北朝史论丛》，329页，北京，生活·读书·新知三联书店，1955。
② 参见章太炎：《自述学术次第》，载《制言》第25期。
③ 参见章太炎：《论式》，《国故论衡》中卷。
④ 同上。

有一番了解然后再下结论。① 总之,章太炎认为,魏、晋为学,"守己有度,伐人有序,和理在中,孚尹旁达,可以为百世师","雅而不核,近于诵数,汉人之短也;廉而不节,近于强钳,肆而不制,近于流荡,清而不根,近于草野,唐、宋之过也;有其利无其病者,莫若魏、晋"。② 纵览秦汉以后学风,以魏晋为最高。

章太炎对魏晋文风、学风的阐扬虽有利于改变人们的传统看法,但由于他偏爱、追慕魏晋风格,因此在论述中明显带有夸大失实之处,存在通过贬低汉代及唐以下学风来抬高魏晋学风的错误。

(四) 宋明理学研究

儒学至宋又一大变,发展为思辨天命心性的新儒学——理学。理学经宋、元、明三代,形成内容丰富、形态成熟的理论体系。它既是宋、元、明三代文化、学术的集中表现,又是中国封建社会后半期的官方哲学。章太炎虽以汉学家现身,但出于对学术和现实的关怀,对宋明理学也有一番认真思考。

1. 理学概论

汉学与宋学是清代学术的两大派别,章太炎虽以汉学家现身,但对宋学也有一番认真思考。章太炎对理学的研究涉及范围较广,其中,他对基本理论问题的总体性阐述可归为以下几个方面。

其一,重释理学之名称。自宋以来,"理学"之名有广义、狭义等不同界说,易生分歧。章太炎指出,宋世称道学,其后称理学,至明代"姚江则称心学",前后所指颇不一致;且"立身之道发乎情,不能一断以理。一国有其礼法,一乡有其风俗,皆因情而立制,不尽合于理也",因此,"理学之名,不甚妥当"③。他认为,以道学、心学代替理学之名也不合适。从源头上说,道学含义为大。"道学本该心理、修身、伦理三科","其后分言理学,最后复分心学"。道学"较二者为合",后世以理学之名代之,

---

① 参见章太炎:《论式》,《国故论衡》中卷。
② 同上。
③ 章太炎讲,诸祖耿记:《适宜今日之理学》,载《制言》第57期。

有违史实。① 再者，"宋人反对朱晦庵者云：无一实者谓之道学，可见当时不以道学为嘉名"，道学本身就有歧义，以道学代称理学，也不可。② 心学之名，始于姚江，虽较理学精确，"然心学末流，昌狂妄行，不顾礼法"③，也不可代理学之名。

那么，究竟以什么命名最合适呢？章太炎扬弃殊相、取其共性，找到了自认为最适宜的答案。他分析说："所谓理学，门户纷歧"，不仅有宋、明之别，朱、陆之辨，而且壁垒林立，界限森严，实际上，"学派虽不同，立身之道则同"，都以修己治人为归，都是修己治人之学，命之为"儒学"最为合适。章太炎指出，以"儒学"命名，还有两点好处：一是可以解救日益"浇离""衰落"的"世道人心"，二是可以清除宋明诸家门户之见。从今天的考释可以确知，理学之名始见于南宋，朱熹曾说"理学最难"④，陆九渊也说"惟本朝理学，远过汉唐，始复有师道"⑤。不过，这里的理学是指义理之学，乃相对于考据之学、辞章之学而言。直至明末，黄宗羲《明儒学案》称："有明文章、事功，皆不及前，独于理学，前代之所不及也。"⑥ 这才是广义上既包括程朱"理学"，又包括陆王"心学"在内的"理学"概念。章氏对"道学"、"心学"、"理学"诸概念的辨别，从词源上看，基本合乎史实，但他抛却理学"谈天论性"的理论特色，统名之为"儒学"，则有泛化之嫌。

其二，评价理学的总体趋向。章太炎一生论述理学的文字较多，受其学术思想以及现实需要的影响，大体上说，以《齐物论释》（1911）的发

---

① 参见章太炎：《别录乙·许二魏汤李》，《訄书》重订本，《章太炎全集》（三），346页。
② 参见章太炎讲，诸祖耿记：《适宜今日之理学》，载《制言》第57期。
③ 同上。
④ 黎靖德编：《朱子语类》第4册，1485页，北京，中华书局，1986。
⑤ 陆九渊：《与李省幹》，《陆九渊集》，14页，北京，中华书局，1980。
⑥ 黄宗羲：《明儒学案发凡》，《黄宗羲全集》第7册，5页，杭州，浙江古籍出版社，2005。

表为标志①,可分为前后两个时期。

前期,章太炎对理学以贬抑为主。收入《訄书》重订本(约成书于1903年)的《清儒》称:儒学"乱于魏晋,及宋明益荡",魏晋、宋明儒学大纂儒学原旨。②"乱于魏晋"的观点随即被章氏放弃了,但"及宋明益荡"的看法却保留了很长时间。他在1910年的讲演中,不仅把理学家,而且几乎把宋明时期所有的学者都作了批评:宋朝讲琐碎考据的人,"不能见得大体,在六艺里面,不能成就得哪一种";好讲经世的人,大多数"不过长许多浮夸的习气,在历史既没有真见,在当时也没有实用";专求心性的"理学先生,都说服膺儒术,规行矩步,到得说礼,不是胡涂,就是谬妄,也从不见有守礼的事"。到明朝,"一切学问,都昏天黑地,理学只袭宋儒的唾余。王守仁出来,略略改变些儿,不过是沟中没有蛟龙,鲵鳅来做雄长,连宋朝人的琐碎考据、字学校勘都没有了。"③这一说法过于简单化、绝对化,没有多少学术价值,主要是出于现实需要。宋明理学是清代官方哲学,章太炎从汉学立场出发抨击理学,具有破除理学教条、反对封建主义的意义。

后期,章太炎对理学以肯定为主。他受《齐物论》思想的影响,不再像前期那样斤斤计较理学的短处,而每能发掘理学的长处,对理学的评价日趋增高。他在给吴承仕的书信中说:"居贤善俗,仍以儒术为佳。虽心与佛相应,而形式不可更张。明道、象山、慈湖、白沙、阳明所得各有深浅,要皆可用。"④《菿汉微言》也对理学采取宽容态度:"程、朱、陆、王之俦,盖与王弼、蔡谟、孙绰、李充伯仲。今若窥其内心,通其名相,虽

---

① 章太炎在《自述学术次第》中说:"自此(指作《齐物论释》)亦兼许宋儒,颇以二程为善。"(载《制言》第25期)他对理学态度转变的原因,在学术方面主要是受佛学和老庄之学的影响,因理学是儒、释、道结合后的产物,它在义理方面与章氏所好的释、庄有相同相通之处;在现实方面主要是民国初年以后道德风俗衰落,章氏认为理学家所讲的道德修养是补救良药。
② 参见章太炎:《清儒》,《訄书》重订本,《章太炎全集》(三),155页。
③ 章太炎:《教育的根本要从自国自心发出来》,载《教育今语杂志》第3册。
④ 吴承仕藏:《章炳麟论学集》,382页。

不见全象，而谓其所见之非象，则过矣。"① 当然，最能体现这一时期章氏理学态度的则是其汉宋调和思想。

其三，调和汉宋的学术旨趣。章太炎调和汉宋的学术特色与曾国藩、张之洞等人不同。曾、张主要是阐发理学的忠、孝、礼、义等纲常名教观念，为清王朝的封建统治服务。章太炎的学术理路则是探察佛学、了彻老庄后从学理上对宋明理学进行理解和会通。这一现象发生于他作《齐物论释》前后，在《检论》、《菿汉微言》等论著中表现得较为明显。他提出的"理"二元论就是一例。章太炎把"理"分为两种：一为心性玄理，一为隶政物理。按因明学格义，前者是排遣名相，后者系分析名相。二者属于两个世界，故"理"为二元。"心学之与稽古，原不相妨。"② 二者相克相生，相斥共容。这一解理方式同宋学家相去甚近，又不同于宋学，故侯外庐说："他已经超出汉宋门户之见。"③

章太炎调和汉宋的方法，除前已述及的在释名时采取去其别相取其共相、强调汉学与宋学的共性外，再就是借助佛、道为沟通汉宋的媒介。他自称："余则操'齐物'以解纷，明'天倪'以为量，割制大理，莫不孙顺……汉宋争执，焉用调人？""和以天倪，则妄自破，而纷亦解"，"喻以四民各勤其业，瑕衅何为而不息乎？"④ 佛、道的"平等"、"齐物"思想在很大程度上促进了章太炎调和汉宋思想的产生，这在中国近代学术史上颇具特色。

其四，阐发佛学、理学之关系。众所周知，宋明理学是儒、释、道三教和合的产物，但自理学产生之日起，理学家们便心是口非，声称佛学为"异端"，佛、老为"妖妄怪诞之教"⑤，辟佛排老，不遗余力。对此，章太炎不仅提出了严厉批评，而且指出，理学家虽自视甚高，实际上根本未明佛学胜义。"宋儒以排斥佛法为能，其所斥者，除出家、轮回二事，皆禅

---

① 章太炎：《菿汉微言》，88页。
② 吴承仕藏：《章炳麟论学集》，383页。
③ 侯外庐：《近代中国思想学说史》，843页。
④ 章太炎：《菿汉微言》，88~89页。
⑤ 石介：《怪说下》，《徂徕石先生文集》，63页，北京，中华书局，1984。

宗之语而已，非经论有是也"，乃无的放矢；宋儒所论心学，"亦只见及意根，未能知阿赖耶"；至于"二乘利己，大乘度生，菩萨有居士、沙门二类"等知识，他们甚是无知，根本未通。① 宋儒之中，章太炎视程颢、程颐为高，却也不无微意："程氏之学，多本自然，于老庄为近，而非能尽之也，比于佛氏，则间隔多矣。"② 陆王一派虽较程朱一派贴近佛学，但"证验为多而思想粗率"，虽有远过西人之处，"而于佛法终未到也"③。当然，章太炎认为理学也有高出佛学之处："谓理学可废，佛法可以专尊，则又不然。人事纪纲，佛书言之甚略；五戒十善，不如儒书详备多矣。"④ 不少清代汉学家未识佛学，却以理学吸收佛学学理而加以诟病，章太炎则不然。他一生重视佛学，受其影响很大，因此给出了不同于常人的评判。不过，从总体上说，他夸大抬高了佛学。

2. 对二程学说的阐释

理学思想体系奠基于北宋程颢、程颐。二程洛学代表了宋代理学的主流。由于时势的变化，章太炎一改清代汉学家拒斥理学的做法，对二程学说作了较为中肯的诠释。⑤ 其中，《通程》是他评论二程学说的一篇重要文章，收入民国初年结集的《检论》。该文以汉学家的眼光就程朱理学的源流和内容作了较为独到的阐述，这里主要分析两点：

其一，论二程的理欲关系说。

"存天理，去人欲"是程朱理学的基本命题之一，也是后人批判理学的重要依据。章太炎对二程"存理去欲"说的阐释，与其他启蒙思想家明显不同。他首先分析了"天理"、"人欲"二词的历史内涵："程氏所述天理，谓物则自然；其言人欲，则任私之异名。"这里的"物则自然"，是指顺其自然，含有不干涉外物发展规律之意。这里的"人欲"，并非指一切

---

① 参见章太炎：《菿汉微言》，16页。
② 但植之：《菿汉雅言札记》，载《制言》第43期。
③ 章太炎：《与吴承仕论哲学书》，载《华西学报》第1期，1933。
④ 章太炎：《答黄季刚书》，载《制言》第16期。
⑤ 对此，张恒寿《章太炎对于二程学说的评论》多有详论（收入氏著《中国社会与思想文化》，北京，人民出版社，1989），故本书不全面展开。

人生欲望，更不包括一切合理的人生欲望，只限于"任私"而言。其次，他评价二程理欲说："其实是，其名非。"也就是说，二程主张人应当尊崇"物则自然"、去掉私利贪欲之心，这一道理是正确的；但用"人欲"二字表达私利贪欲，则言不达意，易生混乱。

需要指出的是，"存天理，去人欲"确有严格伦常等级、服务封建统治的一面，这是章太炎没有讲到的问题。不过，章太炎对二程"存理去欲"说的评论自有其价值。戴震控诉宋明理学"以理杀人"有着特定的历史背景，应作具体分析，但反理学派及后来的启蒙思想家却奉之为鄙弃宋明理学的口头禅，把"存天理，去人欲"简单地理解为西方宗教家的禁欲主义，以至于掩盖了这一命题的历史内涵。在近代反封建反理学的大趋势下，章太炎指明"存天理，去人欲"的本义所在，需要一定的学术勇气。

与此相类的一个问题是章太炎对程颐"饿死事小，失节事大"说的评价。"饿死事小，失节事大"一直是人们抨击理学的一个强有力证据。诚然，从近代以来的社会道德规范来说，这一抨击对于破除纲常教条尤其是妇女解放有着重要意义。但站在学术立场上看，对程颐的这句话作简单否定有违历史真相。基于这种认识，章太炎对"饿死事小，失节事大"进行了历史地诠释。他说：程氏之说虽然过当，但也是"因缘旧传礼俗而言"，而且程氏"又言男子不当再娶"，"其意盖谓夫妇皆当坚守契约，又未尝偏抑妇人也"。这一评论有益于澄清史实，正确评价程氏学说。对此，贺麟也曾指出："伊川的错误似乎不在于提出'饿死事小，失节事大'这一概括的伦理原则，只在于误认妇女当夫死后再嫁为失节。不过伊川个人的话无论如何有力量，亦必不能形成宋以后的风俗礼教。"① 的确，任何伦理规范或道德准则的形成都是一定历史条件下的产物，程颐此语既是历史的产物，他对后世的影响又是历史选择的结果，不能一言以蔽之。章、贺所见略同。只是，从思想启蒙的角度看，如此解说，有为"饿死事小，失节事大"开脱罪名之嫌。

---

① 贺麟：《宋儒的新评价》，《文化与人生》，192页，北京，商务印书馆，1988。

其二，论程颢的《定性书》。

在讨论修养工夫时，张载曾以书信的形式征问于程颢，表示"定性未能不动，犹累于外物"，程颢因复书作答，后来道学家称程颢的答书为《定性书》。《定性书》讨论的主题是通过何种修养方法来实现人的内心安宁与平静。章太炎认为《定性书》是程颢全部学说的重点，并以书中所云"天地之常，以其心普万物而无心；圣人之常，以其情顺万物而无情。故君子之学，莫若廓然而大公，物来而顺应。……与其非外而是内，不若内外之两忘也。两忘则澄然无事矣"①，为贯穿程颢学说的精髓。章太炎对《定性书》的评价较高，称之"旨远而用近"，以为只要依照书中所说"廓然大公，物来顺应"的方法行事，就可以达到"师保万民"、"无为而治"的境地。章太炎从"顺应自然"、超越自我的角度来把握程颢的学说，从而把《定性书》视为程颢最重要的代表作品。这与通常人们更重视《识仁篇》的看法不同。

章太炎还论及了《定性书》的思想渊源，指出程颢近于老庄、兼有佛释，《定性书》的治术实即对老子"圣人无常心，以百姓心为心"的发挥。这一判断是正确的。其实，早在南宋时期，叶适就指责程颢杂糅老、释，而章太炎的不同在于，他把杂糅老、释视为程学的优点所在。

就总体上说，章太炎对二程的评价较其他宋儒为高。他表彰二程"审己求是"；指出为尊君思想推波助澜者中，孙复、欧阳修尤其卖力，且在唐代以前就已形成趋势，而不能仅归于二程、朱熹身上，"尊君卑臣，小忠为教，至程、朱始甚"之说不能成立；② 称颂二程是"善作述者"，"闽、婺、永嘉、四明之说""始皆本于程氏"，二程为一代宗师。③ 他甚至称说："明道（程颢）、白沙（陈献章），知见未精而有萧然自得之趣，为吏则百姓循化，处乡而风俗改善，斯可谓可德者。伊川（程颐）……随入此流，

---

① 参见程颢：《答横渠张子厚先生书》，《二程集》下册，460～461页，北京，中华书局，1981。
② 参见章太炎：《学蛊》，《訄书》重订本，《章太炎全集》（三），147～148页。
③ 以上凡未注明出处者皆引自章太炎：《通程》，《检论》卷四，《章太炎全集》（三），453～457页。

此一辈也"，他们"不言而信，不怒而威，然后真见太平也"①。

章太炎对二程学说的评论，基本上摆脱了汉学家的成见，有些论述（如对二程理欲关系的论述）已相当深刻。不足之处是，他忽视了二程学说的不同之处。如在对待佛、老的态度上，大程"出入老释几十年"不反对读佛、老之书；小程则摈除佛、老，甚至连《庄子》、《列子》都不看。再者，他对二程学说为宗法社会纲常名教张目的一面认识不够充分。

3. 对朱熹学说的阐释

朱熹是宋代理学集大成者，也是中国历史上最著名的思想家之一。对于如此重要的人物，章太炎却没有展开详细论述。他在前期的《訄书》中，多数情况下是把朱熹与二程相提并论。而在后期的《检论》、《菿汉微言》等著述中，才有意把朱熹与二程区别开来。与对二程学说的评价相比，章太炎对朱熹及其思想学说基本上作了否定。

首先，章太炎不满于朱熹的治经态度和治经方法。在谈及治国学的方法时，朱熹被他列为治经短于小学的代表人物。他指出："宋朱熹一生研究《五经》、《四书》诸书，连寝食都不离，可是纠缠一世，仍弄不明白"，究其原因，"他在小学没有功夫"。② 章氏对朱熹主观臆测、疑经改字的治学态度尤为不满，曾剖析评论说："朱氏治经，有些地方原有功于经，但是过不能掩功"，现且分别指明：（1）《易经》本为十二篇，郑、王合象辞于经，已非本来面目，朱氏分而出之，是他的功。他取陈抟的《河图》、《洛书》并入《易经》，这是迷信，是大过。可以说是功不掩过。（2）"朱文公从文章上，怀疑伪《古文尚书》，开后人考据的端绪，是他的功，他怀疑《书序》……是他的过。这可说是功过相当。"（3）"古人作诗托男女以寓君臣……朱文公对于《诗序》解诗指为国事而作，很不满意，他迳以为是男妇酬答之诗，这是不可掩的过。"③ 章太炎批评朱熹"习闻新学，性好勇改，故多废先师大义而以己意行之"④，从学术角度讲，朱子确实有疑

---

① 章太炎：《菿汉微言》，54页。
② 参见章太炎讲演，曹聚仁整理：《国学概论》，26页。
③ 章太炎：《国学概论》，26~27页。
④ 章太炎：《菿汉微言》，47页。

经改字、好为臆说的毛病,章氏的批评是对的。但由于一味强调"信史",加上受古文家法影响,他对朱熹《书序》研究的评说仅能是一家之言,不能作为持衡之论。

其次,对朱熹的"格物致知"等学说提出异议。"格物"、"致知"最早见于《礼记·大学》,宋代理学家从这两个概念中演衍出一套新儒学的认识论和修养论。朱熹强调并发展了程颐关于"格物"的思想,他解释说:"格,至也。物,犹事也。穷至事物之理,欲其极处无不到也。"①"致,推极也。知,犹识也。推极吾之知识,欲其所知无不尽也。"② 在朱熹看来,"格物"是指努力穷索事物之理,而当人们通晓事物之理后,人的知识也就完备彻底了。"致知"只是指主体通过考究物理后在主观上得到的知识所扩充的结果。"致知"作为"格物"的目的和结果,并不是一种与"格物"并行的、以主体自身为对象的认识方法或修养方法。朱熹强调,"致知"只是就认识实践在主体方面获得的知识成果而言,没有即物穷理,主体自身是无法扩充知识的。朱熹思想中不仅有唯理论的先验论,而且包含关于认识过程的经验论。

章太炎从考据和义理双重角度对朱熹学说提出了批评。他指摘朱熹对"格"的考证存有纰漏:"朱文公原以'格'可训'来','来'可训为'至','至'可训为'极','极'可训为'穷',就把'格物'训为'穷物'。可是训'格'为'来'是有理,辗转训'格'为'穷',就是笑话了。"③ 在义理方面,章太炎采郑玄说,训"格"为"来",并认为"应说致知而后物格"即"所知于善深则来善物,所知于恶深则来恶物",④ 强调主观认识的先导作用,据此,他对朱熹的"格物致知"多次提出批评,并认为是由于"朱文公终身对于天理,总没曾体认出来"所致。⑤ 实际上,章太炎反对朱熹的"格物致知"说,并非批判朱说中的先验主义(在这一

---

① 朱熹:《大学章句》,《四书章句集注》,4页,北京,中华书局,1983。
② 同上。
③ 章太炎讲演,曹聚仁整理:《国学概论》,11页。
④ 章太炎:《国学之统宗》,载《制言》第54期。
⑤ 章太炎讲演,曹聚仁整理:《国学概论》,39页。

点上，章、朱二人是相同的），而是唯恐人们去"穷知格物之理"，因推究外物而放弃了修身养性，亲近"物理"而游离了道德。笔者推究，章太炎之所以产生这些思想，主要原因有两点：一是受佛、道唯理论思想影响，过分强调主体的能动性和主观性；二是出于对"五四"时期新文化思潮的片面认识，即认为科学泛滥致使道德衰落，从而借批判朱熹来批判新思潮。

最后，把当时社会的一些"弊症"归咎于朱熹学说。章太炎借批判朱熹之名对当时现实社会中的一些问题进行鞭挞。在朱熹众说中，以"新民"和"格物致知"说最受章氏指责。章太炎认为，"近人谓'道德由于科学'与晦庵（即朱熹）穷知事物之理而后能正心诚意者"，没有差别。①"昔徽公（即朱熹）以亲民为新民，以格物为穷至事物之理，前则为专己，后则为外骛。诚行其术，则国政败，士行斁"，流风所及，殃及后世。"自李光地以伪儒张朱学，辅其伪主，以天文历数相尚，曼衍以至今，学者浸重物理，而置身心不问……由是本末倒挈，以身为形役，率人类以与鳞介之族比，是则徽公穷至物理之说导其端也。"② 至于"新民"之害，与此相比毫不逊色。自清末以来，康有为等言新法二十余年，致使"民不称便，而政亦日紊"；自新文化运动起，言新文化新道德者，又"专己自是，以拂民之旧贯……使人淫纵败常而已矣"，凡此种种，无不是"徽公新民之说导其端也"。③ 他认为，朱熹学说没有给后世带来多少积极影响。

梁启超的"新民"说来自《大学》，或许受朱熹影响，但朱熹思想与近代西学思潮兴盛根本风马牛不相及，与近代道德"堕落"更没有任何渊源，章太炎此论完全是为个人政治思想服务，缺乏学理依据。

4. 对阳明学说的评论

章太炎的儒学思想与王阳明学说关系密切。可以说，章太炎儒学思想

---

① 诸祖耿记：《记太炎先生讲〈大学〉大义》，载《苏中校刊》第68期，1931年10月出版。
② 章太炎：《王文成公全书后序》，《太炎文录续编》卷二之上，《章太炎全集》（五），118～119页。
③ 同上书，119页。

发展的每一阶段都有阳明心学的幽灵闪现。对此,朱维铮、谢樱宁先生都曾进行过专门研究。① 这里,我们结合朱、谢二文,从学术思想史角度作简要论述。

第一,辛亥革命前章太炎对王阳明及其学说的评论。

章太炎对王阳明及其学说的评价前后颇有歧异,需进行历史主义的分析。从认识论角度看,章氏的评价原则和评价标准受他对儒学、佛学认识程度和价值判断的影响;从现实的角度看,章氏的评价原则和评价标准又受他政治思想发展的制约。约略说来,章氏对王阳明及其学说的评价走了如下曲线。

戊戌维新时期,章氏对王阳明的学术、事功皆作肯定。章太炎在《兴浙会序》一文中,普赞浙江先贤,王阳明亦隆誉其中,"探赜索引,定天下之吉凶,成天下之亹亹,神阉不能蛰,逆藩不能触,终戮刑天,以奠王室,若王文成者,学与政兼之矣"②。章太炎推许王阳明学术与事功兼优,称赞他敢于与逆宦刘瑾、叛逆宁王朱宸濠斗争,这虽是用来强调复兴浙江"用武"传统,宣讲"排满之志",表异于康、梁之流,但其对王氏的肯定无疑是受时代思潮影响所致。康、梁等维新派人士大都提倡阳明心学,如梁启超就称康有为"独好陆王,以为直捷明诚,活泼有用",其"自修及教育后进者",皆以此为鹄的。③ 梁氏本人也有所谓"平生学问得力于阳明先生"之说。④

20世纪初年,章太炎对王阳明评价逐渐低落。首先是《王学》对王阳明学术成就的否定。《訄书》重订本有关学术史的一组文章,录有《王学》一篇。关于此文的写作主旨,学术界存有分歧,笔者赞同谢樱宁的观点,认为该文并非针对康有为而作,而是一篇探讨明代学术思想史的专论。章太炎认为,王阳明的学说除"致良知"为自得外,"其他皆采用旧闻,工为集合,

---

① 参见朱维铮:《章太炎与王阳明》,载《中国哲学》第5辑,北京,生活·读书·新知三联书店,1981。谢樱宁:《也谈章太炎与王阳明》,载《章太炎年谱摭遗》附录。
② 章太炎:《兴浙会序》,《章太炎选集》,13页。
③ 参见梁启超:《南海康先生传》,《饮冰室合集》文集之六,61页。
④ 参见毛昌杰:《君子馆日记》卷一,民国七年六月一日。

而无组织经纬。"如王阳明的"人性无善恶"说,"此本诸宋人胡宏而类者也",西人洛克也曾提出过这种说法;其"知行合一"说,系抄自程颐,却不能理解,只能达到战国时期宋钘混淆知行界限的理论水平;"其于旧书雅记邪,即言'尧舜如黄金万镒,孔子如黄金九千镒,则变形于孔融者'";其"言人心亡时而不求乐,虽丧亲者,蓄悲则不快,哭泣擗踊,所以发舒其哀,且自宁也,则变形于阮籍者"。经过对阳明学说来源一一考证,章太炎得出结论说:世人以为阳明学说是其个人自得,"多震慑之",其实这是不明阳明学说之本源、未究阳明学说之本质所致,阳明学说根本没有多少新义。章氏还指出,评价王阳明,应把才干与学问区分开来,不能用才干来判断他的学术水平,"王守仁南昌、桶冈之功,职其才气过人,而不本于学术。其学术在方策矣,数传而后,用者徒以济诈,其言则只益缦简粗觕",其立义则"至单"。王学由于缺乏逻辑、考证等科学方法的指导,延及后学,故出现"一二三四之数绝,而中夏之科学衰"的局面。①

《王学》对王阳明学术的评价,有违历史事实,且含有偏激成分。如果我们联系这一时期他对儒学、孔学的评价,可以看出他这一评价的根源所在。《订孔》篇批评儒学、孔子连带王阳明:"王守仁之名其学,亦席功伐已。"② 王学作为儒学的一部分,章太炎既然对儒学地位评价不高,那么,王学自然也不会受到优待。再说,这一时期他对禅宗也不以为然,"浮屠不以单说成义,其末流禅宗者为之。儒者习于禅宗,虽经论亦不欲睹,其卒与禅宗偕为人鄙"。③ 阳明学说曾受禅宗影响,章太炎批判禅宗自会牵连王学。

接着是《谴王氏》对王阳明大加贬斥。《谴王氏》发表于1906年底,刊登于《民报》"说林"栏目下。该文把王氏贬黜到最低程度,不仅承袭《王学》所述,否定王学有任何学术价值,而且认为阳明的事功更不足法,"其学既卑","其功亦不邵"。④ 关于贬斥的缘由,朱、谢二氏的观点虽有

---

① 参见章太炎:《王学》,《訄书》重订本,《章太炎全集》(三),148~150页。
② 章太炎:《订孔》,《訄书》重订本,《章太炎全集》(三),135页。
③ 章太炎:《王学》,《訄书》重订本,《章太炎全集》(三),149页。
④ 章太炎:《谴王氏》,载《民报》第9号。

分歧，但有一点是相同的，即他们都认为《谴王氏》并非学术论文，而是一篇政论。这篇"民族主义的政治小品"① 肩负双重使命，既要驳斥梁启超等人以王阳明"良知"说为粉饰政治投机的理论依据，"破除梁启超服膺的'子王子'头上的那道灵光圈"，又要规劝革命党不要误信阳明学说，走入歧途。② 显然，从《谴王氏》一文，我们并不能判断出章氏对王阳明的学术态度和客观立场。因此，我们要探究章氏这一时期学术思想的真面目，还需作进一步研究。

《答铁铮》与《答梦庵》表露出章太炎王学思想的新动向。这两篇文章先后发表于1907、1908年，与《谴王氏》应属同一个时期的作品。文中虽然仍不乏批判王阳明的文字，但字里行间却流露出章氏对阳明学说的褒奖倾向。《答铁铮》说："明之末世，与满洲相抗、百折不回者，非耽悦禅观之士，即姚江学派之徒……王学岂有他长？亦曰'自尊无畏'而已。其义理高远者，大抵本之佛乘，而普教国人，则不过斩截数语，此即禅宗之长技也。"③ 又说："禅宗与姚江一派，亦非不可融会，求其学术所自来者，姚江非特近于禅宗，亦窃取《密严》之意。特其敷衍门面，犹不得不扬儒抑释。今人学姚江，但去其孔、佛门户之见，而以其直指一心者为法，虽未尽理，亦可以悍然独往矣。所惜戒律未严，自姚江再传而后，其弟子已倡狂自肆，声色利禄，无不点污，故亭林斥之致无余地。"④《答梦庵》则说："吾所为主张佛教者，特欲发扬芳烈，使好之者轻去就而齐死生，非欲人人皆归兰若。在昔阳明辈之支流，亦多栖心禅寂。……人果学佛，蹈汤赴火，必有王学之长，而放诞诪张之病，庶其获免。作民德者，舍此无他术也。"⑤ 这里，章太炎对王阳明学说所含有的"依自不依他"、"独立自贵"之风、对王阳明本人所具有的悍然独往、蹈汤赴火的游侠精神都表示称道。章太炎对王阳明作出重新评价的原因，与其学术思想息息相关，我

---

① 谢樱宁：《章太炎年谱摭遗》，176页。
② 参见朱维铮：《章太炎与王阳明》，载《中国哲学》第5辑。
③ 章太炎：《答铁铮》，《太炎文录初编》别录卷二，《章太炎全集》（四），369页。
④ 同上书，370页。
⑤ 章太炎：《答梦庵》，《章太炎政论选集》，396~397页。

们只要认真研读上述两文就不难发现，章氏的王学思想明显受其扬佛思想影响。王学犹如理学一样，介于儒释之间，"二程的理学，原是从禅宗出来的"，王学中"义理高远者，（又）大抵本佛来"，章太炎这一时期高谈佛学，自然会爱屋及乌地肯定王学。章太炎对王阳明的评价有其内在的学术理路，如果仅从革命道德建设的角度寻找章氏王学思想转向的原因，不够全面。

《议王》对王阳明学术成就的初步肯定。《议王》是在《王学》基础上修订而成的，收入《检论》之中。《议王》留有《王学》的痕迹，依然含有一些批判王阳明的文字，如批评王阳明权术事功并非"度越前儒"，只不过是"少习兵事，才气过人"罢了；又说王学"过于剀切"、"立义至单"，简单没有层次，等等。《议王》对王阳明的批评基本上是沿袭旧说，没有多少新义。《议王》的主旨在于对王阳明重新评价和某些方面进行肯定。《议王》开篇道出了章太炎对王阳明思想的新认识：王学的可贵，"非谓其能从政也，谓敢直其身、敢行其意也"；所恶王学之狂，"非谓其异圣王、多琦行也，谓外跅弛而内回邪"。章太炎虽指责王学邪僻无定，但又说"以文成为虚玄者，非也"，其"知行合一"说也有合理成分。① 对照《王学》，我们不难看出，《议王》对王阳明的批判不是趋向严峻，而是趋向于缓和，且有不少肯定的成分。如果说该文对王阳明的批评是出于章太炎对民国初年袁世凯和革命党的不满，② 那么该文对王阳明的初步肯定则反映了《检论》时期章太炎对包括王学在内的儒学由否定到肯定的学术倾向。

此后，伴随章太炎对儒学地位的重视、对佛学胜义的深刻理解，他对王学的评价也日趋提高，并且由简单地学术评判上升为对其哲学思想的发挥。

第二，辛亥革命后章太炎对阳明学说的阐释和发挥。

《齐物论释》和《国故论衡》的问世，标志着章太炎儒学思想在玄思

---

① 参见章太炎：《议王》，《检论》卷四，《章太炎全集》（三），457~461页。
② 参见朱维铮：《章太炎与王阳明》，载《中国哲学》第5辑。

的路径上日益成熟。此后,章太炎对阳明学说以思想阐释为主,他出于现实需要对王学的主观发挥超过了严谨的学术考察,希图借王学之名表达自己的思想见解。他在1917年给弟子吴承仕的书信中明确表露出他的这一思想:"仆近欲起学会,大致仍主王学,而为王学更进一步。此非无所见而云然,盖规矩在我矣。"① 章太炎发展了阳明学说融合儒释、兼摄诸子、道高思远的学术特色,对王学作了新的阐释。

其一,重释阳明学说的学术渊源。一般认为,阳明学说,上继陆九渊心学,遥承思孟学派。章太炎则一反成说,独出己见,考证出阳明的勇于改过,正是子路的"闻过则喜";阳明的"知行合一",渊出子路的"终身无宿诺"。他还特别强调指出,王阳明的儒侠之风也与子路一脉相承。② 章氏这些说法并不见得有多少学术价值,但却反映了他的独运匠心。

章太炎重释阳明学说的渊源有两层用意:一是抬高王阳明的历史地位。清儒诋斥王学狂狷,章太炎曾一度援用此说,这时他不但收回前言,而且声称子路、阳明一脉相传,若非"文成起而振之,儒者之不与倡优为伍亦幸矣",他认为阳明发扬"子路之风",功不可没。二是认为阳明学说具有重大的现实意义。在章太炎看来,当今之世,士人争相"捐廉耻、负然诺,以求苟得",道德急剧衰落,因此,"辨儒释之同异,与夫(文成)优入圣域与否,于今为不亟","今日之当务"在于"使人勇改过促为善","起贱儒为志士,屏唇舌之论以归躬行"。而径行易入之途,则舍远法子路、近效文成之言末由。用道德践履、躬行儒侠之风来挽救民国以来的道德衰颓现象,这正是章太炎诠释子路——阳明师承一系的立意所在。

其二,以佛学疏解王学。以老庄判教、以佛学格义,是章太炎儒学思想的一大特色。阳明学说引禅附儒,哲理性较强,因此,援佛证义尤为适合。章太炎认为,阳明讲"良知",曾攀附到孟子,实际上孟子的"良知",和他的殊不同。孟子所云"人之所不学而能者,其良能也,所不虑

---

① 吴承仕藏:《章炳麟论学集》,372页。
② 参见章太炎:《王文成公全书题辞》,《太炎文录续编》卷二之上,《章太炎全集》(五),115页。

而知者，其良知也"①　是专就感情立论；阳明以为一念之生，是善是恶，自己便能知道，是溢出感情之外，范围较广。孟子和阳明的不同，可用佛法来证明。按，《成唯识论》里说，一念的发生，便夹着"相分"、"见分"、"自证分"、"证自证分"四项。依此来判断"良知"，孟子所云实际上指的是"见分"，阳明所云实际上指的是"自证分、证自证分"。阳明的"良知"不仅与孟子的"良知"不相关联，而且要比孟子高明许多。②　章太炎以佛学为准的来抬高王学，论述牵强。

不过，章太炎倡言王学、援佛学疏解王学，主要目的是强调通过内在的道德省察以提高人们的道德水平、抵制西化的诱惑。这一点，他在给吴承仕的书信中有清楚交待："今之所患，在人格堕落，心术苟偷，直授大乘所说，多在禅、智二门。虽云广集万善，然其语殊简也。孔、老、庄生，应世之言颇多。然平淡者难以激发，高远者仍须以佛法疏证。恐今时未足应机，故今先举王阳明以为权说，下者本与万善不违，而激发稍易。上者能进其说，乃入华梵圣道之门，权衡在我，自与康、梁辈盲从者异术。……要之，标举阳明，只是应时方便，非谓实相固然。"③　又说："今者士气消沉，非是（佛法）莫能振发"，"若直授佛法，未足救弊"，故以王学救之。④　王学介于儒、释之间，兼具儒、释特色，章氏在辛亥革命前倡导以佛学陶铸革命道德，到这一时期，退而求其次，他倡导王学，希图借以达到与佛学挽救道德相类似的作用。只可惜，药方只贩古时丹，偏离了时代主题。

其三，重估王阳明的儒学成就。清代汉学家多指斥阳明学说空疏玄虚，游谈无根，侈言性命，章太炎也一度指责阳明抄撮故言。这一时期，他一反前论，对王阳明的儒学成就作出了高度评价。除"致良知"外，他

---

①　《孟子·尽心上》。
②　据章太炎的通俗解释，"相分"就是"物色"，就是我们所念的。"见分"就是"物色此物色"，也就是我们所能念的。一念时有别一念同时起来，便是"自证分"。譬如我讲了后一句话，自己绝不致忘了前一句话，便是"自证分"在那里主之。"自证分"的结果，便是"证自证分"。参见《国学概论》，42～43页。
③　吴承仕藏：《章炳麟论学集》，373～374页。
④　同上书，376～377页。

对王阳明的其他学说也基本作了肯定。如关于"格物致知"的释义，章太炎评说道："朱子以穷知事物之理为格物，阳明……斥朱子为非是。朱子之语，包含一切事物之理，一切事物之理，原非一人之知所能尽，即格竹不病，亦与诚意何关，以此知阳明之斥朱子为不误。"① 关于这一点，他在《致知格物正义》一文中说得更为明白：古今说格物者甚众，"然则郑、王于道最卓"，致知之说，王阳明"知行合一"说为高，"深达心要，又不违于孔、孟，非大儒尽心知性者，何以能道此"②。赞扬之情，溢于言表。

前已述及，章太炎对朱熹改《大学》"亲民"为"新民"大为不满。与此相对，他对王阳明恢复古本《大学》，特别是恢复"亲民"初始释义大加赞赏，声称："王阳明出，始复（《大学》）古本之旧，其精思卓识，实出宋人之上。"③ 章太炎视朱熹"新民"说为"洪水猛兽"，"文成力为之辟"，自然是力挽狂澜的救星。总之，章太炎认为，"自阳明以后，二义始破"④，"打破朱子之说，不可谓非阳明之力也"⑤。朱子学说之害，阳明学说之益，在西化思潮下得到了验证。⑥

章太炎晚年对阳明学说的思想阐释，当然不止于以上三个方面。他对阳明学说的批评，也应包括在内。如他在推崇阳明学说的勇猛果决的儒狭之风时指出："阳明论学，亦有所厥，盖专为高明者言，未及提倡礼教也。"⑦ 阳明之学由于疏于礼教，才导致了王学末流的"昌狂亦甚"。这些批评，与其说是章太炎对王阳明的贬斥，不如说它们是章太炎在新的历史条件下对王学的补充和发展。提倡礼教，恢复礼制，正是章太炎民国以后反复倡导的思想主张。

---

① 章太炎：《国学讲演录》，185页。
② 章太炎：《致知格物正义》，《太炎文录续编》卷一，《章太炎全集》（五），62～63页。
③ 章太炎：《国学之统宗》，载《制言》第54期。
④ 章太炎：《蓟汉昌言》，24页。
⑤ 章太炎：《国学讲演录》，185页。
⑥ 参见章太炎：《王文成公全书后序》，《太炎文录续编》卷二之上，《章太炎全集》（五），118～119页。
⑦ 章太炎：《蓟汉昌言》，22页。

综上所述不难看出，在章太炎对阳明学说的思想研究中，王阳明在中国儒学思想史上的位置突出，不仅超迈朱、陆，而且体兼儒侠、智融儒释，能够为几百年后的社会问题提供智慧和解决方案。他视阳明学说为道德建设的灵丹妙药，不仅在推荐给中学生的《中学国文书目》中特意开列了王氏的《传习录》和《文录》等①，而且在为小学生所作的《重订三字经》中也重重写上"明王氏，皆道学"一句。他手题的《王阳明象赞》中，更赞誉王阳明"渊默之貌，雷霆之声。气矜之隆，学道之名。强哉矫乎，阳明先生。"② 朴学大师毫不掩饰地拜倒在理学家面前，追慕之情可想而知。

章太炎对宋明理学的评价，从整体上看，基本上改变了清儒鄙视理学、固守门户的做法，并融进了时代内容，对宋明理学作了一定程度的发挥。从这一层意义上说，章太炎的宋明理学研究不仅是对汉学的发展，更是对理学的发挥，体现了他力图使"德性"与"问学"、理论与实践融会贯通的思想。应当指出，章太炎对宋明理学评价中失误之处颇多。如他对朱熹、王阳明的评价主观色彩浓厚，思想的阐释大于事实的考证，服务于现实的功利性时而超过了学术探讨的严密性等。

（五）清代儒学研究

清代学术是中国古代学术发展的最后一次高峰。后代学者对这一时期的学术思想史研究投入了大量精力，撰写出一批研精覃思的经典巨著，如梁启超的《清代学术概论》和《中国近三百年学术史》、钱穆的《中国近三百年学术史》等。章太炎对清代学术史的研究虽然没能形成像《中国近三百年学术史》这样的鸿篇巨制，但其学术功绩不可磨灭，有的学者甚至称之为近代研究清学史的第一人③。

章太炎对清代学术的研究较为系统，囊括主要学派及其代表人物的学术成就、学术思想、学术特色等方面。下面，我们结合《清儒》、《清代学

---

① 参见章太炎：《中学国文书目》，载《华国月刊》第2期。
② 章太炎：《王阳明象赞》，载《华国月刊》第2期。
③ 可参考朱维铮：《求索真文明》及《清代学术概论·导读》。朱维铮指出，章太炎的《清儒》篇，是近代第一篇系统研究清代学术史的论文。

术之系统》的内在逻辑结构，主要就章太炎的清代汉学研究进行论述。

1. 汉学概论

章太炎从理论上对清代汉学进行了认真探讨。"汉学"一词最早使用，依江藩、梁启超的说法，始于惠栋的《易汉学》。作为学术规范，则始于臧琳，自"武进臧琳闭门穷经，研覃奥义，根究故训"，首先把自己的经学研究定名为"汉学"，"汉学"之名很快在南方传播开来。① 但汉学作为学术流派肇始于何时？章太炎在《訄书·学隐》篇中，把戴（东原）、程（易畴）、江（艮庭）、王（怀祖）、钱（晓徵）、孙（渊如）的学问称之为汉学。按照周予同先生的理解，"'汉学'这名词乃由于与'宋学'对峙而成立"②。正是从汉宋对峙的意义上，章太炎指出，所谓汉学，"其成学箸系统者，自乾隆朝始"③。章氏这一说法对后人的汉学研究深具影响，刘师培、梁启超也都是把乾隆朝视为汉学进入全盛期的开端。

有关清代汉学兴盛的原因，章太炎站在汉民族的立场上进行了分析。章太炎以为，满人入关以后，纲禁严酷，虞候枑互，学士大夫，身怀智慧，经世之务，即遭时忌，"欲与寇竞"，"执羽翿除暴，终不可得，进退跋疐，能事无所写"，遂施之于训诂，皓首穷经。也就是说，清儒之所以把精力才华导向学术，是因为他们身怀民族气节，不愿意降志于满清。他还以戴震为例说明民族思想对雍乾时期学者的影响：观戴震遗书，"规摹闳远，执志故可知。当是时，知中夏黮黯不可为，为之无鱼子虮虱之势足以藉手；士皆思偷媮禄仕久矣，则惧夫谐媚为疏附、窃仁义于侯之门者。故教之汉学，绝其恢谲异谋，使废则中权，出则朝隐。"④ 章太炎除在主观上把汉学的兴起归因于清儒的种族观念、民族气节外，还从客观上作了分析。他指出："遭世则然也"⑤，清朝统治者推行的文化专制主义——文字

---

① 参见刘师培：《近儒学术系统论》，《刘申叔先生遗书·左盦外集》卷九。
② 周予同：《"汉学"与"宋学"》，《周予同经学史论著选集》，323页，上海，上海人民出版社，1996。
③ 章太炎：《清儒》，《訄书》重订本，《章太炎全集》（三），156页。
④ 章太炎：《学隐》，《訄书》初刻本，《章太炎全集》（三），111页。
⑤ 同上。

狱，对清代汉学学风的形成产生了重大影响——"多忌，故歌诗文史楛；愚民，故经世先王之志衰。家有智慧，大湊于说经，亦以纾死，而其术近工眇踔善矣！"① 这些观点发表于 20 世纪初叶，带有尖锐的民族革命锋芒和种族主义情绪，有失于偏颇之处。但其结合清朝统治政策，从大的社会环境和政治环境着手分析问题，认为文化专制和种族矛盾是汉学的重要成因，这一学术观点却深受后人重视。

论及清代汉学的学术特征，近代学者曾从多种视角进行过总结。其中，章太炎对清代汉学学术特征的总结言简意赅，较具代表性。

一是具有近代科学的实证主义特色。章太炎认为，汉学没有"六经注我"的主观随意性，有的是实事求是的客观精神。清儒"以狱法治经"的方法，最根本的一点就是"拿证据来"，重视实证。他把清儒治学的实证主义特色提炼为六个方面："审名实，一也；重左证，二也；戒妄牵，三也；守凡例，四也；断情感，五也；汰华辞，六也。"② 他以为，以这六个方面为法，可以衡定经师高下，汉学纯杂。章太炎对汉学的实证学风十分推崇，声称"近世三百年来，学风与宋明绝异。汉学考证，则科学之先驱……盖其语必征实，说必尽理，性质相同耳。"③

二是踏实躬行、不应世尚的求实精神。在《学隐》篇中，章太炎把汉学优点概括为三："明征定保，远于欺诈；先难后得，远于徼幸；习劳思善，远于偷惰。"④

三是"夷六艺于古史"的理性精神。与公羊学相比，汉学"明故训，甄度制，使三礼辨佚，群经文曲得大通"，功绩卓越。追考其因，就是由于清儒承纳了东汉经师的理性精神。他在论述清儒对经学史的贡献时曾道及此："杜、贾、马、郑之伦作，即知'抟国不在敦古'，博其别记，稽其法度，核其名实，论其社会以观世，而'六艺'复返于史。神话之病，不溃于今，其源流清浊之所处，风化芳臭气泽之所及，则昭然察矣。乱于魏

---

① 章太炎：《清儒》，《訄书》重订本，《章太炎全集》（三），155 页。
② 章太炎：《说林下》，《太炎文录初编》卷一，《章太炎全集》（四），119 页。
③ 章太炎：《自述学术次第》，载《制言》第 25 期。
④ 章太炎：《学隐》，《检论》卷四，《章太炎全集》（三），481 页。

晋，及宋明益荡。继汉有作，而次清儒。"① 清儒承继了汉儒夷六艺为史、去神话之病的理性精神，"不以经术明治乱，故短于风议；不以阴阳断人事，故长于求是"，② 这是清儒与东汉之儒共同长于"西京之儒"的地方。进而，清儒把这一精神发扬光大——"清儒研精故训，上陵季汉，必非贾、孔所能并。其说《三礼》，虽本之郑氏，然亦左右采获，上窥周逸，旁摭汉师遗说，不局于郑氏而止。"③

有得必有失，汉学之失何在？章太炎回答说："余谓清儒所失，在牵于汉学名义，而忘魏晋干蛊之功。"④ 章氏此论，切中肯綮。的确，清儒治学有唯汉是从的毛病，他们认为"凡古必真，凡汉皆好"，"不问'真不真'，惟问'汉不汉'"，⑤ 从而造成"家家许、郑，人人贾、马"的学术局面，过犹不及，不分青红皂白，不辨精华糟粕，过度地崇信汉代之学，也就必然窒息学术的生命力和创造力。章太炎本于"文有古今，学无汉晋"的实事求是的态度，得出"清世经说所以未大就者，以牵于汉学之名，蔑魏晋使不得齿列"⑥ 这一结论，虽有抬高魏晋学术之嫌，但他能认识到汉代经学之短，不避清儒瑕疵，不囿于门户之见，确实表现了超出师侪的学术眼光。

2."衡三老"

无论是梳理清代学术史，还是探究明亡清兴的奥秘，开一代学术风尚、蔚成时代思潮的顾炎武、黄宗羲、王夫之、阎若璩、胡渭等文化巨匠引人注目。章太炎不仅把清代汉学的发轫期定在了清初，而且十分看重顾、黄、王三位大儒。

顾炎武于一代学术留下了久远的影响，梁启超称之为"清学开山之祖"⑦。如前所述，章太炎的儒学思想受其影响很大，自然，章太炎对他也

---

① 章太炎：《清儒》，《訄书》重订本，《章太炎全集》（三），155页。
② 同上书，158页。
③ 章太炎：《汉学论下》，《太炎文录续编》卷一，《章太炎全集》（五），22页。
④ 同上。
⑤ 梁启超：《清代学术概论》，31～33页。
⑥ 章太炎：《汉学论下》，《太炎文录续编》卷一，《章太炎全集》（五），23页。
⑦ 梁启超：《中国近三百年学术史》，64页。

予以高度评价。

首先,章太炎推重顾炎武的民族气节。顾炎武一生,始终以"国家治乱之源,生民根本之计"①为怀——早年经武抗清,中年图谋光复,暮年独居北国依旧情系汉族大业,"虽著书,不忘兵革之事。其志不就,则推迹百王之制,以待后圣,其才高矣!"②章太炎认为,顾炎武"入清不仕,布衣终身,信可为百世师表"③。顾氏反清复明的民族意识备受章太炎推崇。

其次,章太炎积极肯定顾炎武学风。顾炎武学风,概言之,就是"崇实致用"。所谓崇实,就是摒弃"明心见性之空言",代之以"修己治人之实学","鄙俗学而求《六经》","以务本原之学"。所谓致用,就是不唯学以修身,而且更要以之经世济民,经邦治国。顾氏一生讲求"崇实"与"致用"的统一,用他自己的话说,就是坚持"博学于文,行己有耻"的"圣人之道"。④顾氏针对明季空疏虚骛、游谈无根的学风,创造性地把"博学于文"、"行己有耻"合为一体,从而为开启清初实学先路、倡导经世致用思潮作出了积极贡献。章太炎对此有准确的理解。他说:"阳明末流,一味猖狂,故清初学者皆不愿以王派自居。顾亭林首以明心见性为诟病。亭林之学,与宋儒永嘉派不甚同,论其大旨,亦以修己治人为归。"⑤章氏晚年苏州讲学,以顾氏"博学于文,行己有耻"为宗旨,称赞顾氏"学问博大,儒而兼侠,一切均务平实"⑥。

最后,确立顾炎武在清代汉学史上的宗师地位。章太炎绅绎清代汉学历史,以乾隆朝为正式开端;但汉学滥觞,却归于清初。他说:"清代经师有汉学与非汉学之分。清代经学前驱亦为顾炎武。"⑦顾氏"研治经史最

---

① 顾炎武:《与黄太冲书》,《亭林佚文辑补》,《顾亭林诗文选》,238页,北京,中华书局,1959。

② 章太炎:《衡三老》,载《民报》第9号。

③ 章太炎:《国学讲演录》,190页。

④ 参见陈祖武:《清初学术思辨录》,71页,北京,中国社会科学出版社,1992。

⑤ 章太炎:《国学讲演录》,190页。

⑥ 章太炎讲,金震录:《讲学大旨与孝经要义》,载《国学论衡》第2期,1933年12出版。

⑦ 章太炎:《清代学术之系统》,载《师大月刊》第10期,1934年3月出版。

深,又讲音韵、地理之学",其《音学五书》、《日知录》开启清代汉学的户牖,①拓宽了学术研究的门庭路径。同时,章氏还指出,顾氏有承前启后之功,"彼时汉学尚未成立,顾氏犹时采宋人之说"②。

当然,章太炎对顾炎武也有微词。如他在《五朝学》中对顾氏提出批评。顾炎武从地主阶级的立场出发,对五朝用人"任世贵"、"矜流品"的做法表示赞赏。章太炎则站在资产阶级革命派的立场,对他这位崇拜者进行了指责:"顾炎武粗识五朝遗绪,以矜流品为善,即又过差。……矜慎流品,乃使人道大斁。顾氏反以为善,真倒见矣!"③ 不以瑜避瑕,这正表现了章太炎实事求是的为学原则。

黄宗羲在近代的评价与章太炎直接相关。维新运动初期,黄宗羲以王学后进之名而与王阳明同样受到章太炎尊崇:"知君相之道犹守令与丞簿,不敢效便嬖臧获之殉身其主,于是比迹箕子,以阐大同。斯虽不足以存明社,而能使导于明者,亦不能久存其社。乌乎伟欤!吾未见圣智謩虑如黄太冲者也。"④ 这不仅透露出章太炎反清的志向,而且表露出章太炎对《明夷待访录》的重视。

1900年,章太炎初次结集而成的《訄书》所录《冥契》一文,首次高度肯定了黄宗羲及其《明夷待访录》反对专制主义的意义。《明夷待访录》提出"天子之所是未必是,天子之所非未必非",若"公其(天子)是非于学校","天子亦不敢自为非是",⑤"为天下之大害者,君而已矣"⑥,反对人君的专擅独裁,否定君主的至尊地位。章氏以此与晚近五洲诸大国"或立民主,或崇宪政。则一人之尊,日以骞损,而境内日治"相验证后,惊叹道:"黄氏发之于二百年之前,而征信于二百年之后,圣夫!"⑦ 这是

---

① 参见章太炎:《国学讲演录》,190~191页。
② 章太炎:《清代学术之系统》,载《师大月刊》第10期,1934年3月出版。
③ 章太炎:《五朝学》,《太炎文录初编》卷一,《章太炎全集》(四),77页。
④ 章太炎:《兴浙会序》,《章太炎选集》,13页。
⑤ 黄宗羲:《明夷待访录》,《黄宗羲全集》第1册,10页,杭州,浙江古籍出版社,1985。
⑥ 同上书,3页。
⑦ 章太炎:《冥契》,《訄书》初刻本,《章太炎全集》(三),29页。

近代首次从国际政治的大视野来审视黄氏学说反对封建专制主义的历史意义。在章太炎的影响下，马叙伦、黄节、邓实、刘师培等国粹派代表人物也纷纷撰文响应。

正当黄宗羲备受推崇之时，思想界出现了低调的评论。如 1907 年黄宗羲在《国粹学报》便大失其价值，只称许他是浙东史学开创者，而鲜有人道及他的思想贡献。追究低调的始作俑者，又是章太炎。章氏于 1906、1910 年在《民报》、《学林》上先后发表《衡三老》和《非黄》二文，集中批判黄宗羲及其学说。

《衡三老》从狭隘的民族主义立场出发来衡量顾、黄、王三位晚明遗老在清初的节操，认为三人之中以黄宗羲为最下，"黄太冲以明夷待访为名，陈义虽高，将俟虏之下问"①。再者，康熙开特科，修《明史》，他虽执意不出，但却派弟子万斯同、儿子黄百家应聘。这在章太炎看来，与顾、王相比，黄宗羲的气节要大打折扣。

《非黄》一文，顾名思义，就是要否定黄宗羲的思想学说。此文开篇即指出："黄宗羲学术计会，出顾炎武下远甚；守节不孙，以言尢宗，又弗如王夫之。"而他之所以能够与顾、王比肩齐眉，则由于《明儒学案》哗众取宠，《明夷待访录》"靡辩才甚，虽不时用，犹足以偃却世人"。全文重点针对《明夷待访录》提出的"有治法无治人"的法治主张展开批评，一一批驳了黄氏《原法》、《学校》、《置相》等篇中的"议法"言论，指斥它们既背离荀况、韩非以来法家的优良传统，又有悖于西方的政治学说，"宗羲之言，远西之术，号为任法，适以人智乱其步骤，其足以欺愚人，而不足称于名家之前，明矣！"②

综观章太炎对黄宗羲的评议，先尊后抑，变化较大。究其原因，政治需要超过了学术追求。康、梁尊黄，以黄氏学说为宣传改良主义的锐利武器。③ 章氏反对保皇立宪改良，反对康、梁，进而迁及黄宗羲。反黄是章太炎出于民族革命斗争的需要，这就是个中缘由。由此，我们可以看出章

---

① 章太炎：《衡三老》，载《民报》第 9 号。
② 章太炎：《非黄》，《太炎文录初编》卷一，《章太炎全集》（四），124～129 页。
③ 参见梁启超：《中国近三百年学术史》，56 页。

氏对黄宗羲评价的重心所在，也可以看出章太炎在研究中任凭主观、不实事求是的一面。

王夫之生当明清鼎革，入清以后，隐舍不出，潜心著述，罕为时人所知。直至道光中，王夫之遗著始辑为《船山遗书》初次刊行。后得谭嗣同、章太炎、梁启超等人广为宣传，才为学界重视，与顾、黄二氏齐名，鼎足而三。章太炎对王夫之的研究的主要侧重于他的"历史民族"思想。"严夷夏之防"，这是儒家思想的糟粕，由于清初特殊的历史环境，使这一思想在王夫之的观念意识中更为根深蒂固。王夫之的《黄书》、《读通鉴论》等代表作，都深深刻上了传统"夷夏"观的印痕。章太炎对王夫之的"种族之义"最为推崇，曾称赞说："季明之遗老，惟王而农为最清。"① 他在论述中夏历史民族形成时则称引说："善夫，王夫之曰：'圣人先号万姓，而示以独贵。保其所贵，匡其终乱，施于孙子，须于后圣：可禅、可继、可革，而不可使异类间之。'不其然乎！"② 革命排满的政治需要，使章太炎把王夫之捧上了"民族主义之师"的位置；王氏著述中"尊汉族而拒羯夷"的思想主旨，被章氏拿来宣传民族革命思想。③

除上述三老外，章太炎于清初诸儒中着墨较多的还有颜元。颜元，字浑然，又字易直，号习斋。他以倡实用实学之风，非程朱陆王之学而著称于世。其所创"颜李学派"，"举朱陆汉宋诸派所凭借者一切摧陷廓清之"④，在清代学术史上颇具特色。颜元论学，以习行、经世、事功为宗旨，把学习掌握六德、六行与六艺作为"论学大经"，提倡经世致用的"真儒学"。章太炎对颜元倡导"实习实用"之学以批判宋明理学的空疏学风、推动实学思潮形成的贡献基本上作了肯定，称赞颜元"以为程、朱、陆、王都无甚用处，于是首举《周礼》乡三物以为教，谓《大学》格物之物，即乡三物之物，其学颇见切实"⑤，认为"自荀卿而后，颜氏则可谓大

---

① 章太炎：《衡三老》，载《民报》第9号。
② 章太炎：《序种姓上》，《訄书》重订本，《章太炎全集》（三），172页。
③ 参见章太炎：《王夫之从祀与杨度参机要》，载《民报》第22号。
④ 梁启超：《中国近三百年学术史》，56页。
⑤ 章太炎：《国学讲演录》，192～193页。

儒矣"①。同时，他从哲学高度对颜氏实学论的缺陷作了指正。颜元强调实践功用，"以用为学"，以"事事亲下手一番"从而获得对于事物的切身感受和经验性认识为满足，因而在理论思维上不能达到较高的水准，最终难免流为"以事代理"，否定抽象思维。对此，章太炎准确地指出："其学在物，物物习之，而概念抽象之用少。"② 这一论说抓住了颜氏整个思想体系的最大偏弊。

3. 吴派与皖派

乾嘉时期，清代学风大变，由清初的经世致用思潮，转向考经研史的实证学风，汉学成为正宗，一时聪明才智之士，咸趋此途。前有惠栋标汉学大帜于吴，后有戴震集大成于皖。吴派、皖派遂由二氏籍贯得名。然而考"吴派"、"皖派"名称之由来，却不始于乾嘉，而始于近代。其发明权恰恰属于章太炎。

章太炎20世纪初所撰《清儒》，其中论道：汉学"成学著系统者，自乾隆朝始。一自吴，一自皖南。吴始惠栋，其学好博而尊闻。皖南始戴震，综形名，任裁断。"③ 这是"吴派"、"皖派"说的滥觞。此后章氏多次把吴、皖之学作对照论述。1934年他在北平师大的讲演中又提出：乾嘉汉学南方有两派，"一在苏州，成汉学家；一在徽州，则由宋学而兼汉学。在苏州者为惠周惕、惠士奇、惠栋。……在徽州者为江永……又有戴震"④。前后说法虽有不同，但却都是以吴、皖地域冠名的。

吴、皖既然以学派相称，自有相对独立的学术风格、治学宗旨、学术群体。对此，章太炎归纳如下："吴派之起，盖以宋学既不足尚，而力攻宋学，如毛奇龄等，其谬戾反甚焉。故纯取汉学不敢出入，所以廓清芜障也。"⑤ 汉学是对宋学的反动，这不仅说中了汉学兴起的原因，而且道出了

---

① 章太炎：《颜学》，《訄书》重订本，《章太炎全集》（三），153页。
② 同上书，151页。
③ 章太炎：《清儒》，《訄书》重订本，《章太炎全集》（三），156页。
④ 章太炎讲，柴德赓记：《清代学术之系统》，载《师大月刊》第10期，1934年3月出版。
⑤ 章太炎批注，支伟成著：《清代朴学大师列传》，49页，长沙，岳麓书社，1986。

吴派唯汉是从的缘由。论及学术风格，吴派以惠栋立帜最明，其为学"好博"、"尊闻"、"温故"，"故其徒敦守旧贯，多不仕进"，① 吴派特征是"陈义尔雅，渊乎古训"②，"笃信好古"③。吴派以惠栋为中心，传授有序，"先栋时有何焯、陈景云、沈德潜，皆尚洽通，杂治经史文辞。"④ 栋之父士奇《礼说》已近汉学，至栋则纯为汉学，凡属汉人语尽采之，非汉人语则尽不采，⑤ 所撰《九经古义》、《周易述》、《明堂大道录》、《古文尚书考》、《左传补注》，识断精眇，不惑谀闻。栋弟子有江声、余萧客。声为《尚书集注音疏》，萧客为《古经解钩沉》，"大共笃于尊信，缀次古义，鲜下己见"。王鸣盛亦被其风，作《尚书后案》，"亦守古，主郑玄之说，一字不敢出入"。此外，他对钱大昕的学派归属，有不同于常人之见。江藩《汉学师承记》把钱大昕划入吴派，后人多宗此说，章氏则以为：钱大昕虽"与惠栋亦有关系，然非师弟"，钱氏考经证史均甚精赅，音韵发明双声，不泥古，颇多自得，与惠栋不同，不应列入吴派。⑥

　　章太炎与皖派渊源更深，故知之更切。论皖学师承，自然以戴震为中心。"震生休宁，受学婺源江永。"⑦ 江永"由朱熹之学入门，有《近思录集注》，本非汉学，惟讲《周礼》甚好，且较惠氏尚过之，故世亦称之为汉，然江氏本人则不自认为汉学也。"⑧ "江氏之学由性理以通训诂"，尊崇程朱，戴震反其师之道而行之，"由训诂以究性理"，⑨ 把清代汉学推向巅峰。震"乡里同学，有金榜、程瑶田，后有凌廷堪、三胡。三胡者，匡

---

① 吴承仕藏：《章炳麟论学集》，347页。
② 章太炎：《清儒》，《訄书》重订本，《章太炎全集》（三），156页。
③ 章太炎讲，柴德赓记：《清代学术之系统》，载《师大月刊》第10期，1934年3月出版。
④ 章太炎：《清儒》，《訄书》重订本，《章太炎全集》（三），156页。
⑤ 参见章太炎讲，柴德赓记：《清代学术之系统》，载《师大月刊》第10期，1934年3月出版。
⑥ 同上。又可参见支伟成：《清代朴学大师列传》，49～50页批注。
⑦ 章太炎：《清儒》，《訄书》重订本，《章太炎全集》（三），156页。
⑧ 章太炎讲，柴德赓记：《清代学术之系统》，载《师大月刊》第10期，1934年3月出版。
⑨ 李慈铭：《越缦堂读书记》八，《戴氏遗书》序。

衷、承珙、培翚也，皆善治《礼》。而瑶田兼通水一、声律、工艺、谷食之学。震又教于京师。任大椿、卢文弨、孔广森，皆从问业。弟子最知名者金坛段玉裁、高邮王念孙。"段氏《六书音韵表》、王念孙《广雅疏证》、王引之《经传释词》皆小学力作。近世德清俞樾、瑞安孙诒让，皆承念孙之学。"樾为《古书疑义举例》，辨古人称名抵牾者，各从条例，使人无所疑眩，尤微至。世多以段、王、俞、孙为经儒，卒最精者乃在小学，往往近名家者流，非汉世《凡将》、《急就》之侪也。"章氏考镜皖学源流如数家珍，条理毕贯。

章氏揭橥乾嘉学派的"吴"、"皖"分野后，梁启超大张其说，在《清代学术概论》和《中国近三百年学术史》中反复申述，自此，"吴派"、"皖派"分称，几乎已成定论，其影响延续至今。

4．"释戴"

讨论章太炎对清代学术史的贡献，不可不提及他的戴震研究。戴震不仅在汉学研究方面登峰造极，被后人视为圭臬；而且思想缜密深邃，独树一帜，引人注目。在清中叶，戴氏主要以朴学名家，以考据名世，他的义理之学仅为章学诚、焦循等少数人注意。① 晚清学者黄式三虽著有《申戴》三篇，但由于哲学水平不高，未能深入，对戴震的义理之学仅能停留在泛泛浅谈的水平上。近代以还，戴学大为昌盛，梁启超、胡适等皆力为表彰，然而，究其起始，全面评价戴震特别是戴震义理之学者则首推清末章太炎。章太炎不仅其本人的儒学思想深受戴震濡染，而且其论述戴氏的文字也不在少数，代表作品有《清儒》、《释戴》、《悲先戴》、《思乡原》等。举其论点荦荦大者，主要有以下几条。

其一，戴震学说形成的原因。章太炎论清儒特别推重戴震，"铨次诸

---

① 章学诚自称"真知戴震"第一人，此言不虚，可参见余英时：《论戴震与章学诚》，香港，龙门书店，1976。章学诚：《文史通义》称："时人方贵博雅考订，见其训诂名物，有合时好，以为戴震绝诣在此。及戴著《论性》、《原善》诸篇，于天人理气，实有发前人所未发者。时人则谓空说义理，可以无作。是固不知戴学者矣。"见《书朱陆篇后》，《文史通义校注》，275页，北京，中华书局，1985。

儒学术所原，不过惠、戴二宗"①。从理论的系统性、当时的影响及后世的评价看，自以戴学为长，正如他在给吴承仕的信中所说："学问之事，终以贵乡先正东原先生为圭臬耳。"② 由尊慕而探其源始，章太炎不仅以种族革命的观点来说明戴震考据之学产生的原因，认为考据之学是清朝文字狱淫威下学者逃避现实而为"朝隐"、"学隐"的产物，而且把戴氏义理之学的形成亦归因于此，"戴氏知新，而隐有所痛于时政，则《孟子字义疏证》所为作也"。③ 不过，前者是一种消极避让，后者是一种积极的抗争而已。

戴震的《原善》、《绪言》、《孟子字义疏证》等哲理著作，虽然前有王夫之、黄宗羲、颜元、李塨等人的思想学说作为借鉴，但在当时的历史条件下，自有其独特的思想品格和现实意义。前此论者评骘戴震的义理之学，每以戴氏"欲谈性道以立异于程朱"为其著述的起因，④ 只从学术角度考虑。章太炎则结合当时的社会政治背景作了分析：戴氏"生当雍正、乾隆之交，见其诏令谪人，辄介程朱绪言以锻法，民将无所厝手足，故为《原善》、《孟子字义疏证》，斥理欲异实之谬。……其所诃固在此不在彼也。"⑤ 章氏这一说法虽有新义，但含有推断成分，过分强调了政治对戴震学术思想的影响。

其二，评戴氏理欲关系论。"理欲之辨"是宋明理学的一大论题。理学家坚持"不出于理则出于欲，不出于欲则出于理"的观点，认为"理"、"欲"水火不容，⑥ 目的是为"存天理，去人欲"的道德说教制造理论根据。戴震则主理欲一元论，以为欲乃人生所本有，理欲统一，天理即在人欲之中——"凡有血气心知，于是乎有欲"⑦；"欲也者，性之事者也"⑧；

---

① 吴承仕藏：《章炳麟论学集》，347页。
② 同上书，349页。
③ 同上书，347页。
④ 翁方纲：《理说驳戴震作》，《复初斋文集》卷七，清光绪丁丑年刻本。
⑤ 章太炎：《菿汉微言》，56～57页。
⑥ 如朱熹云："人之一心，天理存，则人欲亡；人欲胜，则天理灭，未有天理人欲夹杂者。"见《力行》，《朱子语类》卷十三，224页，北京，中华书局，1986。
⑦ 戴震：《原善》卷上，《戴震全集》（一），12页。
⑧ 同上书，11页。

"欲，其物；理，其责也","理者，存乎欲者也"①；"古之言理也，就人之情欲求之，使之无疵之为理；今之言理也，离人情欲求之，使之忍而不顾之为理。此理欲之辨，适以穷天下之人尽转移为欺伪之人，为祸何可胜言也哉！"② 戴震的理欲关系论，一反宋明理学的唯心主义色彩，含有一定唯物精神，是建立在尊重人性、承认人欲合理性基础上的，具有一定进步意义。

以往论者，于宋儒、戴氏之见，往往是此非彼。章太炎虽赞同戴震哲学的战斗精神，但却能不为所囿，提出一己之见。他指出：程朱、东原所言理欲，其范畴大小，本不相侔，内涵外延，亦非尽同。宋儒之"欲"，乃人心私己本能之物欲；戴氏之"欲"，乃人生正当然之愿欲。宋儒之"理"，存于主观吾心之内，用以自省自察，出而应物，本于良知良能者也；戴氏之"理"，存在于客观之事事物物，用以分析考察，究其精微，本于得当无憾者也。总之，两家之说，分域不同，一以"饬己"、"劝行"，一以"长民"、"隶政"，戴氏"言欲不可绝，欲当即为理者，斯固隶政之言，非饬身之典矣。辞有枝叶，乃往往轶出域外，以诋洛、闽。……洛、闽所言，本以饬身，不以隶政，震所诃又非也。"③ 章太炎认为，戴氏"排斥宋儒以理为如有一物者，得之；乃自谓理在事物，则失之甚远也。"④ 章太炎虽看出了宋儒与戴震学说的根本不同，却又陷入简单化之中，没有充分认识到宋儒理欲关系论为封建统治阶级服务的本质。

其三，戴震与孟、荀人性论的关系。探究儒家的人性论，不能不推本孟、荀。荀子讲性恶，为宋以后儒家所摒弃。孟子道性善，成为宋以后儒家人性论的正统。戴震义理之学主旨在于辨理欲，而理欲之辨的理论基础是人性论。因此，戴震论述理欲关系，上溯人性论，不可不追及孟、荀。戴氏所著义理三书无不"资名于《孟子》"——《孟子字义疏证》为阐述《孟子》义理而作，《原善》论性命之理，《绪言》论人禽之辨。戴震义理

---

① 戴震：《孟子字义疏证》卷上，《戴震全集》（一），159页。
② 戴震：《孟子字义疏证》卷下，《戴震全集》（一），209～210页。
③ 章太炎：《释戴》，《太炎文录初编》卷一，《章太炎全集》（四），122～123页。
④ 章太炎：《菿汉昌言》，13页。

之学源出于《孟子》，学界鲜有异议。章太炎对此则提出了不同看法，认为戴氏义理之学与荀子渊源更深。

荀子主张"人之性恶"，认为人性之欲，为先天本真而不能无者，唯有隆礼定义、化性起伪、导之于正，乃可臻于至善。《荀子·正名》篇云："性者，天之就也；情者，性之质也；欲者，情之应也。"人虽能以理去欲，"欲不可尽"，理欲皆存于人心之中，理欲一元。因此，人性虽恶，但仍可以化性起伪，去恶向善，也就是说，人心之中，仍有可善之理存在。孟子"道性善"，认为生民之初，"人皆有不忍人之心"，也就是固有"仁义礼智"四端，只要能"扩而充之"，则"人皆可以为尧舜"，成圣王。但由于后天蔽于物欲，"陷溺其心"，为恶所濡染，因此必须去恶。去恶之法，莫要于扩充四端，以心宰物，以理制欲，也就是说天理与物欲对立，理欲二元。结合前面所述戴震的理欲关系论可知，无论是就理欲一元论而言，还是从理、欲本体上讲，戴震理欲论与荀子更为接近，二者都含有唯物主义色彩。正是由此，章太炎得出结论说：戴震"以欲当为理者，莫察于孙卿"，"极震所议，与孙卿若合符"。① 这一点，虽在乾嘉之际程瑶田已经指出，但毕竟没有章氏论述翔实。

其四，戴震与汉学、宋学的关系。章太炎在早期所撰《清儒》一文中，对戴震在汉学学术史上的地位评价很高。文中说：自戴震出，局面为之一变，"震始入四库馆，诸儒皆震竦之，愿敛衽为弟子。……震为《孟子字义疏证》，以明材性，学者自是薄程朱。"② 在戴震之前，虽然已有吴派和宋学分庭抗礼，但无力排挤宋学。只有等到戴震出，才易转汉、宋乾坤，汉学取代宋学，走向鼎盛。

民国以后，章太炎的学术思想走向汉宋调和，戴震一度被他看做是汉宋兼采的代表——江（永）、戴（震）师生学兼汉宋，③ 徽州之学"由宋学

---

① 章太炎：《释戴》，《太炎文录初编》卷一，《章太炎全集》（四），123～124页。
② 章太炎：《清儒》，《訄书》重订本，《章太炎全集》（三），157页。
③ 参见章太炎：《章太炎先生论订书》，载支伟成：《清代朴学大师列传》，5页。

而兼汉学"①，皖派也不再是汉学的典型。戴震甚至被归入宋学家阵营，"戴震，则实为宋学家，非汉学家也。"②

为了调和汉宋之学，在《菿汉微言》中，章太炎竭其所能把戴震打扮成朱熹的传人。一是说戴震"斥理欲异实之谬"远本于老、荀，"近本罗氏"，"罗整庵始言天理即在人欲之中，气质之性即义理之性"。罗氏即罗钦顺，号整庵，因承朱学而力攻王阳明，被视为朱学骈角。章太炎以之为勾通朱、戴的中介，实际上，罗氏主理气一元论，与朱熹的理气二元论并不相同。二是说戴震"补正毛郑诗，颇采朱子集传，其文中或尊称为朱子，明其推重朱氏"。综此二者，章太炎得出结论说："东原之术似不与朱氏相入，而观其会通，则为朱学之干蛊者，厥惟东原。"③ "戴氏不过形似汉学，实际尚含朱子的臭味。"④ 章太炎仅据戴震曾引用过朱熹的话，就称二人有所"会通"，实是夸大之辞。

其五，戴震学说的社会影响。章太炎把戴震学说的社会影响归为两个方面：一是直接影响，一是间接影响。前者如对学术的影响，戴学崛起之后，"天下视文士渐轻"，而复重视经儒，汉学成为学界主流。⑤ 后者则多是章太炎个人的诠释，主要有：（1）戴学之力，使"四维未终于解斁，国性不即于陵夷"，有保存国粹的意义。⑥（2）"以洛、闽之言相稽……旋转以泯华戎之界。"⑦ 宋学糟粕虽多，但宋儒鉴于民族斗争之烈，也多谈华夷之辨。戴震反对宋学虽不为过，但却被清王朝用来泯灭满汉民族界限，这不能不说是戴震的悲哀。这里依然是从狭隘的种族观念出发。（3）戴震的"欲当为理"、"继善成性"说在近代造成消极影响。戴震"言欲不可绝"、"欲当即为理"，导致了重物欲而轻道德，"晚世或盗其言，以崇饰慆淫"，

---

① 章太炎讲，柴德赓记：《清代学术之系统》，载《师大月刊》第10期，1934年3月出版。

② 同上。

③ 章太炎：《菿汉微言》，56页。

④ 章太炎：《国学讲演录》，28页。

⑤ 参见章太炎：《清儒》，《訄书》重订本，《章太炎全集》（三），157页。

⑥ 吴承仕藏：《章炳麟论学集》，347页。

⑦ 章太炎：《悲先戴》，载《民报》第9号。

助长了西化风潮;"令血气不束者,得介以非修士,牵于性善无诘奸之术",戴学成为不讲道德者攻讦讲道德者的工具,纵容了奸人作恶。① 从总体上说,章太炎对戴学社会影响的评价有失公允,基本上是为他个人的政治思想服务。

综上不难看出,章太炎爬梳整理清代汉学史,评点清儒得失,时有新义,但由于他过分拘牵于满汉民族矛盾,一定程度上影响了他评价的客观公正性。

二、对儒学学术思想的发展及对学术转型的贡献

正如侯外庐所说:"太炎在近代中国学术史上,是自成宗派的巨人。"② 他的儒学学术研究不仅具有现实意义,而且对中国儒学学术思想的发展产生了重要影响。前者属于第六章讨论的内容,这里仅就后者展开论述。

(一) 对儒学学术思想的发展

近代是中国社会文化急剧变动的时代,也是儒学的转变期。章太炎的儒学学术思想即明显带有承前启后的过渡特征。他继承并发展了中国儒学传统,促进了儒学的近代转化。下面,我们拣择章太炎儒学学术思想中较具特色的三点,略作介绍。

1. 对乾嘉汉学的超越

上溯章太炎儒学思想的学术渊源,自然与清代汉学的关系最为密切,因此,论者每称章太炎为"清代汉学的殿军"。汉学虽包括文字学、音韵学、历史学、金石学、地理学等众多领域,但经学无疑是其核心和主体。就章太炎个人而言,他的汉学主帜自是古文经学③,故又赢得了"最后一位古文经学大师"的称号。笔者认为,从语言阐释学上讲,"汉学殿军"与"最后一位经学大师"虽道出了章太炎儒学思想的学术由来,却含有陈

---

① 参见章太炎:《释戴》,《太炎文录初编》卷一,《章太炎全集》(四),123~124 页。
② 侯外庐:《近代中国思想学说史》下册,860 页。
③ 章太炎虽是文字学大师,由于其文字学成就与本课题关系不太密切,故暂不讨论。

旧、贬低的旨义，既不能准确地表明章太炎的学术归属，也不能全面地体现章太炎的学术创新精神。经考察，章太炎的经学研究至少在以下方面与清代汉学不同。

从学术精神上讲，存在"求实"与"求真"的不同。清代汉学讲究言而有征、实事求是，以"实"著称。在史料上，不依于传闻，不迷于众说，不出于空言；在立论上，不据于孤证，"不以人蔽己，不以己自蔽"；在论证上，重视逻辑贯通，"必征诸古而靡不条贯，合诸道而不留余议，巨细必究，本末兼察"，从而达到对圣人之言的"十分之见"。① 正如梁启超所说，"要之，清学以提倡一'实'字而盛，以不能贯彻一'实'字而衰，自业自得，固其所矣。"② 可以说，"求实"是清代汉学的根本精神，失去"实"字，自无汉学可言。

清代汉学家对于经籍的整理和诠释，功绩卓越。但从为学精神上讲，虽然如有些论者所说，扩弘了儒学的"道问学"，发扬了"重智主义"传统，但与现代学术相比，依然有很大不同。

清代汉学又称考据学，从形式上看，考据倡导实事求是，尊重事实，重视证据，并明确表明只求实证，不论思想，讳言义理，好似是一种纯技术性的学术操作。其实不然，在学术观念上，主流考据学家从来都未曾逾越把圣贤之言当作终极之理。或者说，他们从来都没有跳出经学思维模式。经学观念的尊圣本质，把考据学家的学术操作限制在澄清被篡改混淆的儒家经典上。厘清"传圣贤之道"与"圣贤之道"、"阐圣贤之学"与"圣贤之学"，③ 恢复两千年来被浸假了的经义，成为考据学家们的理想追求。正如阮元在为王引之《经义述闻》所作的序文中所说："凡古儒所误解者，无不旁征曲喻，而得其本义之所在，古之圣贤见之，必解颐曰，吾言固如是，数千年误解之，今得明矣。"代圣贤立命，为圣贤立言，以经学义理为终极信仰，考据学家们与以前的学者并无二致。考据学家们对圣

---

① 梁启超：《清代学术概论》，34～42页。
② 同上书，70页。
③ 参见颜元：《上太仓陆桴亭先生书》，《颜元集》（下），426页，北京，中华书局，1987。

人之道与考据学的关系有着清醒明确的认识:"圣人之道,譬若宫墙,文字训诂,其门径也。门径苟误,跬步皆歧,安能升堂入室乎。学人求道太高,卑视章句,譬尤天际之翔,出于丰屋之上,高则高矣,户奥之间未实窥也,或者但求名物,不论圣道,又若终年寝馈于门庑之间,无复知有堂室矣!"① 以考据为登堂入室求得圣人之道的门径,即使以反理学著称的汉学大师戴震也不例外。戴震说:"由文字以通乎语言,由语言以通乎古圣贤之心志,譬之适堂坛之必循其阶而不可以躐等。"② 由此可鉴,考据学虽在考据方法上与现代科学归纳法有相类似的形式,但尊圣的宗旨注定考据学不能逸出经学的范式,不能成为真正的科学方法。

清代汉学之"实"既然是建立于尊圣论的经学范式之上——"尊圣"含有迷信色彩,经学范式意味着是从儒家经典的本本出发,其坚实可靠性可想而知。18世纪中叶以后,清代汉学已走向末流。"讲学之士志为一节一句,一文一字,盈千累百,刺刺不休,不特丝毫不适于用,且破坏碎裂,转为贼经。"③ 学术研究走上为考据而考据的程式化歧途。

章太炎早期的经学研究也曾受汉学末流的影响,但从整体上看特别是进入20世纪以后,他的学术研究不仅摆脱了汉学末流的局限,而且超越了乾嘉汉学的"求实"精神,走上了现代学术"求真"的道路。

从"求实"到"求真"的转变自然是西方近代科学精神影响下的产物。严复在追究西学兴盛的原因时曾说:西学"命脉云何?苟扼要而谈,不外于学术则黜伪而崇真。"④ "求真"精神实即对学术持一种科学的立场。就章太炎的学术研究来说,他的"求真"精神主要表现为:破除罩在经学上的"尊圣"光环,"夷六艺于古史",把神圣的经典从神坛上拉下来,作为研究古史的资料;改变经学遵循的"读书得知"理路,跳出经学思维模

---

① 阮元:《拟国史儒林传序》,《揅经室集》,37~38页,北京,中华书局,1993。
② 戴震:《古经解钩沉序》,《戴震文集》,192页,上海,上海古籍出版社,1980。
③ 夏炘:《乾隆以后诸君学术论》,《夏仲子集》卷一,9页,1925年铅印本。
④ 严复:《论世变之亟》,《严复集》第1册,2页,北京,中华书局,1986。

式，要求理论与事实的统一，用他自己的话说就是，书籍"不过是学问的一项，真求学的，还要靠书籍以外的经验"①，"观省社会、因其政俗而明一指"②，"理论和事实合才算好，理论和事实不合就不好，不必问他有用没用"③；学主独立，"但顾求真，不怕支离"，说经之学"惟为客观之学"④，强调"字字征实，不蹈空言，语语心得，不因成说"⑤，主张以研经之学为稽古之学，"稽古之道，略如写真，修短黑白，期于肖形而止，使妍者媸，则失矣，使媸者妍，亦未得也"⑥；去除说经的功利主义色彩，力戒曲学致用、学以干禄的做法，主张"说经者，所以存古，非以是适今也"⑦，"学者将以实事求是，有用与否，固不暇计"⑧。

从这里可以看到，在章太炎的经学思想中，近代科学的"求真"精神占有重要地位。他的"求真"以前人的"求实"精神为基础，又向前作了发展。对此，侯外庐指出：中年以后，章太炎的学术"已经不同于乾嘉学者所谓之'实事求是'，仅限于文字训诂间的是非，实在进一步提倡理性主义。……太炎之为最后的朴学大师，有其时代的新意义，他于求是与致用二者，就不是清初的经世致用，亦不是乾嘉的实事求是，更不是今文家的一尊致用，而是抽史以明因果，覃思以尊理性，举古今中外之学术，或论验实或论理要，参伍时代，抑扬短长，扫除穿凿附会，打破墨守古法，在清末学者中卓然凌厉前哲，独高一等。"⑨

当然，章太炎主张学术"求真"、学术"独立"，从根本上说，其客观意义在于强调经学研究同封建正统思想决裂，从而达到思想解放的目的，

---

① 章太炎：《章太炎的白话文》，17页。
② 章太炎：《原学》，《章太炎选集》，193页。
③ 章太炎：《章太炎的白话文》，93页。
④ 章太炎：《论诸子学》，《章太炎选集》，357页。
⑤ 章太炎：《再与人论国学书》，《太炎文录初编》别录卷二，《章太炎全集》（四），355页。
⑥ 章太炎：《与人论朴学报书》，《太炎文录初编》卷二，《章太炎全集》（四），154页。
⑦ 同上书，153页。
⑧ 章太炎：《与王鹤鸣书》，《太炎文录初编》卷二，《章太炎全集》（四），151页。
⑨ 侯外庐：《近代中国思想学说史》，851页。

以满足新时代的需要。不言而喻，这也与清代汉学迥然而异。

从经学研究领域看，章太炎大大拓宽了清代汉学的研究范围。清代"汉学"，顾名思义，是以"两汉之学"为依归，清儒治经虽非全都唯汉是尚，但不能否认没有尊崇汉儒的倾向。章太炎治经既然以"求真"为精神，故能突破"两汉"之学的限制，上探先秦诸子，下涉魏晋经学，把治经和取证的范围大大拓宽。对此，章太炎自言道："文有古今，而学无汉晋。清世经说，所以未大就者，以牵于汉学之名，蔑魏晋使不得齿列。"① 正是源于这种开阔的视野，使章太炎研究《春秋》一改清儒轻杜预而重刘（歆）、贾（逵）、许（慎）、颖（容）的短见，注重吸收晋代学者杜预注疏之长，从而达到了"经义条达"、卓然一家的境界。

章太炎对清代汉学的发展和超越，还表现在指导思想、研究方法、经史关系论、破除汉宋门户、吸收西学等诸多方面，这些在后面将陆续述及。总而言之，章太炎的汉学思想既是对清代汉学的继承，更是对清代汉学的超越，与清代汉学相比已有很大不同，"固非清学所能限矣"②。

2. "六经皆史"说

"六经皆史"是中国学术史上的一大命题，也是章太炎经学思想的重要内容。论者每牵于"六经皆史"之名，把章太炎与以前学者所论"六经皆史"混为一谈，从而泯没了章太炎"六经皆史"的时代意义。其实，只要考镜源流，析其异同，我们就不难看出章太炎"六经皆史"思想的学术价值和特色所在。

钱钟书《谈艺录》一书所论章学诚以前学者有关"六经皆史"说甚详，由于他们的观点与章太炎"六经皆史"的异同点比较明显，兹不赘述。值得一书的是，章学诚的"六经皆史"思想。由于章学诚的"六经皆史"命题在学术史上影响较大，且与章太炎瓜葛较深，故易为论者援为同道。

考明后人对章学诚"六经皆史"的误读是正确认识章太炎"六经皆

---

① 章太炎：《汉学论下》，《太炎文录续编》卷一，《章太炎全集》（五），23页。
② 梁启超：《清代学术概论》，96页。

史"学术价值和历史地位的前提和关键。第一，在章学诚的命题里，"史"并非是有些人所理解的"史料"。章学诚所指的"史"，是从源头上讲的，是"官师合一"背景下阐述先王之道的"撰述"，或者说是"周代官吏所掌守的实际的政制典章教化施为的历史记录"①，章学诚注重的是政典的功用，而非史料价值。第二，从章学诚的这一命题背景看，章氏根本没有贬低"六经"之意，更谈不上要"把中国封建社会所崇拜的封建教条从神圣的宝座上拉下来"的意图。章学诚"六经皆史"说，是以经世致用的观点说明"六经"都是治理国家、切于民生日用的典籍，史学应当作为经邦济世之器。"即器存道"，史学也可以载道。其目的在于改变当时在他看来所谓的贱视史学、汉学脱离实际、宋学游谈无根的弊病。论者每以章学诚认为"六艺皆周公之政典"②，遂断定他尊周公而贬孔子，看章学诚本意，并非如此。我们从章氏的言论中可以看出他尊圣崇经的态度。章学诚认为，孔子虽生不得位，不能创制立法，却能"表彰六籍，存周公之旧典"以"明教于万世"，即器明道。这正是章学诚"六经皆史"所极力要推扬的经世精神，他认为孔子可谓青出蓝而胜于蓝。同时，章氏又以"六经，器也"，"圣人即器而存道"，③明确提出道不离器，由此更能看出章学诚对"六经"的重视。诚如白寿彝所说：章氏并没有因"六经皆史""而剥夺了六经的神圣的灵光。"④

实际上，打破传统经史观念、把"六经皆史"与启蒙思潮相结合、将"六经"还原为历史文献的努力始于近代。龚自珍即主张"六经皆史"，反对把经史判为两橛，批评"号为治经则为尊，号为学史则道诎，此失其名也"⑤。这是还经书以历史文献的本来面目、以历史主义眼光审视经学的开始。正是在前人学说基础上，章太炎对"六经皆史"说作了发展。章太炎

---

① 胡楚生：《清代学术史研究》，178页，台北，学生书局，1988。
② 章学诚：《经解下》，《文史通义校注》，110页，北京，中华书局，1985。
③ 章学诚：《原道下》，《文史通义校注》，138页。
④ 白寿彝：《白寿彝史学论集》（下），666页，北京，北京师范大学出版社，1994。
⑤ 龚自珍：《古史钩沉论二》，《龚自珍全集》，24页，上海，上海人民出版社，1975。

"六经皆史"说的时代新意主要有以下几点。

第一,把"六经皆史"与新史学思想相结合,批评章学诚的正统史观。章太炎虽然有时也称赞章学诚"六经皆史"说"真是拨云雾见青天",① 但就二人学说的实际内容讲,有着很大不同。章太炎《原经》篇对章学诚的命题提出了批评:"挽世有章学诚,以经皆官书,不宜以庶士僭拟","以为六经皆史,史者固不可私作",此甚非也。进而,章太炎论证道:"经之名广矣",仲尼作《孝经》,汉《七略》始傅六艺,其始则师友雠对之辞,不在邦典;墨子有《墨经》;贾谊有《容经》,韩非《内储》、《外储》亦自署经名;老子书至汉称"道经"。由此可见"非徒官书称经"②,"人言六经皆史,未知古史皆经也"③。他又举陈寿、习凿齿、臧荣绪、范晔等人为例,驳斥章学诚"史者不可以私作"之说。他指出,章学诚以"经皆官书"、"史不得私作",把经史等同于官书,实质上是把治经治史的权力奉给官府,不让"庶士"染指。经章太炎诠释后,"经""史"由官学转变为私学,服务的对象也由官府扩大到"民众",正体现了新兴资产阶级的学术进步精神。

第二,把"六经皆史"解释为"六经都是古史"有反对公羊学说的意义。康有为等今文学家以孔子为改制素王,以"六经"为孔子为后世制法,以古经为刘歆伪造。与公羊学说针锋相对,章太炎主张"六经皆史之方"④。他说:"经外并没有史,经就是古人的史,史就是后人的经。古代撰他当代的史,岂是为汉朝?所说治国的法度,也只是当时现用,并不说后世必定用得着。固然有许多用得着的,但他当时著书,却并不为此。"⑤他还在《订孔》等文章中多次指出,孔子删定"六经",虽有保存史料的功绩,却不是为百世制法,"六经"绝非万代可以尊奉不移的神圣经典和亘古不易的教条。章太炎不仅主张将圣经还原为历史典籍,而且正面否定

---

① 参见章太炎:《论经的大意》,载《教育今语杂志》第 2 册。
② 章太炎:《原经》,《国故论衡》中卷。
③ 章太炎:《清儒》,《訄书》重订本,《章太炎全集》(三),154 页。
④ 章太炎:《明解故下》,《国故论衡》中卷。
⑤ 章太炎:《论经的大意》,载《教育今语杂志》第 2 册。

其神圣性，这些见解具有较强的说服力。

第三，在"六经皆史"基础上提出"经者古史，史即新经"①。这一说法虽不妥帖，但提高了史学的地位，从而有利于对经学的神圣性发起冲击。在封建社会，经史有着霄壤之分。王鸣盛在《十七史商榷》序文中曾说："治经断不敢驳经，而史则虽子长、孟坚，苟有所失，无妨箴而砭之，此其异也。"王氏还只是就学术研究而言。实际上，经书在中国封建社会被推为万古不易的绝对真理，是封建道统、道德、伦理、纲常名教等几乎一切意识形态的主要载体，神圣不可动摇。就经学而言，是"道也，学也，治也，则一而已矣"②，经学集政治、思想、学术为一体。章太炎"夷六艺于古史"，提出"经者古史，史即新经"，把史学与经学相提并论，从一定程度上冲击了传统的"尊经崇圣"观念。

3. 征信论

"实事求是，无征不信"，原是乾嘉学派的治学精神。它是在同宋明理学的影响，多年斗争后才逐渐形成的。章太炎公然揭櫫这面大旗，先后发表《征信论》、《信史》、《致柳翼谋书》等多篇文章，其意义不在于旧话重提，标榜自己犹存先师治学风范，而是有感而发，赋予它新的时代内涵。

"征信"不是"疑古"的对立物，而是对"疑古过甚"的矫正。有人指责章太炎《征信论》是对康有为等人的"疑古"精神而发，并以之为证据断定章太炎信古、守旧、抱残守阙。从认识论的角度讲，"疑古"和"征信"是同一认识过程的两个方面，不至于构成对立关系。我们说，章太炎"征信"论的锋芒所指的是"疑古过甚"，他在《〈制言〉发刊宣言》中曾明确指出他的批判对象：一曰"南海康氏之徒以史书为账簿也"，二曰"新学之徒以一切旧籍为不足观也"。前者自是指康有为等公羊学派，后者则指的是胡适等一班新进青年。客观地说，康有为、胡适等人的疑古精神，不仅促进了学术近代化，而且启蒙了人们的思想，功不可没。值得注意的是，康有为、胡适等人确实有"疑古过甚"的毛病，这从他们对经

---

① 王联曾记：《章太炎论今日切要之学》，载《中法大学月刊》第5卷第5期，1934年月10月出版。

② 龚自珍：《乙丙之际著议第六》，《龚自珍全集》，4页。

籍的态度上可以看出。

康有为为了宣传变法维新,他"疑古""惑经",虽有利于打破思想界不敢讲变法改制的万马齐喑的局面,但他在冲击封建教条的同时,却扔掉了实事求是的治学态度,表现出反历史反科学的一面。正如孙春在所说:"公羊学者心中只有'孔子为素王改制,为万世立法'一念是不变的。至于孔子以外的部分,则颇可随己意立说,以符合议论之需要,并可因时而改变之。"① 在章太炎看来,"六经皆史",古经是历史文献,不应一概抹杀,公羊学派这种轻视知识、贱视历史、不重证据的做法,应当受到批判。

五四新文化运动时期的"疑古"思潮与康有为的"疑经"一脉相承,实事求是地说,它也曾起过积极作用。胡适曾比较彻底地反对封建主义,要求对那些陈旧的文化观念、制度、风俗重新进行评估,这都是以怀疑的精神为其思想前驱的。胡适的"怀疑"多数言出有据,如他在对古代史料作了一番审查以后说:"以现在中国考古学的程度看来,我们对于东周以前的中国古史,只可存一个怀疑的态度。至于'邃古'的哲学,更难凭信了。"② 经清代汉学家考据,先秦古籍中确实有一些伪书,胡适这一说法是立得住的。但胡适并未就此止步,却进而把怀疑上升为"疑必有理"的抽象原则:"疑古的态度,简要言之,就是'宁可疑而错'……就是疑错了,亦没什么要紧"③,以致最终滑向了怀疑主义。怀疑虽带有否定因素,但怀疑毕竟不同于否定。胡适从疑必有理出发,混淆了怀疑和否定的关系,从而把古籍所载东周以前的历史,一概斥之为伪:"在东周以前的历史,是没有一个字可以信的。"④ 由此,也就彻底否定了经书的可信性。正是针对于此,章氏一再宣扬其"征信"论,以批评胡适的某些错误观点。他在给柳诒徵的信中说:"胡适所说《周礼》为伪作,本于汉世今文诸师;《尚书》非信史,取于日本人;六籍皆儒家托古,则直窃康长素之唾余。此种

---

① 孙春在:《清末的公羊思想》,92 页,台北,商务印书馆,1985。
② 胡适:《中国哲学史大纲》卷上,23 页。
③ 胡适:《研究国故的方法》,载《东方杂志》第 18 卷第 16 号。
④ 同上。

议论，但可哗世，本无实征。……长素之为是说，本以成立孔教；胡适之为是说，则在抹杀历史。推其所至……虽谓我生以前无一事可信、无一人是真可也。"①

章太炎主张用事实说话，反对疑古思潮，有其合理因素。早在1899年章氏在批判今文家孔子造"六经"之说时就曾推论说："寻其自造六经之说，在彼固以为宗仰素王，无出是语，而不知踵其说者，并可曰孔子事亦后人所造也。噫嘻！槁骨不复起矣，欲出与今人驳难，自言实有其人其事，固不可得矣。则就廖氏之说以推之，安知孔子之言与事，非孟、荀、汉儒所造耶？孟、荀、汉儒书，非亦刘歆所造耶？"② 面对20世纪二三十年代的疑古思潮，面对学界疑古过勇的现象，他明确指出："疑古须有根据，如史载后稷之生，汉高祖之生，此种神话，固不可信，然倘无根而疑，亦何异痴人梦想，古称疯病，曰疑疾，其亦此意欤？"③ 章太炎要求用事实说话，这样得出的结论较有说服力。

看来，章太炎讲究征信，重视证据；疑古派打着赫胥黎的口号："拿证据来"，也重视证据。二者虽然都重视证据，但差别还是有的。疑古派"疑"字当头，只要没有证据，则就"存疑"，"存疑"即不信，其任务是"破"，对于破除旧的文化传统，自有其进步意义，但过犹不及，"疑古过甚"，则易于导向民族虚无主义和历史虚无主义，容易蹈空。征信论"信"字当头，只要没有证伪，就要存信，虽容易走上过信的路子，但对于建立民族文化信仰有着重要意义。可以说，二者各有长短，我们不能厚此薄彼，偏执一端。

（二）对儒学学术转型的贡献

论及传统学术的现代转型，似乎只是胡适等一班"五四"时期学者的事情，他们以西方学术范式规范传统学术，使之实现了现代转换。其实，钱穆、周予同、贺麟、陈寅恪、侯外庐等老一辈学者，在论及近世学术

---

① 章太炎：《致柳翼谋书》，《章太炎政论选集》，763~764页。
② 章太炎：《今古文辨义》，《章太炎政论选集》，114~115页。
③ 徐澂：《余杭章先生语录》，4页。

时，大都倾向于将康（有为）、梁（启超）、章（太炎）、严（复）、罗（振玉）、王（国维）等从清学中分割出来，目的是突出晚清和"五四"时期两代学者的"共谋"，开创了中国现代学术的新天地。

尽管多数论者把章太炎划入晚清学者的序列，但是如果把学术转型期定在从戊戌维新时期到20世纪20年代末，① 我们不难发现，这正是章太炎学术生命最为旺盛的时期。这一时期，章太炎同梁启超、王国维、胡适等互为犄角，桴鼓相应，对中国学术史进行了认真的爬梳整理、总结开创，共同推动了传统学术的现代转型。

章太炎对儒学现代学术转型的贡献不仅体现在其学术成就和研究过程中，而且表现在他具有代表性的学术指导思想、研究方法及学术规范的重建上。

1. 学术指导思想的转变

章太炎对儒学现代学术转型的贡献首先即表现在他对学术指导思想变革的重视上。

第一，以进化论思想为指导，推陈出新。

在唯物史观传入中国之前，进化论是当时中国最为先进的世界观和方法论。从进化论的观点出发，章太炎不仅指斥经学独尊，阻碍了学术的进化，而且指出"尊圣崇经"的传统思想由于不适宜当今时代，淘汰自是理所当然的。在具体研究中，章太炎以"六经"为古史资料，指出儒家经典本来是反映中国古代社会进化的史料，表现了"上世社会污隆之迹"，"以此综贯，则可以明进化，以此裂分，则可以审因革"②，反对将儒家经典置于为百世"制法"的至高位置上。这一点在前述章太炎的《易》学研究中，已经作了说明。

在章太炎的眼里，破除经学的神秘性是合乎进化论的，保存国粹也是合乎进化论的。在章太炎等国粹派看来，保存国粹是选择传统文化中"优美"、"壮旺"、"开通"的适合于当今时代需要的东西，这恰如进化论所讲

---

① 参看贺麟：《五十年来的中国哲学》，沈阳，辽宁教育出版社，1989；陈平原：《中国现代学术之建立》导论部分。

② 章太炎：《清儒》，《訄书》重订本，《章太炎全集》（三），159页。

选择良种以促进物种进化,"天演家之择种留良,国粹保存之主义也"①。在《订文》篇中,章太炎引述斯宾塞的理论来阐述语言文字的进化,肯定"文因于言",文字随语言的发展而发展,是和社会发展相一致的。在《原变》篇中,他提出礼仪与社会发展密切相关,"竞以器,竞以礼,昔之有用者,皆今之无用者也",强调从进化的角度来衡量取舍古代礼制。用进化论指导学术研究,有利于突破传统学术的限囿。

第二,服务于资产阶级的为学宗旨。

近代学术转型的一大特色就在于由传统的为封建统治者服务的为学宗旨转变为为"国民"服务,为新兴资产阶级利益服务,为整个国家和民族的利益服务。章太炎正是由于较好地贯彻了这一指导思想,使他的学术研究较之前人作出了更大贡献。

前面已经说过,康有为等人"以《春秋》断狱,《禹贡》治河,三百五篇当谏书",大肆"变其文迹,削其成事",曲解历史事实以服从于个人的主观需要。② 从直接动因上讲,章太炎标榜学术独立,主张学以求是、不在致用,正是渊于对这种通经致用做法的强烈反对。其实,就章太炎治理儒学的实质而言,他的学术研究也与现实政治密切相关,是以服务于资产阶级利益为根本宗旨的。他曾申谕这一宗旨说:为学之道,"用以亲民,不以干禄"③;批评"三纲六纪,无益于民德秋毫"④。再如他在《礼隆杀论》中论及对待传统文化的态度时指出:"进经师老生而访其义,犹不如访诸市之稗贩、田野之鄙氓也。"研究国学、保存国粹的目的是为资产阶级、为"国民"和民族利益服务的。

总之,正是由于新的指导思想的确立,使章太炎的儒学研究更具有历史真实性和可信性,无怪乎侯外庐赞叹章太炎的儒学研究"基于理性"、

---

① 许守微:《论国粹无阻于欧化》,载《辛亥革命前十年间时论选集》第 2 卷上册,52 页;又载《国粹学报》,1905(7)。

② 参见章太炎:《与简竹居书》,《太炎文录初编》卷二,《章太炎全集》(四),166 页。

③ 章太炎:《〈国粹学报〉祝辞》,《太炎文录初编》卷二,《章太炎全集》(四),208 页。

④ 章太炎:《答梦庵》,《章太炎政论选集》,394 页。

"具有卓见"、"多富学术价值"。①

2. 方法论的革新

方法论的革新是促进学术进步的重要因素。章太炎在儒学研究过程中,不仅继承了传统的研究方法,而且注重吸收近代西方科学方法。

其一,西方近代科学方法的运用。西学方法论的运用是儒学研究现代化的重要标志。翻开章太炎的儒学论著,从早年的《膏兰室札记》到晚年的《春秋左氏疑义答问》、《古文尚书拾遗》,其中许多篇章都带有西学方法论的影响。除进化论外,章太炎还大量借鉴了近代西方社会学、语言学、宗教学、心理学、文化学、逻辑学、历史学、生物学、人类学、地理学、天文学、伦理学等学科的成就和方法,进行儒学研究。如前面我们分析的《易论》便是运用社会学解易的例子。

其二,传统研究方法的发展。注重民族传统是章太炎治学的一大特色。在学术实践中,章太炎创造性地把传统儒学方法论向前推进了一步。如以史治经的方法。自清代汉学家钱大昕、邵晋涵等人开始,即以治史的方法治经,但是,由于他们不敢触动经的独尊地位,因此其方法依然带有很大的局限性。章太炎"夷六艺于古史",以"䌷史"的方法"䌷经",从而写出了像《春秋左传读叙录》、《驳箴膏肓评》、《国故论衡》这样的论著。而他援引历史文献为证经的基本依据,则拓宽了经学研究的取证范围,增强了经学研究的科学性和可信性。

再如他对乾嘉汉学考据方法的发展。于小学,乾嘉汉学家仅言"由辞以通道",而章氏则把文字孳乳和对自然史、社会史、人类思维史的探讨相结合,互为证据,互相发明,与实证主义学者王国维研究古史的方法相当。② 于经学,他克服了以往古文学家拘泥于文字训诂疏证而轻视思想实质、专注于破碎考证而缺乏宏观考辨的弊端,反复强调从历史事实出发,"无征不信",要求从有文可据的经籍入手来把握字词的训释,辨明史实的真伪,探求事件、人物、学说之大义。"'语必征实,说必尽理',显然这

---

① 侯外庐:《近代中国思想学说史》,834页。
② 同上书,814页。

是以朴学考证为起点，但已大大前进了的方法论，它与观念先行的方法论相反，亦与一味分文析字的'朴学'不同。"① 对于章太炎对传统学术方法的发展，时人也有认识。如梁启超在《清代学术概论》中就曾指出："应用正统派之研究法，而廓大其内容延辟其新径，实炳麟一大成功也。"②

章太炎还发展了乾嘉汉学"博考"（广泛占有资料）的特点，强调全面综合地进行学术研究。他在谈到治国学的方法时明确指出，要从多角度分析问题，"辨古籍的真伪"、"通小学"、"明地理"、"知古今人情的变迁"都是治国学者所需要掌握的最基本的研究方法。③ 为了尽可能避免学术研究的偏差，他还注重客观环境的考察，指出"地齐"（地理环境）、"政俗"（政教风俗）、"材性"（个人的经历和习性）都是"观省社会"、评人论世所要考虑的重要因素。总之，他要求从主客观条件入手来分析问题，并从整体上把握思想实质，这正是近代思维方法的体现。

3. 新学术规范的应用

新学术规范的应用是转型期学术的一大特征。按照美国学者托马斯·库恩（Thomas Kuhn）在《科学革命的结构》一书中的解释，科学发展的过程，实质上是不断摒弃旧范式，创建新范式的过程。较为宽泛的理解，学术范式应当包括学术精神、学术宗旨、学术方法、学科门类以及语体、文体等方面的内容。纵观章太炎的儒学学术研究，我们可以看到他由遵守古文家法到应用现代学术规范的转变。

章太炎在儒学学术研究中对新学术规范的应用，除体现为上述为学宗旨、治学方法的变化外，还表现在其儒学著述内部体系的划分趋向于专门化。从传统的学术分类看，儒学独尊，儒学是涵盖包括文、史、哲在内的众多学科的大学科，内部缺乏严格的学科分类和体系划分。章太炎早期的儒学论著基本上不重视学术分类，但随着研究的深入，不仅出版了《国故论衡》、《国学概论》等以"国故"、"国学"命名的著作，把作为一尊之学的儒学转变为一门（一家）之学，而且在内在体系上，开始按照现代学术

---

① 唐文权、罗福惠：《章太炎思想研究》，367页。
② 梁启超：《清代学术概论》，95页。
③ 参见章太炎讲，曹聚仁整理：《国学概论》，6~15页。

的分类方式，把儒学划分为哲学、史学、文学、文字学等子学科，反映出由博至专、分工日趋细密的现代学术特征。

具体就章太炎经学研究而言，学术转型的特点也很明显。这一点，只要把《春秋左传读》与《春秋左氏疑义答问》作一比较就可发现，前者遵守的是古文家法，争立门户的用意明显，且不乏表现通经致用的"微言大义"；后者则基本上走出了"经学时代"，经史结合，论证严密系统，现代学术特征突出。在学科分类上，章太炎并未局囿于"六经皆史"，而是归《周易》入哲学，归《诗经》入文学，《礼》经含有社会史料……都呈现出经学研究的现代特征。

综观章太炎的儒学学术研究过程，特别是把他早期和晚年的论著作一番比较后，还是较为明显地体现了转型期学术的特征：在学术精神上由"求实"转向"求真"；在学术宗旨上由"随顺旧义"[①] 转向为新兴资产阶级利益服务；在学科分类方面，开始使用哲学、史学、文学等现代学科来规划和指导儒学研究。

[①] 章太炎：《菿汉微言》，86页。

第五章　章太炎对儒家思想的阐释

历史跨入近代以后，儒家思想已不适宜社会发展的需要，甚至成为社会发展的阻碍，因此，对儒家思想进行重新阐释，实现儒家思想的创造性转化，成为一些思想家孜孜以求的目标。在这一方面，章太炎"运用古今中外的学术糅合而成一家言的哲学体系"①，对传统儒学的天人观、群己观、道德观以及儒学的宗教性问题进行了认真探讨。

一、论天人关系

天人关系是儒家思想的核心问题之一，近代思想文化的剧烈变动必然要冲击传统的天人观念。章太炎的天人关系论就体现了近代思想家从哲学高度对这一问题的思考。

（一）基本范畴的界定

缺乏严格准确的界定是儒学诸范畴的一大特点。为避免歧义，特别是为了与近年来一些流行的用法区别开来，我们首先把本书要涉及的传统儒学的三个概念作一下交待。

1. "天道"

"天道"与"人道"是一组互为对待的范畴，最早见于《左传》昭公十八年："天道远，人道迩，非所及也。"《周易·说卦》则"天道"、"地道"、"人道"并称。儒家对"天道"的解释也不一样。通常说来，天道是指世界的存在及其存在的形式。它本是以探究宇宙间的普遍规律为目标，却往往落于为君王政治服务。可以说，除荀子、王充、王夫之等少数具有朴素唯物论的思想家外，在大多数人的眼中，"天道"与"天命"等同，被看做是一种非人力所能改变的神秘的客观必然性。"天道"虽形式上归

---

① 侯外庐：《近代中国思想学说史》，861页。

属于自然法则，但在本质上却遵守道德原则。

2. "人道"

与"天道"相对的"人道"一般指关于人事、人伦、处世的法则，即人之所以为人的根据和原则，包括人的自然本性和道德伦理规范以及群体的典章制度、组织原则等。在传统儒学中，人道原则虽然有其重视人事、反对神道等合理因素，但从根本上讲，封建统治阶级往往把人道比附为天道，把封建纲常名教升格为不可动摇的绝对准则，到封建社会末期，愈走上极端的反动，视"存天理，去人欲"为金科玉律，从而严重压抑了人的发展，桎梏了人的解放。

3. "天人合一"

这是人们对天人关系问题的一种看法。其基本含义是肯定人与天地万物有统一性。"天人合一"观念发源于周代，先秦典籍中《孟子》主"性天相通"说、《中庸》言"尽性参天"、《易传》讲"天人合德"，汉代董仲舒提出"天人感应"说，到宋明时期理学家主张"万物一体"，至此，儒家的天人合一论发展到了顶点，包容了它的各个层次的价值内涵。简言之，他们宣讲"天人合一"的理论基础虽有唯物、唯理的不同，但其用意都是"企图从天道观中引申出人伦道德来"①，追求的目标归根结底是道德价值，而不是像今天有些人所讲的人与自然的协调统一。伴随封建主义走向没落，封建统治者片面地把维护当时社会秩序的道德原则绝对化、永恒化，把当时占统治地位的道德原则抬高为天经地义，道德原则背离社会发展规律，"天人关系"变为封建教条，陷入根本性错误。正如冯契所说："在占统治地位的权威主义价值观那里，天人合一是形而上学的观点，结果导向反人道原则。"②

从上述可以看出，无论是"天道"、"人道"，还是"天人合一"，都是历史性的概念，它们所反映的天道观、人道观、天人合一观在近代必然要受到冲击和批判。

---

① 张岱年：《中国哲学中"天人合一"思想的剖析》，《东方赤子·大家丛书·张岱年卷》，200 页，北京，华文出版社，1998。

② 冯契：《人的自由和真善美》，113 页，上海，华东师范大学出版社，1996。

（二）对传统天道观的冲击

传统的天道观在近代遭受猛烈攻击。继龚自珍、康有为、谭嗣同等之后，章太炎从自然领域和道德领域对儒家的天道观念进行了批判和改造，具体表现为对自然规律的科学解释和对人的解放的呐喊。

在自然领域，章太炎主要从宇宙论、进化论、认识论三个方面对天道观进行了批判。章太炎的宇宙论，前后变化较大。其中，对天道观冲击最为激烈的是其早期的唯物主义宇宙论。

早在《膏兰室札记》中，他就依据西方19世纪天文学的重要成果天体运动理论，对古代的"天为积气"说作了分析，并驳斥了存在上帝的说法。他指出，古人以"气"为天的基本构成的说法虽具有进步性，但以为"天自有气，为万物之元，则误矣。……盖恒星皆日，其旁皆有行星，行星皆地。凡地球不知恒河沙数，每一地球，皆有空气。自空气中望外，不甚了了，昔人谓之蒙气，合无数地球之蒙气，望之则似苍苍者，斯所谓积气，斯所谓天，仍皆地气，非自成一气也。……仲任徒以天意为人心，非有实物，而不知即苍苍之体，亦未尝于行星外自有一物也。天且无物，何论上帝！"①

《儒术真论》、《视天论》等文较之《膏兰室札记》对天道观的批判又前进了一步。《儒术真论》、《视天论》含蓄地对康、谭的一些哲学观点提出了批评。康有为著《康子内外篇》、谭嗣同著《仁学》，主张"以元为天"，反对传统的天道观念。他们赞成前人成说，认为，"元者，气也，无形以起，有形以分，造起天地，天地之始也"②。但与此同时，他们却把孔子说成"受命于天"，视孔子之言为"天之言"，视孔子学说为"天之制与义"，希图利用"天"这一古老的权威来神化他们所塑造的新偶像——孔子，要求人们唯新偶像是尊，奉孔子为教主，重又树起天道观的大旗。1899年，梁启超在《清议报》上连篇累牍地介绍康、谭的著作引起了章太

---

① 章太炎：《天》，《膏兰室札记》卷三，《章太炎全集》（一），292页。
② 康有为：《春秋董氏学》，《康有为全集》第2集，767页，上海，上海古籍出版社，1990。

炎的不满。章氏先是整理《膏兰室札记》中有关"天"论的著作在《台湾日日新报》上发表；接着又采取疏释《墨子·公孟篇》的形式，辨析荀学和墨、法二家的异同，发掘先秦儒学中的无神论思想，并加以发展，写成《儒术真论》及其附论《视天论》、《菌说》。①《儒术真论》指出：只有"视天"，而无"真天"，"盖日与恒星，皆有地球，其阿屯、以太，上薄无际，其间空气复厚，而人视之苍然，皆众曰之余气，固非有天也"。章太炎不仅扬弃了中国古代朴素唯物论者"天为积气"的说法，而且根本否认主宰一切的神秘的意志之天的存在："万物之主，皆赖日之光热，而非有赖乎天。"②

《视天论》依据自然科学知识对宇宙万物的生成作了更为有力的解说。首先，他较彻底地肯定世界由物质构成。"天有真形"的宇宙观念，曾被历代统治者视作"天不变，道亦不变"的立论根据。章太炎明确反对这种说法，指出："'天'之云者，犹曰'道'、曰'自然'而已。今将指一器一物，以为是'道'也，是'自然'也。其畴不大噱喷沫者哉！"具体说来，"远望苍然者，皆内蒙于空气，外蒙于阿屯、以太，而成是形，非果有包于各燿而成太圜之体者也。"③ 阿屯，即英语 atom 的音译，今译原子。以太，本为古希腊哲学家设想出来的一种媒质，19 世纪以后，西方物理学以之为一种极细微的弹性凝胶体，光波或电磁波通过以太振动的传播，即引起波浪起伏似的振动。此说传入中国后，康有为将以太与精神性的"仁"、"不忍之心"等同，谭嗣同则将它与"仁"、"性海"等附为一体，从而取消了它的物质性。章太炎超越康、谭之处，即在于他坚持阿屯、以太为物质："阿屯者，其小无内之称也"，"阿屯之最相近者为实质，光不能透入其间。不相近者为流质，光略能透入阿屯之内。若相隔远者为气质，日光透入，内外玲珑"；以太"虽不得比于阿屯为原质之原，而亦原

---

① 关于《儒术真论》及其附论《视天论》、《菌说》的写作意图，从朱维铮、姜义华对《视天论》与《菌说》的说明及注释中可以明显看出，章太炎含有批判谭、康的用意。详见朱维铮、姜义华编：《章太炎选集》，38～83 页。
② 章太炎：《儒术真论》，《章太炎政论选集》，120 页。
③ 章太炎：《视天论》，《章太炎选集》，39～42 页。

质中之至小者也"①。其次，他根据康德的星云假说和约翰·侯失勒的《谈天》，结合中国古代的"宣夜说"，揭示了天体运动变化的物理属性。他说：诸天体因摄力和斥力相互作用而"浮行太空"，它们"以己力绕本轴，以摄力绕重心，绕重心久，则亦生离心力，而将脱其缰锁"，并不存在什么创世主。他还指出，宇宙不仅没有固定不变的形体，而且在空间和时间上都是无限的。历代封建统治者"以北极为帝星"，认为天运无穷，像北极一样不可动移，实则不然，早在东晋人们便知北极星也在运动，"若是，则'天'固非有真形，而假号为'上帝'者，又安得其至大之尽限而以为至尊也？故曰知'实而无乎处'，知'长而无本剽'，则'上帝'灭矣！孰能言其造人与其主予殃庆耶？"②《庄子·庚桑楚》："有实而无乎处者，宇也；有长而无本剽者，宙也。"实，指空间的广延性；长，指时间的连续性；本剽，起源和终结。这里，他运用宇宙的无限性和物质性驳斥以宇宙定形论和宇宙有限论为根据的上帝创世说与天道观。

受拉马克、达尔文、斯宾塞等人的影响，章太炎还把生物学、地质学、细胞学相结合，用以说明自然界与人类社会的进化，并以此向天道观发起了冲击。

章太炎在《膏兰室札记》、《訄书》、《菌说》等文中曾多次谈到生物进化和人类形成的问题。他强调，在地球上，有机物是由无机物进化而来的，高级动物是由最简单的微生物发展而成的。从无生命的物质演变为有生命的物质，从细菌演变为草木再演变为人，这一系列的发展都是自然历史过程，其动力就是它们相互间的"欲恶去就"，即它们自身内在的"爱力、吸力"与"离心力、驱力"的矛盾冲突。正是靠这种"相易、相生、相摩"，"渐以化为异物"，新陈代谢，演化出新物种。他在《訄书》中描述自然界的发展进化时说："赫石赤铜箸乎山，莙藻浮乎江湖，鱼浮乎薮泽，果然（长尾猿）、玃（大猿）、狙（猴子）攀援乎大陵之麓，求明昭

---

① 章太炎：《无秋豪之微芦苻之厚四达无境通于无垠》，《膏兰室札记》卷三，《章太炎全集》（一），249～250页。

② 章太炎：《视天论》，《章太炎选集》，43、49页。

苏，而渐为生人。"① 人类同自然一样，是一步步进化而来的，是"强力以与天地竞"的结果，② 是"物竞天择，适者生存"的结果，并没有冥冥中决定万物化生的意志或"上天"存在。

此外，章太炎研究儒家经典、疏释《周易》的过程中，曾对"天命"观念进行过专门解释。在《菿汉微言》、《菿汉昌言》中，章太炎援佛解《易》，对"命"作了新的疏证。《说卦》："穷理尽性，以至于命。"唐孔颖达疏："命者，人所禀受，有其定分，从生至终有长短之极。"③ 显然，这是一种天命论的说法，以为人的"死生寿夭无非命者"。章太炎则指出："命之与性，非有天人之辨也。于其不自觉知则谓之命"④，并无天命存在。《庄子》："莫知其所终，若之何？其无命也；莫知其所始，若之何？其有命也。"他指出，《庄子》既说"无命"又说"有命"，无法让人理解；而佛学的"十二缘生"可以解决这一问题。缘生是因缘法，虚妄不实，从本质上讲即"非有"。缘生从无明到老死十二个环节因果相续，绵延不绝，从现象看又是"有"。"非无命，非有命，则必思及缘生，缘生末支所谓'生有以正报而见此身，以依报而见此土'。《易》言至命，亦谓是耳。"⑤ 也就是说，不过是暂寄此身而已。因此，所谓命者，乃假言，并非真有。章太炎认为，《易传》数言天命，这是古代圣人为便于人们理解而随顺习惯用法来阐述真理，"以其视之不可见，听之不可闻，搏之不可得，故比拟相类也"⑥，并不是说冥冥中有一个主宰自然和人类命运的天命存在。章太炎从"分析名相"切入，摒弃了唯心的天命观念，具有进步意义。不过，他的有些解释（如对《易传》天命的解释）仅是推测，缺乏严谨的论证。

---

① 章太炎：《原人》，《訄书》初刻本，《章太炎全集》（三），21页。
② 参见章太炎：《原变》，《訄书》初刻本，《章太炎全集》（三），27页。
③ 孔颖达：《周易正义》卷十三，影印本，北京，中国书店，1987。
④ 章太炎：《菿汉昌言》，10页。
⑤ 章太炎：《菿汉微言》，22页。
⑥ 章太炎：《菿汉昌言》，10页。

（三）对人道观的改造

在章太炎的思想体系中，对天道观的冲击和对人道观的改造是一个问题紧密相关的两个方面。而他对人的解放的呐喊，则是这二者的直接体现。除具有近代特征的人道主义思想外，章太炎富有人本主义色彩的人性论与人道观联系较为密切。①

在《造人说》、《青宁生程、程生马、马生人说》、《胲生海人至肖形而蕃》、《若菌》、《菌说》等文中，章太炎运用他所掌握的近代西方科学知识，论述了人的自然属性。

论人的自然属性，就是考察人的生命、身体、器官等的起源及其与整个自然界的关系。章太炎指出，人类是由进化而来的，是自然界发展的产物。人类的繁衍，同其他生物一样，是一个生理活动的过程，是精子与卵化合而成的。② 为了说明人自然属性的物质性，他还以人死后转化为无机物作了说明："人死而为枯骼，其血之转邻，或为茅蒐；其炭其盐，或流于卉木，其铁在壒；其肌肉或为虫蛾蛰豸。"③ 针对谭嗣同在《仁学》中将"舍利性海"说成是人性实体的观点，章太炎批评说："盖内有精虫，外有官骸，而人性始具。使官骸皆殒，而精虫独存，则无声色香味诸欲，而独有牝牡之情……此则于生人全性之中而得其见端，倘不能谓性具于是也。说今人之死也，则淡、养、炭、轻诸气，盐、铁、燐、钙诸质，各散而复其流定之本性，而人之性亡矣。离此流定而复索一舍利性海，亦犹离此诸体而索马索象也。"④ 章太炎主张人的欲望、感情与全部精神活动都以人的肉体的存在为前提，这与谭嗣同所说"仁"、"性海""不随身之死而变灭"的观点正好相反。

关于人的社会属性，章太炎也与谭嗣同等人的观点不同，认为人的社会属性很大程度上受后天制约，人类的活动与环境的变化紧密相关。谭嗣

---

① 在这一问题上，笔者参考了姜义华先生的研究成果。详见姜义华：《章太炎的人性论与近代人本主义的命运》，载《复旦学报》（社科版），1985（3）。
② 参见章太炎：《原人》，《訄书》初刻本，《章太炎全集》（三），21页。
③ 章太炎：《原教下》，《訄书》重订本，《章太炎全集》（三），286页。
④ 章太炎：《菌说》，《章太炎选集》，68页。

同从"仁为天地万物之源"推导出人性本善，不承认恶的存在。他说："天地间仁而已矣，无所谓恶也。恶者，即其不循善之条理而名之。"① 章太炎指出，事实并非如此，"夫言人性，则必有善有恶矣"，"虽然，以符验言，则'性恶'为长"，但性恶，并不是说善不存在，而只是说人不可能生来纯善，善需要后天的培养，"犹之既舂之米，谓之精凿，未舂之米，谓之粗粝。粗粝云者，对精凿言之，而非谓其与粮莠比肩也"。② 章太炎以荀子的性恶说为基础，进而提出："官骸虽一时暂有，而兼爱既济之道，即由官骸而生。……人之嗜欲，著于声、色、香、味、触法，而仁义即由嗜欲而起。"③ 兼爱、仁义等，正源于人们的物质存在和物质生活，都是人们用以"去其太甚"、"檃栝烝矫之"，使"人得合群相安"的产物。在《菌说》修改手稿中，他依据洛克"人之精神，本如白纸"和培根"一切道德，皆始自利"的观点指出："夫善恶生于自利，而自利非善恶"，"自社会言之，则有善恶矣"。④ 他认为，在接受外界环境影响之前，人的心灵是一块白板，一切道德都是由社会利益决定的，人的社会属性虽以自然属性为前提但并不决定于人的自然存在，只能是人们社会交往的产物。

章太炎还指出，人的社会性是人根本区别于其他动物之所在。他在《四惑论》中断言："就人间社会言之，凡所谓是非者，以侵越人为规则为非，不以侵越自然规则为非。人为规则，固反抗自然规则者也。"按照章太炎的理解，生存竞争、弱肉强食是自然界的规则，人之所以为人，正是因为人超越并力图克服这一自然规则。"黠者之必能诈愚，勇者之必能陵弱，此自然规则也。循乎自然规则，则人道将穷。于是有人为规则以对治之，然后烝民有立。"⑤ 在章太炎看来，强调人的社会性，要求人从自然的奴役中解放出来，同要求人摆脱封建纲常名教的网罗具有同等重要的意义。

---

① 谭嗣同：《仁学》，《谭嗣同全集》，301页。
② 章太炎：《菌说》，《章太炎选集》，77～78页。
③ 同上书，70页。
④ 章太炎：《菌说》附录，《章太炎选集》，86页。
⑤ 章太炎：《四惑论》，《太炎文录初编》别录卷三，《章太炎全集》（四），455～456页。

章太炎在《辨性》上、下篇中，集中考察了使人区别于动物的思维属性。《辨性》采取佛学唯识法相理论阐释儒家人性论的形式展开，内容较为晦涩。《辨性》上篇主要是讨论人的思维活动和意识活动怎样促进人性的发展变化，以实现人的解放。章太炎说："万物无自性。"什么叫"自性"？他自注道："自性者，不可变坏之谓。情界之物无不可坏，器界之物无不可变，此谓万物无自性也。"也就是，任何事物都不是绝对不变的，人性当然也不例外。人性是怎样通过人自身的精神活动而产生变化的呢？他说："人心者，如大海，两白虹婴之，我见、我痴是也；两白蛟婴之，我爱、我慢是也。彼四德者，悉依隐意根。由我见，人有好真之性；由我爱，人有好适之性；由我慢，人有好胜之性。责善恶者于爱慢，责智愚者于见痴。"这里，章太炎将人们的精神活动归结为"我爱"与"我慢"、"我见"与"我痴"两组既相对立又相依存的运动，认为人与自然界的关系、人与社会的关系、人自身的思维活动，都是通过这两对矛盾着的运动而使人性为之变迁发展的。

与《成唯识论》不同，在章太炎的理念中，"我爱"指追求幸福的欲望；"我慢"指好胜心。章太炎把它们看做"意根"，即人的肉体存在的必然产物，"夫我爱、我慢者，此意根之所有"。"爱、慢同流，而同其根柢"，"我爱"、"我慢"相反相成，矛盾运动。章太炎以此表述人的最为原始的一些心理活动，说明人性善恶的变迁过程。

为了说明上述"我爱"、"我慢"与人的善恶品质形成的关系，章太炎引进了"审恶"与"审善"、"伪善"与"伪恶"两组概念。"审"指出自本能的、原发的。"审善"即所谓"诚爱人"，"知人人皆有我，知之故推我爱以爱他人"，如孟子所说的"今人乍见孺子将入井，皆有怵惕恻隐之心"，这种感情是"不待师法教化"的。"审恶"即"我慢"。"审善"与"审恶"都是与生俱来的。"伪"，并非虚伪之义，指为着特定的目标，有所选择地采取行动。"伪善"指"有为而为善"，"伪恶"指"有为而为恶"。二者都是指后天的，在一定的社会环境影响下并为一定的目标而作出的行动。章太炎认为，由人的肉体存在而必然产生的"审善"、"审恶"不易改变，而由于受后天影响而产生的"伪善"、"伪恶"比较容易改变。

"人之相望,在其施伪善;群之苟安,待其去伪恶。"改造人的本性,主要就是改变这后天产生的伪善与伪恶。

怎样才能去除伪恶呢?章太炎指出:"伪恶可以伪善去之。伪之与伪,其势足以相灭。"用后天的、由人的社会存在而产生的"恶"品质,而不是用因人的肉体存在而产生的"审善"心理或欲望去克服"恶"的品质。这样,章太炎就把人性的变革与社会存在的变革直接联系了起来,强调了社会环境对人性形成的作用。进而,章太炎又指出,依靠后天的努力,"审善"、"审恶"也可以改变。只要"以审善恶遍施于伪善恶,以伪善恶持载审善恶,更为增上缘,则善恶愈长,而亦或以相消"。也就是说,"审善"、"审恶"与"伪善"、"伪恶"之间既互相区别,又互相联系、互相作用,"伪善"、"伪恶"可以改变,"审善"、"审恶"因此也可以改变。他特别着重指出:"伪善者,谓其志与行不相应。行之习,能变其所志以应于行,又可以为审善。何者?以人性固可以爱利人,不习则不好,习焉而志或好之。……是故持世之言,以伪善羑道人,虽浮屠犹不废。萧宾霍尔不悟,以为恶不可治,善不可勉以就,斯过矣。"他反对叔本华的悲观主义论调,认为通过后天经常的"伪善"实践,可以使"伪善"渐渐转化为"审善"。①

《辨性》上篇通过对"我爱"与"我慢"、"审善"与"审恶"、"伪善"与"伪恶"等几组概念的分析,重在从德性角度说明人应当怎样从自身的自然存在与社会存在所形成的欲望、心理、意识的支配中解放出来。而《辨性》下篇则从智性的角度集中剖析人的智力发展的内在矛盾,探讨如何使人从种种愚昧观念的桎梏中解放出来的问题。

章太炎在说明人的智力内在矛盾时,使用了"我见"与"我痴"这一对范畴。他说道:"我见者,与我痴俱生。何谓我痴?根本无明则是。以无明不自识如来藏,执阿罗耶以为我,执此谓之见,不识彼谓之痴。二者一根,若修广同体而异其相。意识用之,由见即为智,由痴即为愚。智与愚者,非昼夜之校,而巨烛煴火之校。痴与见不相离,故愚与智亦不相

---

① 以上引文均见章太炎:《辨性》上,《国故论衡》下卷。

离。"在他看来,"我见"与"我痴"等同于智与愚,智与愚的差别并非像昼与夜那样黑白二分,而只是像巨烛与煴火那样亮度不同罢了。因此,世界既没有天生的有见无痴的上智之人,也没有有痴无见的下愚之人,见与痴相依相存,智与愚也必定是共生共存。这就决定了人们无论是处于原始状态还是文明社会,都必须对钳束着自己的种种愚昧观念保持清醒的认识,尽力从这种束缚中解放出来。他还指出,天、上帝、天道、天理、等级、名分、礼教等名教观念都是愚昧的产物,对它们的崇拜实是愚昧的象征,如果对此不悟,反而以愚昧为明智,心安理得,"见与痴固相依,其见愈长,故其痴亦愈长",就会陷于迷途而不知返的境地。① 所以,决不可把名教观念视为永恒不变的实在,更不可一味迷信和屈从这些名教观念,只有这样,人的思维和思维的人才能获得解放,变得明智聪明。

从总体来看,章太炎对人的自然属性、社会属性、思维属性的探索,虽然有很大局限性,如:他不能认识到生产力发展与人的自然属性之间的关系,不能认识到生产关系与人的社会属性的内在联系,不能认识到社会基础与人性变革的关系;但从根本上说,他对人性学说的探索,比之前人更为广泛深入,比之康有为、谭嗣同前进了一大步,相对于传统人性学说而言,则是一场根本性的改造和变革。因此,我们说,章太炎具有人本主义色彩的人性学说是对人的价值的重估,对推动人的近代化、实现人的解放有着重要的积极意义,不仅有力地冲击了陈旧的天道观念,而且打击了传统的人道观念。

二、论儒家道德

伦理道德是反映一个民族的社会文化心理和价值取向的重要方面,在儒家思想中尤其占有重要地位。如,孔子讲"践仁",便是实现道德之仁,孟子的"道性善"、陆象山的"尊德性"、王阳明的"致良知",其所"道"、所"尊"、所"致"者,即道德之性、道德之知。宋儒所推崇的

---

① 参见章太炎:《辨性》下,《国故论衡》下卷。

《大学》所谓"大学之道",以"明明德"为起点,以"止于至善"为终点,其所"明"所"止"的过程,就是道德从启发到圆满的过程。儒学讲"内圣"讲"修己",都是强调道德理性的价值。不可否认,儒家道德对中国封建社会的形成和稳定曾经起到过积极作用,但是,伴随封建社会走向衰落,儒家道德所含有的封建主义意识却越来越成为阻碍社会发展特别是近代化的因素。因此,批判和改造传统儒学的道德系统成为近代思想家们的一项重要任务。

关于章太炎对儒家道德的态度,按时间顺序,从纵向考察,大致是:辛亥革命以前侧重于对儒家道德阴暗面的揭露和批判,辛亥革命以后则侧重于对儒家道德积极因素的继承和发扬。这里我们仅对章太炎的儒家道德观作横向的剖析。

(一) 对儒家道德消极因素的批判

出于反对封建专制主义的需要,章太炎对儒家道德中的糟粕进行了严厉的批判。举其荦荦大者,主要有:

第一,反对愚忠。1898年,章太炎应张之洞之邀赴武昌,对张氏所撰《劝学篇》鼓吹"三纲五常"、忠君仁爱等儒家旧道德极为不满。他在《艾如张·董逃歌序》中愤慨地指出:"古之谟训,上思利民,忠也;朋友善道,忠也;憔悴事君,忠也。今二者不举,徒以效忠,征求氓庶",且满洲贵族"蹂躏吾族几百年,龁毛饮血,视民如雉兔。今九世之仇纵不能复,乃欲责其忠爱。忠爱则易耳,其俟诸革命以后"。① "忠君"拜圣,忠诚于封建帝王,已是错误,张之洞忠心于"乌桓遗裔",更是错上加错。在章太炎看来,"忠"的实质,是封建统治者"便其南面之术"的"愚民之计"。特别是"自宋世昌言理学,君臣之义日重",愚忠愚孝的蒙昧主义、奴隶主义得到了进一步发展。这种所谓"三纲六纪,无益于民德秋毫",完全是一种"以理杀人"的理论。②

---

① 章太炎:《艾如张·董逃歌序》,《太炎文录初编》卷三,《章太炎全集》(四),240页。

② 参见章太炎:《驳康有为论革命书》,《章太炎选集》,159页。

第二，反对腐儒的"仁爱"说教。章太炎对墨守成说、不知变通的"腐儒"的"仁术"、"仁恩"、"仁恕"诸说痛加批评。他指出："仁"的说教"不究其实"，迂腐无用，在贪得无厌的外来侵略者面前，"苟释其利，而倚簟席以谋天下，以交邻国，则徐偃王已"①。他强调在外敌面前应当仁不让，以"斗争"代"仁义"。

第三，批判儒家"以富贵利禄为心"。章太炎指出：儒家道德的最大祸害是以富贵利禄来腐蚀人的心灵，"儒家之病，在以富贵利禄为心"，其"苦心力学，约处穷身，必求得雠，而后意慊"。儒家以"湛心荣利"为荣，从而造成"艰苦卓厉者绝无，而冒没奔竞者皆是"。②这些"冒没奔竞"于利禄者，"苟得利禄，而不识远略"③，"终身志望，不敢妄希帝王，惟以王佐自拟"④，无志无谋，奴性十足。他们以"无咎无誉"、"从时而变"为处世哲学，实是中庸主义。"所谓中庸，实无异于乡愿。彼以乡愿为贼而讥之。夫一乡皆称愿人，此犹没身里巷，不求仕宦者也。若夫'逢衣浅带，矫言伪行，以迷惑天下之主'，则一国皆称愿人。所谓中庸者，是国愿也，有甚于乡愿者也。"他们号称"时中"、"时绌"、"时伸"，实则一切以利禄为准绳，故"道德不必求其是，理想亦不必求其是"。故此，儒家之"宗旨多在可否之间，论议止于函胡之地"。其为害之大，甚于宗教，"彼耶稣教、天方教崇奉一尊，其害在堵塞人之思想；而儒术之害，则在淆乱人之思想"⑤。

章太炎对儒家道德的揭露和批判，是为民主革命服务的，从而使他的儒家道德论在某些方面高于康有为、谭嗣同、梁启超等改良派思想家，具有浓郁的时代气息和进步意义。

首先，章太炎把对儒家道德的批判与对康、梁保皇派的批判结合起来。他指出：梁启超所散布的"保皇与革命名异而实同"的谬论，其思想

---

① 章太炎：《经武》，《訄书》初刻本，《章太炎全集》（三），90页。
② 章太炎：《论诸子学》，《章太炎选集》，363~366页。
③ 章太炎：《学变》，《訄书》初刻本，《章太炎全集》（三），144页。
④ 章太炎：《论诸子学》，《章太炎选集》，363页。
⑤ 同上书，365~366页。

根源就是"孔子之教，惟在趋从，其行义从时而变，故曰：'言不必信，行不必果'。"梁启超伴称革命，实则保皇。同理，康、梁鼓吹"立宪"，指斥革命派用暴力推翻革命派不合乎"中庸之道"，其实质也不过是阳行"立宪"之名，阴行"保皇"之实，阳奉阴违，胸襟不一。他们"污邪诈伪"，"志在干禄"，根本没有什么"中庸"可言。① 章太炎从保皇派身上揭示儒家道德的反动性，借批判儒家道德揭露保皇派的虚伪性，相辅相成，既从根源上打击了保皇派，又以事实为据说明了批判儒家道德的必要性。

其次，章太炎把对儒家道德的批判同整顿革命派内部人士的思想结合起来。针对革命派内部一些人士怀有"念念近于仕途"的个人私念，章太炎警告革命者不要受儒家"富贵利禄"思想的毒害，要防止"微虫霉菌"的侵蚀。他说："孔教最大的污点，是使人不脱富贵利禄的思想。自汉武帝专尊孔教以后，热中于富贵利禄的人，总是日多一日。我们今日想要实行革命，提倡民权，若夹杂一点富贵利禄的心，就像微虫霉菌，可以残害全身，所以孔教是断不可用的。"② 儒家道德有不适于革命的一面，必须提高警惕。

最后，章太炎把对儒家道德的批判同反对帝国主义的侵略结合起来。在近代中国，帝国主义阴诈地同中国封建势力结成反动的文化同盟，妄图利用封建主义纲常名教达到从精神上奴役和麻醉中国人民的目的。如当时的西洋传教士李提摩太之流就拼命鼓吹尊孔读经，大肆宣扬纲常是上帝规定的人伦，说什么"仁、义、礼、智、信五常大道，两教实相通焉"，力图以儒家道德为基础，把西方基督教神学与中国封建纲常名教结合起来，以消弭中国人民的斗志，造就臣服于他们的忠顺臣民。章太炎对此有着敏感的认识，他说：西人借孔子之"遗计"而"西教愈杀"，结果只能造成"中国自是终于左衽矣"。可见，他批判儒家道德有着反对帝国主义文化侵略的用意。

---

① 参见章太炎：《论诸子学》，《章太炎选集》，352～366页。
② 章太炎：《东京留学生欢迎会演说辞》，《章太炎政论选集》，272～273页。

（二）对儒家优良道德的转化性继承

章太炎对儒家道德虽施以猛烈批判，但并未采取完全否定的态度。在《革命之道德》一文中，章太炎对儒家道德不仅未加批判，反而大力阐扬。

在内容上，章太炎强调指出，某些儒家道德是革命道德的重要组成，"革命之道德"应至少包括"确固坚厉、重然诺、轻死生"三点。即是说，革命者应该有坚定的立场、崇高的信仰和自我牺牲的精神。具体地讲，就是要求个人对社会、对民族负起责任，能够"合群明分"、"御侮自保"，防止内部分化和种族退化；能够破除个人的"功名利禄"思想，"不执一己为我"，"一切以利益众生为念"，敢于"为生民请命"，为人民争"得自由平等"，① 而绝不能做"怯懦者"、"浮华者"、"猥贱者"、"诈伪者"。②

在具体的道德规范上，章太炎要求革命者践履顾炎武等先儒指明的路径。他对顾炎武《日知录》所倡言的道德精神推崇备至，称许说：顾氏"匹夫有责之说，今人以为常谈，不悟其所重者，乃在保持道德，而非政治经济云云。吾以为天地屯蒙之世，求欲居贤善俗，舍宁人之法无由"。章太炎以"宁人之法"为改良社会风俗、铸造革命道德的灵丹妙药，并详举三条："一曰知耻"，即"行己有耻"，要有廉耻之心，特别是要知国耻，有爱国之心；"二曰重厚"，就是要求革命者严肃庄重，不拘名利，言行朴实浓厚；"三曰耿介"，专一、坚定，不为物役，不为利诱，不为流俗所左右。章太炎认为，做到第一条，"则矜欧语者可以戒矣"；做到第二条，"则好修饰者可以戒矣"；做到第三条，"则喜标榜者可以戒矣"。做到这三条，就能够去浮华之习、忘名利之念，"值大事之阽危，则能悍然独往，以为生民请命"，敌忾致果、舍命不渝，具备一个革命者的个人道德修养。

章太炎认为，按照"知耻"、"重厚"、"耿介"去做，确实能够葆气节、去浮华、弃标榜，健全个人的道德修养；但革命非仅凭一己之力所能胜任，需要群策群力、众志成城方能奏效，因此相互之间必须讲究"必信"，做到"言必信，行必果"，"久要不忘平生之言"。如果说"知耻"、

---

① 章太炎：《建立宗教论》，载《民报》第9号。
② 章太炎：《答梦庵》，载《民报》第21号。

"重厚"、"耿介"是针对革命者个体道德而言的,那么,章太炎提出的"必信",就主要是针对群体道德而言的:"信者,向之所谓重然诺也。……知耻、重厚、耿介三者,皆束身自好之谓,而信复周于世用。"① 也就是说,个人完美品德的形成并不是最终目的,良好的道德扩展、升华到实际的社会生活领域,成为改造社会生活的精神力量,才是道德的完成与实现。

显然,章太炎所使用的道德学说和道德原则,从语言形式到基本内容均渊源于儒家典籍或前代大儒的名言警句,但我们不能说,这与前面他对儒家道德的批判态度相矛盾,更不能说,这是对传统儒家道德的照抄照搬。这并不难理解。我们知道,在阶级社会,道德不仅有历史性和阶级性,而且有稳定性和继承性。儒家道德在具备这些性质的同时,由于内涵丰富复杂,包罗万象,精华、糟粕必然融于一体。联系当时的文化背景可知,章太炎所批判的儒家道德,主要是其中那些过时迂腐的东西;所继承的,主要是其中的合理因素。换言之,章太炎对儒家道德的批判或继承,都是认真甄别选择的结果。他衡量道德的标准,就是看其是否能服务于革命实践。因此,我们也可以说,章太炎对儒家道德的批判和继承实际上是一种扬弃的过程,即通过剔除儒家道德的糟粕继承儒家道德的精华,使之服务于现实需要。经此,章太炎所继承的儒家道德自然不是传统儒家的旧道德,而是经资产阶级思想洗礼改造后的儒家新道德了,形式虽同,意义却发生了转变。

需要指出的是,章太炎对儒家道德的这种批判性继承,从本民族文化传统出发易于为国人所接受,但与西方资产阶级道德相比,缺乏对"自由"、"平等"、"博爱"等观念的引进和阐释,易于与儒家旧道德相混淆,时代感、战斗性显得气力不足,从而削弱了其革命性。

(三)对儒家道德的"回归"

学界一般认为,梁启超、严复、章太炎等近代思想家步入民国以后特别是晚年时期,他们的思想趋于"颓废",背逆潮流,退入"尊孔读经"、

---

① 章太炎:《革命之道德》,《章太炎选集》,319~322 页。

封建复古的旧辙之中，俨然成为封建主义的代言人。立论根据之一，便是梁、严、章等人倡导儒家道德。问题是，倡导儒家道德就意味着封建复古吗？笔者认为，并不尽然，至少梁、严、章三人不属此类，他们对儒家道德的"回归"，我们应作具体分析。下面以章太炎为例作简要阐述。

第一，与道学家的道德观不同。

民国以后，章太炎逆背时代潮流，倡导读经，尤其要求读《论语》、《孝经》、《大学》、《儒行》、《丧服》等儒家典籍，这难免有保守之嫌。但是，如果我们绅绎章太炎的论证过程，不难看出，他所宣扬的儒家道德是有其逻辑体系的，与旧道学不同。

旧道学的理论基础是程朱理学，具体说是程朱理学的教条化。而章太炎在推扬"小四经"（《大学》、《孝经》、《儒行》、《丧服》）的过程中，首先所做的，就是批判朱熹等人对上述典籍原意的曲解。《国学之统宗》等关于"小四经"的演讲都是以批判宋儒的妄谬而展开的，他指责宋儒"轻《孝经》"，疑孔子之说；误解《大学》，"颠倒其本文"；缺乏气节，不重视《儒行》；不知礼节，"乃径改礼文"。① 总之，他批驳宋儒的目的不仅是为道德堕落寻找历史原因，更重要的是为寻找改善道德状况的途径，恢复和掘取儒家道德的"真"义，这与其一以贯之的国粹主义是相一致的。

由批判宋儒直复先秦之古，形式是守旧的，但却有一定合理性。先秦是儒家道德的形成时期，先秦儒学较之后来的程朱理学具有更强的生命力，无论是就其对于"人道"的重视而言，还是就其对社会和谐的关照而言，都要比包括宋明理学在内的后期儒学含有更多的积极因素，而其中所蕴含的封建主义内容则相对少些。章太炎超越宋儒复先秦之道德，一定意义上讲也是一种解放。

第二，对"现代性"观念反思后的选择。

现代是相对于古代、中世纪而言的，"现代性"（modernity）概念首先是指一种时间意识，一种直线向前、不可重复的历史时间意识，一种与循环的、轮回的或者神话式的时间认识框架完全相反的历史观。简单地说，

---

① 参见章太炎讲，诸祖耿记：《国学之统宗》，载《制言》第54期。

理性主义、主体自由、工业文明、进步主义、科学主义等均隶属于"现代性"观念之下。思想观念的现代化实际上就是"现代性"认同的过程。在"五四"前后的思想界,有一大部分人认为,"西方的就是好的","现代的就是好的",现代性认同表现强烈。

章太炎也曾一度认同于"现代性"。20世纪初年,他大力宣传西方社会学说,宣扬进化论、唯物论、无神论,这都是"现代性"认同的表现。然而,辛亥前后,出于对中国社会现实的认识和对西方社会近代化弊病的思考,他提出《俱分进化论》、《五无论》、《四惑论》等学说,对进化论、目的论、进步论重新评价,从理论上对"现代性"观念进行了系统批判。

正是出于对"现代性"的思考,而不仅仅是对"西化"现象的反应,章太炎对"家庭革命"、"道德而不能根据科学者,不是道德"[①]等社会问题进行了深入反思。反思的结果,他认为,是人们对"现代性"的认同导致了道德衰落。为了摆脱"现代性"观念的纠缠,章太炎从他所掌握的知识中找出的可与"现代性"相对抗的方案,便是提倡儒家道德。由于章太炎对儒家道德的提倡是他对"现代性"由认同到批判后的产物,因此,他提倡儒家道德便具有治疗现代社会道德弊病的主观用意,虽然表现形式是守旧的、保守的,虽然这一方案不切实际且十分迂腐,但同卫道士的复古思想是不同的。

第三,超越说教,具有一定现实意义。

章太炎晚年所提倡的"四经二贤"精神,不是限于口头的道德说教,而是具有一定的现实感;不是凭空臆想,而是进行了认真的论证。

首先,他反对的是唯科学主义,而非科学本身。他在讲演中曾明确提出:道德与科学有所不同,道德虽然以科学为基础,但不能事事均以道德来衡量。他在评论《大学》与《中庸》时,实际上正是以科学思想为指导的。他说:"《大学》即太学之谓,所载语皆平实切身,为脚踏实地之言,与《中庸》牵及天道者有异,我人论学,贵有实际,若纯效宋儒,则恐易

---

① 参见章太炎讲,诸祖耿记:《国学之统宗》,载《制言》第54期。

流入虚泛。且一言及天，便易流入宗教。"①

其次，他倡言儒家道德实有所指。例如，《儒行》一篇，主要是针对民族气节而言。他说，强敌压境，国人麻木不仁，不知图救，"救之之道，首须崇尚气节"，范仲淹"先忧后乐"、顾炎武"行己有耻"都是值得学习的榜样，"而《儒行》所述十五儒，皆以气节为尚"，"任侠一层，与民族危亡，非常相关"，②"今欲卓然自立……非提倡《儒行》不可"③。由此看来，章太炎宣扬儒家道德是出于凯切的爱国主义，而非名教主义。

最后，我们还需补充两点：一是章太炎之所以大力提倡儒家道德，与他对"道德"的认识有关。他说："理学先生认定'天不变道亦不变'，实不尽然；新学家斥旧道德为野蛮，亦属非是。盖伦理道德不变，而社会道德实变，政体不同，则风俗不同，风俗不同，则道德亦随之不同。"④ 章太炎把道德分为社会道德与伦理道德的说法不符合科学，但他却能注意到道德的历史性和稳定性。正缘于此，他没有对儒家道德采取一概否定的态度。二是章太炎对儒家道德的论述有失公允之处颇多。他不懂得道德具有阶级性，因而过分夸大了传统儒家道德的现代意义；他不懂得道德作用的有限性，因而颠倒了道德与社会存在的关系，把道德视为决定性力量。更为严重的是，由于过分拘泥于儒家道德，使他看不到继资产阶级道德后出现的新道德，因而限制了他获取新知的视野，使他找不到更好地对待和处理儒家道德的方法。

三、论儒学的宗教性问题

在近代，儒学宗教性问题的提出，既是一个政治性问题，又是一个文

---

① 章太炎讲，金震草录：《讲学大旨与〈孝经〉要义》，载《国学论衡》第 2 期，1933 年 12 月出版。
② 章太炎讲，诸佐耕记：《儒行大意》，载《国学商兑》第 1 卷第 1 号，1933 年出版。
③ 章太炎讲，诸祖耿记：《国学之统宗》，载《制言》第 54 期。
④ 张冥飞记：《章太炎先生国学讲演录》，65 页，上海，梁溪图书馆，1926。

化问题，与新旧价值观念的冲突息息相关。近代众多思想家如康有为、梁启超、严复、蔡元培、胡适等人都曾对这一问题进行过认真思考。章太炎从历史和现实两方面表述了他对这一问题的看法，反对建立孔教，并对儒学的未来提出了自己的设想。

（一）对儒学宗教性问题的历史考察：儒学不是宗教

近代思想家无论是康有为、陈焕章等孔教倡导者，还是严复、陈独秀等孔教反对者，虽然他们所持的看法不同，但他们所说的宗教却是在同一层面上使用的，即以基督教为典范的完全现代意义上的宗教，而非教化之教。① 章太炎对宗教的理解虽别出心裁，但他在反对以孔教为国教、认为儒学非宗教时，所指的也是现代意义上的宗教。以完全现代意义上的宗教为标准，章太炎对传统儒学进行了历史考察。

首先，他揭露了"六经"所载上古"神道设教"的实质。如前所论，章太炎是一个无神论者，对超意志的"天"、"神"、"鬼"都不承认，针对上古"神道设教"的说法，他本着近代唯物论思想作了驳斥。他说："自夏、殷以往，其民则椎鲁无鰓理，而圣人亦下渐之以济民行。何者？眇论之旨，非更千百年，弗能闾怿，时为之也。当是时，见夫芄夷之萎于燕、貉之不逾汶，鳇鱼、慧星之更生死，与其他之眩不可解者，以为必有鬼神尸之。故天事不谕，而巫咸诏之术兴；观生不週，而圣人以神道设教。"② 他认为，生民之初，人类蒙昧无知，"多礼祥"，③ "必方士为政"④，神道设教只是一定历史阶段人们认识水平的反映，自孔子出，神道绌，人道立。孔子"病其怪神，植微志以绌之。……自仲尼之历世摩钝，然后生民之智，始察于人伦，而不以史巫尸祝为大故。"⑤ 章太炎对"神道设教"的

---

① 关于儒学的宗教性问题，当代学者的争论则不同于以往，他们存有分歧的重要原因之一在于他们对"宗教"一词含义的理解不同。这可参见何光沪《多元化的上帝观》、《对话：儒释道与基督教》，赖永海《儒学与佛学》等论著。
② 章太炎：《原教》，《检论》卷六，《章太炎全集》（三），521页。
③ 章太炎：《独圣下》，《訄书》初刻本，《章太炎全集》（三），104页。
④ 章太炎：《原教》，《检论》卷六，《章太炎全集》（三），521页。
⑤ 章太炎：《独圣下》，《訄书》初刻本，《章太炎全集》（三），104页。

否定驳斥了有人从历史根源上论证设立孔教合理性的说法。

其次，中国素无设立国教的传统。他说："宗教至鄙，有太古愚民行之，而后终已不废者，徒以拂俗难行，非故葆爱严重之也。"后代虽行宗教，也只是片枝末节，而非居于主流。"中国素无国教矣，舜敷五教，周布十有二教，皆掌之司徒。其事不在庠序，不与讲诵。是乃有司教令，亦杂与今世社会教育同类，非宗教之科。"孔、孟、庄、孙诸公作，人道兴，神道废，"自尔二千年，虽佛法旁入，黄巾接踵，有似于宗教"，但究其实，佛典本不礼鬼神，"乃以寂定智慧为主"，所行近于隐遁，"非所以普教施民"。"若黄巾道士者，符箓诡诞，左道惑人"，为人轻蔑，"则中国果未有宗教也"。① 一句话，中国根本没有设立国教的传统。

再次，以孔子为教主、以"六经"为教义之说不合历史事实。章太炎曾反复指出，孔子为历史学家、教育家、思想家，而非宗教家，"孔子所以为中国斗杓者，在制历史、布文籍、振学术、平阶级而已"，"其所以高于尧、舜、文、武而无算者"在此。"若夫德行之教、仁义之端，《周官》已布之齐民，列国未尝坠其纲纪……固不悉自孔子授之。"孔子之书称为"祭典"，也不过是不想"高世骇俗"，易于为世人接受而已。若说"宗教，则为孔子所弃"。有人以孔子为宗教家实际上是"忘其所以当尊，而以不当尊者奉之，适足以玷阙里之堂，污泰山之迹耳。"②

章太炎主张"六经皆史"、以六经为古籍，反对"六经"是宗教教义之说。他分析道："《易》称圣人以神道设教，斯即盥而不荐，禘之说也。禘之说孔子不知，号曰设教，其实不教也。……《周礼》神仕诸职，皆王官之一守，不以布于民常。"③ "儒以《诗》、《礼》发家……皆以儒术为之题署，云儒教者无有也。"④《春秋》、《尚书》是记事之书，非为设教布道而作。总之，"六经"为经学典籍，其功在记历史，其用在推导成迹，浇

---

① 章太炎：《驳建立孔教议》，《太炎文录初编》卷二，《章太炎全集》（四），194～195页。
② 同上书，195～197页。
③ 同上书，195页。
④ 章太炎：《示国学会诸生》，《章太炎政论选集》，694～695页。

灌民众爱国之心，而决非崇拜神祇的圣经。

针对有人提出儒学的教仪在庠序、教仪是向孔子施礼，章太炎指出：学校诸生尊礼孔子，就像"匠师之奉鲁班，缝人之奉轩辕，胥吏之奉萧何，各尊其师，思慕反本，本不以神祇灵鬼事之，其魂魄存亡亦不问，又非能遍于兆庶也"①。章太炎认为，以尊礼孔子为教仪，实是牵强附会。

综上，章太炎认为，"中土素无国教，孔子亦本无教名，表章六经，所以传历史，自著《孝经》、《论语》，所以开儒术，或言名教，或言教育，此皆与宗教不相及也。"②

最后，针对有人提出儒教始自董仲舒成于宋代新儒学的说法，章太炎进行了批判。他指出：孔子之在周末，"孟、荀之徒……皆以为百世之英、人伦之杰，与尧、舜、文、武伯仲，未尝侪之圜丘、清庙之伦也。"后来董仲舒"以经典为巫师豫记之流"、以《春秋》为汉世制法，其目的在于"以媚人主"。"昏主不达，以为孔子果玄帝之子，真人尸解之伦。谶纬蜂起，怪说布彰。"章太炎认为，"仲舒之托于孔子，犹宫崇、张道陵之托于老聃"，实际上是对"六经"的曲解柱说，严重背离"六经"原貌。董仲舒神化孔子、篡改"六经"，主要是干政所需，意不在创教。阴阳五行、"禄命形法"、谶纬学说、河图洛书都是旁门左道，等同于巫师骗人的把戏，与宗教相去绝远。③ 章太炎对汉宋儒学宗教形态的评论虽缺乏正面论述，但他立足于历史指出董仲舒等人曲经致用而非创教设教、谶纬学说仅是儒学旁门别派而非正宗正派，都有助于说明儒学不是宗教这一问题。

（二）对儒学宗教性问题的现实回答：不能建立孔教

章太炎对儒学宗教性问题的历史考察，目的是从知识上对儒教的实质进行分析。但设立孔教，不仅是一个知识性问题，还是一个现实性问题。清末以来，特别是在民国初年，尊孔设教呼声甚嚣尘上，康有为、陈焕章

---

① 章太炎：《驳建立孔教议》，《太炎文录初编》卷二，《章太炎全集》（四），195～196页。
② 章太炎：《示国学会诸生》，《章太炎政论选集》，694页。
③ 参见章太炎：《驳建立孔教议》，《太炎文录初编》卷二，《章太炎全集》（四），196页。

等人和袁世凯的爪牙们一起，组织孔教会、孔道会、孔社、宗圣会、昌明礼教社等团体，创办《不忍》等杂志，大肆宣传"以孔教为国教"，为复辟帝制服务。在政治上，他们以革命共和为自己最大的敌人。对这股反动潮流，章太炎进行了有力的还击。

第一，设立孔教是愚民之举。章太炎对袁世凯之流倡立孔教的政治野心洞若观火，他在给汤夫人的信中明确指出："有人欲以孔教为国教，其名似顺，其心乃别有主张。"① 中国素无国教，"自伏羲、炎、黄，事多隐怪，而偏为后世称颂者，无过田渔衣裳诸业。国民常性，所察在政事日用，所务在工商耕稼，志尽于有生，语绝于无验。人思自尊，而不欲守死事神以为真宰，此华夏之民所以为达。视彼佞谀上帝，拜谒法皇，举全国而宗事一尊，且著之典章者，其智愚相去远矣。"② 立孔教为国教，实是愚民之举，这不仅不利于改造国民性，反而利于袁世凯搞复辟专制。

第二，设立孔教有引起冲突和战争之嫌疑。章太炎指出，康有为之徒任意篡改"六经"，"点窜《尧典》、《舜典》以为美，涂改《清庙》、《生民》以为文，至于冕旒郊天，龙衮备物，民国所不当行者，亦可藉名圣教，悍然言之"。以卫教之名，行攻击民国之实，这就是立教的本质所在。进而，章太炎又指出立孔教为国教将会导致的恶果：立孔教为国教，必造成"政教相揉，不平者必趋而入于天方、基督，四万万人家为仇敌，小则为义和团之争，大乃为十字军之战，祸延于百年，毒流于兆庶"。立宗教"将以半数之命殉其宗教而无所悔，涓涓不绝，成为江河，岂不哀哉。"③ 章太炎夸大了宗教的负面影响，但又没能指出宗教战争的实质。

第三，设立孔教并不能拯救道德。章太炎专门驳斥孔教可以拯救道德的谰言说：有人言"以道德沦丧，藉此拯救为说，足以委曲动人，顾不知其奸言莠行有若是者。夫欲存中国之学术者，百家具在，当分其余品，成其统绪，宏其疑昧，以易简御纷糅，足以日进不已。孔子本不专一家，亦

---

① 章太炎：《致汤夫人书》，《章太炎先生家书》，1913 年 9 月 14 日。
② 章太炎：《驳建立孔教议》，《太炎文录初编》卷二，《章太炎全集》（四），195 页。
③ 章太炎：《示国学会诸生》，《章太炎政论选集》，695 页。

何为牢执而不舍哉！欲救道德之沦丧者，典言高行，散在泉书，则而效之，躬行君子，亦足以为万民表仪矣。若以宗教导人，虽无他害，犹劝人作伪耳。"① 也就是说，欲以挽救道德沦丧，"六经"俱在，何必改经从教，徒留作伪之名呢？

第四，以孔教为国教并不能防止西方文化的侵略。康有为主张以孔教为国教，的确有抵御西方列强文化侵略特别是宗教侵略的用意，其主观用意有值得肯定的地方，但从客观效果上讲，西方文化侵略是以强大的政治、经济、军事实力为后盾的，康氏主张通过孔教来反对外来宗教侵略无疑是徒劳之举，根本不可能实现。章太炎清醒地认识到了这一点，他明确指出："今人猥见耶稣、路德之法，渐入域中，乃欲建树孔教以相抗衡。是犹素无创痍，无故灼以成瘢，乃徒师其鄙劣，而未有以相君也。"②

第五，设立孔教并非是巩固民族团结的灵丹妙药。有人提出："崇孔教者，所以旁慰沙门，使蒙古、西藏无携志。"针对这一说法，章太炎回答说："此尤诳世之言，二藩背诞，则强邻间之，给以中国废教，藉口其实，非宗教所能驯也。昔张居正之抚蒙古，攻讨恚绥，形格势禁，无所不用。势已宾服，然后以黄教固之耳。今不修攻守之具，而欲以虚言羁縻，是犹欲讲《孝经》以服黄巾，必不得矣。"③

第六，孔教有泯绝学术、堕落道德、篡改历史之弊。在《示国学会诸生》一文中，章太炎对康有为等人设立孔教的实质和弊端进行了总结。他说："孔教之称，始妄人康有为，实今文经师之流毒。刘逢禄、宋翔凤之伦，号于通经致用，所谓《春秋》断狱、《禹贡》治河、三百五篇当谏书者，则彼之三宝已。大言夸世，故恶明文而好疑言，熹口说而忌传记，以古文《周礼》出于姬公，嫌儒术为周、孔通名，于是特题孔教，视宋儒道统之说弥以狭隘，其纰缪亦滋多矣。"纰缪之一是抹杀历史。"言《公羊》者，辄云孔子为万世制法，《春秋》非纪事之书。夫以宪章文、武，修辑

---

① 章太炎：《示国学会诸生》，《章太炎政论选集》，696～697页。
② 章太炎：《驳建立孔教议》，《太炎文录初编》卷二，《章太炎全集》（四），195页。
③ 同上书，197～198页。

历史者而谓之变乱事迹,起灭任意,则是视六经为道士天书,其祸过于秦之推烧史记。推其用意,必以历史记载为不足信,社会习惯为不足循,然后可以吐言为经,口含天宪",为其主观臆说服务。① 之二是堕落风纪道德。章太炎指出:康有为、陈焕章等人擅立宗教,盲改风俗,专尊一家,"俪其侯度,而奉其仪容,则诳燿也;贵其一家,而忘其比类,则偏畸也。进退失据,挟左道,比神事,其不可以垂则甚明。"② 尊孔设教,徒渎乱风纪,坠隳道德。之三是泯绝学术。章太炎对公羊学派臆说经文的学风一向不满,而对王闿运、廖平、康有为等人牵强附会西方宗教的做法尤为深恶痛绝。他说:"若其系于学术者,锢塞民智,犹其小者尔,大者乃在变乱成说,令人醒醉发狂。"如,"彼说耶苏,以为耶即是父,苏即死而复生";王闿运"则云墨家巨子即絮子,絮者十字架也"。如此之说,"荒诞屈奇,殆若病瘵","非使学术泯绝,人人为狂夫方相不已"。③ 尊孔设教危害学术,不可实行。

(三) 寻求价值重建的载体:建立新佛教

20世纪初年,章太炎"借《民报》作佛声",大力宣扬佛教。他建立宗教的现实原因,最直接的就是要"用宗教发起信心,增进国民的道德"。在现成的各种宗教之中,他所看中的就是佛教,"佛教的理论,使上智人不能不信;佛教的戒律,使下愚人不能不信;通彻上下,这是最可用的"。在佛教各宗派中,他所选择的是法相、华严二宗:"这华严宗所说,要在普度众生,头目脑髓,都可施舍与人,在道德上最为有益。这法相宗所说,就是万法惟心,一切有形的色相,无形的法尘,总是幻见幻想,并非实在真有……在哲学上今日也最相宜。要有这种信仰,才得勇猛无畏、众志成城,方可干得事来。"章太炎所宣扬的佛教,实际上是根据他的需要臆造和改造后的佛教。他将佛教"一切众生,皆是平等"的教义,解释成"佛教最恨君权","佛教最重平等,所以妨碍平等的东西,必要除去"。他

---

① 参见章太炎:《示国学会诸生》,《章太炎政论选集》,695页。
② 章太炎:《驳建立孔教议》,《太炎文录初编》卷二,《章太炎全集》(四),196页。
③ 章太炎:《示国学会诸生》,《章太炎政论选集》,696页。

明确宣布，"提倡佛教，为社会道德上起见，固为最要；为我们革命军上的道德上起见，亦是最要。"①在《答梦庵》、《答铁铮》、《建立宗教论》等文中，章太炎都曾反复申谕他建立无神佛教的目的：增进国民的道德，陶冶革命的情操。总之，章太炎建立无神宗教就是要为价值观念的重建、革命道德的增进寻求一种载体。

章太炎建立无神的佛教与其儒学思想的发展似乎无关，但经我们仔细考察后却发现，事实并非如此，二者关系密切。

第一，建立无神宗教是儒学不能胜任革命道德建设的需要而作出的选择。在辛亥革命时期，章太炎虽然偶尔也借用儒家道德宣传革命思想，但从总体上说，与他当时的抑儒扬佛思想相一致，他更强调佛学思想对革命道德的建设作用。他认为，近代中国，"民德衰颓，于今为甚，姬、孔遗言，无复挽回之力，即理学亦不足以持世"，且学说日新，智慧增长，"而主张竞争者，流入害为正法论；主张功利者，流入害为正道论。恶慧既深，道德日败。矫弊者，乃憬然于宗教之不可泯绝"。在此条件下，章太炎比较宗教各派各宗后认为，"非法相之理，华严之行，必不能制恶见而清污俗"，而儒家的"《春秋》遗训"、"颜、戴绪言"，也只有以大乘佛教为纲，"才足以相辅"。②

在《建立宗教论》中，章太炎对此作了进一步分析，他说："今之世，非周、秦、汉、魏之世也，彼时纯朴未分，则虽以孔、老常言，亦足化民成俗。今则不然，六道轮回、地狱变相之说，犹不足以取济。非说无生，则不能去畏死心；非破我所，则不能去拜金心；非谈平等，则不能去奴隶心；非示众生皆佛，则不能去退屈心；非举三轮清净，则不能去德色心。"总之，佛教是陶铸革命道德的灵丹妙药，其作用非儒学所能比拟，"作民德者，舍此无他术也"③。

---

① 章太炎：《东京留学生欢迎会演说辞》，《章太炎政论选集》，273～276页。
② 参见章太炎：《人无我论》，《太炎文录初编》别录卷三，《章太炎全集》（四），429页。
③ 章太炎：《答梦庵》，《章太炎政论选集》，397页。

为什么孔教①不能胜任增进民德的任务呢？在《东京留学生欢迎会演说辞》中，他对此专门作了说明："若说孔教，原有好到极处的。就是各种宗教，都有神秘难知的话杂在里头，惟有孔教，还算干净"，但这并不意味着孔教能胜任改造国民道德的任务，因为它具有一大致命的弱点——"孔教最大的污点，是使人不脱富贵利禄的思想"。章太炎说，自汉武帝专尊孔教以后，热中于富贵利禄的人日多一日，而"想要实行革命，提倡民权，若夹杂一点儿富贵利禄的心，就像微虫霉菌，可以残害全身，所以孔教是断不可用的"②。

总而言之，在章太炎看来，在当时的历史背景下无论是儒家道德还是孔教都具有自身不可克服的缺点，难以胜任增进国民道德的任务，因此只好转求于佛教。

第二，建立无神宗教是出于章太炎对哲学、宗教、道德三者关系的独特认识。章太炎在谈到三者之间的关系时说："世间道德，率自宗教引生。彼宗教之卑者，其初虽有僧侣祭司，久则延及平民，而僧侣祭司亦自废绝。则道德普及之世，即宗教消镕之世也。于此有学者出，存其德音，去其神话，而以高尚之理想，经纬之以成学说。"简言之，宗教是道德产生的源泉，道德普及则导致哲学昌盛，哲学反过来改造宗教，"存其德音，去其神话"。章太炎认为，无论是西方，还是中国，宗教、道德、哲学都依此规律而递嬗。比如，"中国之孔、老，希腊之琐格拉底、柏拉图辈，皆以哲学而为宗教之代起者"；接下来，孔、老之学，迁为汉儒，琐、柏二氏之学"缘生基督"，这样，"哲学复成宗教"；其后，西方自培根、笛卡尔等人开始，中国自程、朱、陆、王诸儒开始，"又复变易旧章，自成哲学"。按照章太炎的推理，时下又到了宗教取代哲学的时候了。由于"程、朱、陆、王，固以禅宗为其根本，而晚近独逸诸师，亦于内典有所摭拾"，因此，"继起之宗教，必释教无疑也"③。按照章太炎的逻辑，佛教

---

① 这里章太炎所说的孔教主要是指教化之教，与康有为等人所说的孔教含义不同。
② 章太炎：《东京留学生欢迎会演说辞》，《章太炎政论选集》，272～273页。
③ 章太炎：《建立宗教论》，《太炎文录初编》别录卷三，《章太炎全集》（四），418～419页。

取代儒学合情合理。在这一问题上，康德与章太炎的看法相同，章太炎是否受康德的影响所致，我们不得而知。不过，由于缺乏严密的论证和坚实的证据，章氏这一观点仅能是他个人的臆测，没有多大说服力。

第三，建立无神宗教符合儒学的一贯精神。在章太炎看来，在中国建立无神宗教并非无根之木，而是有章可循，适合中国的历史和现实。他认为，佛学、儒学相通之处甚多。首先，二者的根本精神相合。"支那德教，虽各殊途，而根原所在，悉归于一，曰'依自不依他'耳"，上自孔、孟、荀，下至程、朱、陆、王、颜、李，虚实不同，拘通异状，但在"自贵其心，依自不依他"这一点上则是一以贯之。而"佛教行于中国，宗派十数，独禅宗为盛者，即以自贵其心，不援鬼神，与中国心理相合"之故。法相有禅宗之长而无禅宗之短，"至于自贵其心，不依他力，其术可用于艰难危急之时，则一也"①。总之，儒学、佛教精神相通，均以远胜欧洲神教的"依自不依他之说"为臬极。其次，法相之学适于近代的学术精神。明代气节之士，非能研精佛典，只能学习较为简易的禅宗，而不能会通精深的法相之学，而"近代学术，渐趋实事求是之途，自汉学诸公分条析理，远非明儒所能企及。逮科学萌芽，而用心益复缜密矣"，因此，法相之学，"于明代则不宜，于近代则甚适，由学术所趋然也"②。再次，儒学、法相皆主无神之说。孔子言天祝、天丧、天厌、获罪于天等语，此即斯宾诺沙泛神之说，"中国得孔子泛神之说，至公孟而拨除之，印度得数论无神之说，至释迦而昌大之"。二者不仅同主无神之说，而且"转变亦有相似"。最后，儒学、佛教崇拜之法相同。章太炎认为，儒、佛二教，"其神既非实有，则崇拜为虚文耳"。中国传统"士人之拜孔子，胥吏之拜萧何，匠人之拜鲁般，衣工之拜轩辕，彼非以求福而事之，又非如神教所崇拜者。……以为吾之学术出于是人，故不得不加尊礼。此于诸崇拜中，最为清净"。佛教崇拜释迦牟尼与汉人之拜孔子相同，释迦不仅于2600年前实有其人，且"遗风绪教，流传至今"，"沐浴膏泽，解脱尘劳"都是受自释

---

① 章太炎：《答铁铮》，《太炎文录初编》别录卷二，《章太炎全集》（四），369～370页。

② 同上书，370页。

迦之赐。后人"尊仰而崇拜之,尊其为师,非尊其为鬼神。"简言之,佛教尊释迦牟尼与儒学尊奉孔子大同小异,都是缘"一切事端之起,必先有其本师,以本师代表其事,而施以殊礼"① 而成。

综上所述,章太炎建立宗教论的提出看似与儒学价值体系的关系不甚明显,但察其起因可以看出,它是20世纪初期章太炎认为儒学已不足以陶铸革命道德的背景下所找到的重建价值的源泉和增进道德的载体。

第四,我们看一下章太炎的群己关系论。群己关系是儒家价值体系的一项重要内容,涵盖了群体价值和个体价值、社会群体利益和个人利益两层关系。传统儒家各学派虽然对群己关系之辨各有不同识见,但有一点是相同的,即儒家群己观的实质是群体价值高于个体价值,以群体本位为价值取向,注重人伦原则。

从历史的发展看,先秦儒家强调"群居和一",既重视群体价值,又肯定个人的自我价值,具有进步意义。但随着封建专制主义的确立和强化,封建伦理的凝固和僵化,先秦儒家群己观中"贵己"、"重己"的因素逐渐削弱,而"贵群"、"为群"的一面日益升值。秦汉以后,儒学直接以封建君主作为群体的表征,个体的价值显得无足轻重,以封建君主为代表的社会、国家群体,成为束缚个体独立、个性发展的枷锁。到封建社会后期,道学家们甚至视个体的利益和个性为大逆不道的祸害。虽然程朱等人大讲"孔颜乐处"的人格境界,大讲从我做起"穷理尽性以至于命",但其标准和归宿并不在于"成己"——实现个人价值,而在于"俱立"、"兼爱"——实现群体价值。"成己"是手段,"为群"是目的。个体的人格已完全道德化,完全成为"三纲五常"、"天理"、"道心"的奴隶。群体认同的强化和走上极致,严重抑制了个人主义的滋长,束缚了个性的发展,延缓了价值观念近代转化的步伐。

在此背景下,章太炎出于宣传资产阶级思想的需要,运用他所掌握的近代思想学说对儒家传统的群己观进行了新的阐释。

---

① 章太炎:《建立宗教论》,《太炎文录初编》别录卷三,《章太炎全集》(四),416页。

1894年9月章太炎所撰写的《独居记》，以及稍后据此修改补充而成的《明独》，是他运用近代资产阶级理论诠释儒家群己观的首批文章。在这些文章中，章太炎大声呼吁，国家要图强振兴，必须同传统习俗和社会势力所织成的重重蛛网决裂。建立于儒家宗法制和伦常规范上的大大小小家族、宗派，以及封建特权集团，号称为"群"，其实只不过是为"大群之贼"的"小群"。这些小群使人们如虮虱相聚，不仅严重地窒息和禁锢着人们个性的自由和独立，而且严重地妨碍了"大群"，即社会的、民族的共同体，也就是近代民族国家的形成和发展。因此，他疾呼，要使中华民族团结成一个真正巩固、奋发有为的"大群"，就必须冲垮这些"小群"。而冲垮这些"小群"，就必须依靠"大独"精神。大独，它要求人们敢于独立思考、敢于发展自己的个性、敢于背逆流俗、敢于蔑视旧社会种种习惯势力。他断言，这种"大独"精神，必将召唤"大群"的到来，必将有力地推动整个社会及全体社会成员的发展，而绝非像所谓的"鸷夫"、"嚚夫"、"旷夫"一样唯我独尊，自私自利，一意孤行。"大独必群，不群非独也"，真正的"大独"同"小群"决裂，而以整个民族、整个国家的命运为皈依，即一要"群于国"，二要"群于无告者"，三要"群于知方之士"。总之，"小群，大群之贼也；大独，大群之母也。"在章太炎看来，"大群"实即近代的民族国家和社会。"大独"，实即不拘"小群"，敢于为"大群"牺牲的近代国民。这里，章太炎出于对甲午战争前后民族危机的思考，依然强调"群"对于"己"的重要意义，但他的"群"，指的是以民族、国家为依归的"大群"；他指出，"群必以独成"，承认个性解放是孕育新的"大群"的母体，无疑具有召唤民主主义的意义。①

再看章太炎对"合群明分"的解释。《荀子》的"合群明分"说在古代较有影响，章太炎运用进化论对它进行诠释，赋予了新的内涵。《荀子·王制》："人何以能群？曰：分。分何以能行？曰：义。故义以分则和，和则一。"荀子讲"合群明分"，主要是强调礼义法度对社会形成和社会稳定的作用。章太炎运用进化论解释说："竞以器，竞以礼，昔之有用

---

① 参见章太炎：《明独》，《章太炎选集》，1~9页。

者，皆今之无用者也。民无兽患，则狩苗可以废。社无鬼神，则朱丝、攻鼓可以息。"① 章太炎指出，礼器原于兵器，礼制也是人群进行竞争的工具，都遵循着进化规律。如，农作物不遭兽害，狩猎的礼便应废除；人民不信鬼神，则祭社时用朱丝系祭品和击鼓作乐舞就应停止。根据"用进废退"的原则，旧的礼仪法度已不再需要。当然，这并不是说"合群明分"已经过时。章太炎指出："天为不足称颂，而国命可自己制"，"一人则成亏前定，而合群则得丧在我"，"合群明分，则足以御他族之侮；涣志离德，则帅天下而路"。在民族国家危亡之际，不应听天由命，而应当唤醒民众的自觉，依靠合群的力量来扭转国家和民族的命运，"苟能此，则无不自立"。② 荀子讲"合群明分"，目的是服务于"名分纲常"，强调其人伦意义；章太炎讲"合群明分"，则在于呼唤个体的觉醒，众志成城，不驯于天命，挽救处于狂澜恶浪中的民族和国家。

综上不难看出，章太炎对儒家思想的阐释导源于传统与近代之间的紧张关系，其出发点是力图超越落伍的传统观念，走向近代，实现思想观念的近代转化。在近代，思想文化的近代化是与批判儒家思想紧密相关的。当时，有人视儒家思想与近代化过程为不相容的两极。章太炎由于与儒家思想渊源较深，对儒家思想有着较为全面而深刻的理解，因此，他在论述中没有对儒家思想作简单化否定，能够注意从儒家文化自身特点出发，强调民族文化近代转化的历史根基，明确指出其中含有可以存继国性、陶铸国魂的精华成分。他对儒家思想的阐释尽管存在一些失误，但在一定程度上却有利于缓解儒家思想与中国思想文化近代化之间的紧张。

---

① 章太炎：《原变》，《訄书》初刻本，《章太炎全集》（三），27页。
② 参见章太炎：《菌说》，《章太炎选集》，77、81页。

第六章　章太炎儒学思想与时代思潮

　　章太炎儒学思想与时代思潮互相影响，共同发展。一方面，章太炎援经论政，以经学为宣传政治思想的工具；另一方面，时代思潮深深地影响了章太炎儒学思想的形成和演变。在近代中国众多思潮中，与章太炎儒学思想关系最为密切者，当为改良思潮、革命思潮、五四新文化思潮。

一、章太炎儒学思想与改良思潮

　　在近代思潮中，改良思潮最先影响了章太炎儒学思想的发展演变。改良思潮在近代中国影响大、存在时间长，在这里，我们仅截取戊戌维新时期的改良思潮为对象，探讨它与章太炎儒学思想的关系。

　　戊戌维新时期改良思潮与章太炎儒学思想之间的关系既对立又统一。一方面，改良思潮促进了章太炎儒学思想的发展，相辅相成，章太炎曾一度利用儒学思想服务于维新变法；另一方面，章太炎又以其儒学思想为武器，对康有为等人维新变法的理论根据展开批判。

（一）改良思潮对其儒学思想的影响

　　戊戌维新时期，改良思潮代表着当时社会的发展趋势，推动了历史的进步，其对章太炎儒学思想的影响主要表现为积极的一面。兹举两点。

　　其一，要求学术同封建纲常名教相分离。维新变法前，章太炎不过是一个斤斤于旧学的儒生，正如他自我描述说："少时治经，谨守朴学，所疏通证明者，在文字、器数之间。虽尝博观诸子，略识微言，亦随顺旧义耳。"[①] 经过改良思潮的洗礼，章太炎的儒学学术思想发生了质的飞跃。其中最为显著的表现，就是他要求学术同封建主义政治、名教相分离。我们知道，传统儒学"学"、"政"、"教"合一，都以服务于封建统治为主旨。

---

　　① 章太炎：《菿汉微言》，86页。

甲午战争以后，西学东渐对儒学的正统地位形成了严重的冲击，康有为宣称孔子改制，实质是援西学入儒学，其前提就是要求儒学从封建正统思想中分离出来。受西学特别是改良思潮的影响，章太炎也认识到将学术从封建政治和纲常名教中分离出来的重要性。《儒墨》、《儒道》、《儒法》、《儒侠》、《儒兵》、《今古文辨义》等篇，都表现出要求学术独立于封建正统思想的倾向。当然，从一定意义上讲，完全独立于政治和现实之外的学术是不存在的，章太炎要求学术独立于政治，实质上只是宣告学术同封建主义的分离。他倡导把"求是"之学与"致用"之学区别开来，实质上，他的"求是"之学也有为现实服务的一面，只不过是为资产阶级利益服务罢了。因此，我们说，章太炎强调学术独立虽不可完全实现，但能从为封建主义服务变成为资产阶级服务，并借用近代西方科学研究方法来研究儒学，这显然是质的变化，是进步的，符合历史潮流。

其二，援经学作政论，为维新变法服务。章太炎一生援经论政有多种表现形式，辛亥革命时期在大多数情况下他援引经学是为了从较为严正的学术角度驳斥改良派政治思想的立论根基——今文经学。而戊戌维新时期则不同。在戊戌维新时期，章太炎援经论政与康有为等人宣扬"孔子改制"、"新学伪经"实是异曲同工，从一定程度上说，也是曲经致用，为资产阶级维新变法服务。这一点在《论亚洲宜自为唇齿》、《论学会有大益于黄人亟宜保护》、《变法箴言》、《鷟庙》、《客帝论》等文中得到了反映，章太炎除不顾门户之见，兼采今文，利用公羊学"大一统"、"通三统"理论来宣扬改制变法外，还直接援引古文经学"托古改制"，如说什么民主来源于《尚书·尧典》，议院来源于《周礼》，如果"弃三王之道"，就要"党竞"、"相挤"。① 这一点在第二章中已有交代。

1900 年秋，章太炎作《客帝匡谬》一文，对自己受改良思潮的影响深表反悔，断然向保皇派宣战。这标志着章太炎儒学思想摆脱了改良思潮的影响。

---

① 参见汤志钧编：《章太炎年谱长编》，100 页。

（二）运用儒学批判改良思潮

戊戌变法时期，章太炎的思想表现较为复杂。有人把这一时期章太炎的政治思想完全归属于改良思想，这有失于准确。我们认为，像孙中山、章太炎等革命派人士，他们虽一度受改良思想的影响，但其思想的主流或主线还是革命思想，他们的革命思想大体初步形成于甲午战争前后，尽管革命思潮的出现晚于改良思潮。章太炎对其本人在戊戌维新时期的政治思想曾经作过道白，他在1897年发表的《论学会有大益于黄人亟宜保护》一文中标榜说："变郊号，柴社稷，谓之革命；礼秀民，聚俊材，谓之革政。今之亟务，曰：以革政挽革命。"① "革政"只是手段，是权宜之计，"革命"才是目的，这里的"革命"虽然不是现代意义上的革命，但已经可以看出他在改造中国社会问题上与改良派的不同看法。后来他述及在《时务报》与康门弟子共事情况时又称："中岁主《时务报》与康、梁诸子委蛇，亦尝言及变法。当是时，固以为民气获伸，则满洲五百万人必不能自立于汉土，其言虽与今异，其旨则与今同。昔为间接之革命，今为直接之革命，何有所谓始欲维新、终创革命者哉！"② 变法维新只不过是应时之举，是一种策略而已。日本学者近藤邦康在研究中也指出：在戊戌维新时期，章太炎和康、梁在怎样实现中国独立富强问题上存在着分歧，"即在于是通过光绪帝实行自上而下的改良之路，还是由汉民族实行自下而上的革命方法"③。因此，我们说，章太炎声称与康、梁"行谊政术自合"，④ 只是为了解决当时社会实际问题、为了解决燃眉之急的民族危机，在革命条件还不成熟的历史条件下的权宜选择。既然章太炎的政治思想在根本点上与改良思潮不相符契，二者之间的矛盾必然有所暴露，这从章太炎的儒学思想中可以看出一些端倪。

康有为、梁启超等改良派在主张维新变法、进行政治改革的同时，还

---

① 章炳麟：《论学会有大益于黄人亟宜保护》，载《时务报》第19册，1897年3月出版。
② 章炳麟：《狱中答新闻记者》，载《苏报》，光绪二十九年闰五月十二日。
③ ［日］近藤邦康：《救亡与传统》，59页，太原，山西人民出版社，1988。
④ 章炳麟：《康氏复书》，载《台湾日日新报》，1899-01-13。

积极呼号创立孔教，立孔教为国教。对此二者，章太炎运用儒学进行了不同程度的批判。

对于前者，章太炎所竭力反对的是变法维新的理论根据今文经学，而非变法维新本身。在维新变法初期，章太炎同维新派的经学论争，从表面上看似是学术之争，但其实质已触及维新变法的理论基础——今文经学的核心经义问题。大家熟知，章、康的古今文之争是晚清学界的一大公案。实际上，章太炎本人自始至终也未曾避讳过他与维新派的学术分歧，他多次坦言道："论及学派，辄如冰炭"，"古今文经说，余始终不能与彼合也"。他并且明确指出：康有为著《新学伪经考》，较之刘逢禄、宋翔凤诸家，尤为"恣肆"、"诡诞"。①

虽然章太炎夫子自道"论学虽殊，而行谊政术自合也"，并未掺杂有多少政治用意，但从客观效果上讲，章太炎所极力反驳的今文经学毕竟是维新派变法的重要理论依托之一，虽然他声称学术与政事为两端，但实质上已是釜底抽薪，这也正是张之洞一度援引章氏到幕下的原因所在。

退一步仅就主观方面分析，如果说在维新运动初期章太炎同维新派的经学之争还仅限于学术范围的话，那么，伴随维新变法的深入和改良思想弊端的日益暴露，章太炎同康、梁等人的儒学对话已是别具用心，绝非局限于学术意义。康氏门徒宣传《明夷待访录》，章氏便"持船山《黄书》相角，以为不去满洲，则改政变法为虚语"②。针对维新派"狂悖恣肆，造言不经"，章太炎续成《新学伪经考》驳议数十条，力攻其妄。③ 维新派尊孟斥荀，章太炎便作《尊荀》、《后圣》申明荀子的法后王精神。维新派抬高孔子、拔高儒家，章太炎便将孔子与其他诸子相提并论。维新派用儒家"仁恕之说"鼓吹"省刑"，章太炎便作《定律》严加辩诘。④ 凡此种种足以说明，章太炎对今文经学的不满已不仅仅是学术问题，而已触及了维新变法最敏感的政治神经。

---

① 参见章太炎：《太炎先生自订年谱》，光绪二十二年，载《近代史资料》，1957 (1)。
② 章太炎：《太炎先生自订年谱》，光绪二十三年，载《近代史资料》，1957 (1)。
③ 参见谭献：《复堂日记续录》，钱基博《跋记》。
④ 参见汤志钧编：《章太炎年谱长编》，103～104页。

对于后者，章太炎主张大加挞伐，毫不留情。章太炎一贯反对维新派创设孔教的主张。据冯自由说：1897年初章太炎在《时务报》社与梁启超共事时，"尝叩梁以其师宗旨，梁以变法维新及创立孔教对，章谓变法维新为当世之急务，惟尊孔设教有煽动教祸之虞，不能轻于附和"①。章太炎对维新派设立孔教的狂热确实十分不满，他在《致谭献书》中说道："康党诸大贤，以长素为教皇，又目为南海圣人，谓不及十年，当有符命，其人目光炯炯如岩下电，此病狂语，不值一欸。而好之者乃如蛣蜣转丸，则不得不大声疾呼，直攻其妄。"② 在这一问题上，章太炎不仅在感情上与"康党诸大贤"势成吴越，而且在理性认识上也是锋芒相向。《儒术真论》及其附录《视天论》、《菌说》的著述宗旨就是从哲学高度批判康有为、谭嗣同等改良派建立孔教论的错误。

综上所述，笔者认为，章太炎在儒学领域对改良派的批判至少有两点意义。其一，章太炎以较为实证的学术态度和理性主义精神来批判改良派，有利于人们清醒地认识改良派变法理论的不足和存在的缺点，这在变法运动后期显得尤为重要。其二，章太炎对改良派变法理论的这种理性认识，随着社会历史的发展，成为促使他与康、梁分裂的重要原因之一。

二、章太炎儒学思想与革命思潮

章太炎的儒学思想与革命思潮关系密切。从渊源上讲，如果说儒学对章太炎革命思想的形成起了巨大作用，难免有些牵强；但若说儒学对章太炎革命思想的形成毫无影响，那也不符合事实。我们认为，从一定意义上说，传统儒学曾为章太炎革命思想的形成提供了文化资源。

儒家典籍和传统大儒思想中所包含的种族观念和革命精神在早年章太炎心中留下了印迹。如《周易》说"天地革而四时成，汤武革命，顺乎天而应乎人，革之时大矣哉"；《春秋》言"夷夏之辨严于君臣之义"；《左

---

① 冯自由：《中华民国开国前革命史》，第十四章《壬寅支那亡国纪念会》。
② 汤志钧编：《章太炎年谱长编》，42页。

传》倡"非我族类,其心必异";……诚如刘小枫所说,革命思想与儒家文化有着较深的渊源。① 凡此种种,无不鼓荡章太炎铲除异族统治的壮志,他个人对这一点供认不讳,曾说:"余生亡清之末,少慧异族,未尝应举,故得泛览典文,左右采获",遂"有逐满之志",② 及读明末诸大儒文集,"志行益定"③。

儒学不仅为章太炎革命思想的形成提供了文化养料,而且成为他宣传革命思想的工具。章太炎最大限度地利用儒学宣扬革命、为革命思潮推波助澜则是辛亥革命时期的事情。20世纪初叶,康有为等人完全落入了光绪皇帝的彀中,由维新派变成了保皇派,拼命鼓吹早已落伍的改良主义思想,以抵制刚刚起于青萍之末的革命思潮。也就在这时,章太炎与改良派发生了彻底的决裂。章太炎代表从传统中走出来的中国人与孙中山代表向西方追求真理的先进的中国人一起,并肩战斗,奏响了资产阶级民主革命的最高乐章。章太炎宣传革命的最大特点,是以"有学问的革命家现身",运用他所擅长的古文经学,对康有为等保皇派所持的今文经学从学理上展开批判,从而加大了革命思想宣传的力度。章太炎运用儒学宣传革命,大致可归纳为以下三方面。

(一) 从经学角度批驳改良思想依托的今文经学

戊戌变法失败后,康有为以今文经学为依托,撰写《论语注》、《中庸注》、《春秋笔削大义微言考》、《大同书》诸书,系统宣传改良主义思想;梁启超以《清议报》和《新民丛报》为阵地,发表《戊戌政变记》、《光绪圣德记》、《积弱溯源论》等著述,壮大声势。面对这股改良主义潮流,章太炎抓住其主要论点,一一予以反击。

首先,章太炎猛攻改良派穿凿附会《春秋公羊传》的荒谬性。为此,他先后撰写了《征信论》、《与人论朴学报书》和《驳皮锡瑞三书》等多篇文章。在这些文章中,他批判"公羊三世说"道:"三统迭起,不能如循

---

① 参见刘小枫:《个体信仰与文化理论》,成都,四川人民出版社,1997。

② 章太炎:《自述学术次第》,载《制言》第25期;《致陶亚魂柳亚庐书》,《章太炎政论选集》,191页。

③ 章太炎:《光复军志序》,《章太炎政论选集》,681页。

环；三世渐进，不能如推毂"；并正告说："今文五经之家"，"信言不美，美言不信"①。他讽刺康有为等"世儒或意言三世，以明进化"是穿凿论调："察《公羊》所说，则据乱、升平、大平，于一代而已矣。礼俗革变，械器迁讹，诚弗能于一代尽之。"② 他还指责康有为等对"大一统"学说的附会论调说："《公羊》所谓大一统者，指正朔言；李斯所谓大一统者，指法令言。法令一统，惟郡县为可；正朔一统，则封建郡县所同。"由此，他进一步指出："《春秋》言治乱虽繁，识治之原，上不如老聃韩非，下犹不逮仲长统"③，它只不过是记载治乱事迹的史书罢了，并未曾为后人设计出治国安邦的根本方案，康氏把《公羊》神圣化和依《春秋》法先王的论调是毫无根据的。这里，章太炎驳斥康有为等改良派对《公羊》的穿凿附会，有利于恢复公羊学的历史真相，以革命的进化论批判改良派的庸俗进化论和历史循环论，可谓切中论敌的要害。

其次，章太炎从古文经学"经史皆一"的观点出发，反对神化孔子及其学说，批驳改良派"托古改制"、"纳儒入教"的谬论。康有为等借《公羊》"三世"言进化，以今文"三统"言因革，引经据典，希图从历史上说明保皇立宪的正统性和合法性。对此，章太炎秉承古文经学家法，以孔子为"史家宗主"、教育先师，从历史观、方法论以及经史关系上，对改良派的今文经学理论予以了批判。

在历史观上，他对孔子给予了重新评价。他指出："有商订历史之孔子，则删定六经是也；有从事教育之孔子，则《论语》、《孝经》是也。由前之道，其流为经师；由后之道，其流为儒家。"④ 因此，孔子是史学家、教育家。他还多次把孔子与左丘明、刘歆等相提并论："孔氏，古良史也。辅以丘明而次《春秋》，料比百家，若璇机玉斗矣"；"孔子死，名实足以

---

① 章太炎：《征信论下》，《太炎文录初编》文录卷一，《章太炎全集》（四），59～60页。
② 章太炎：《尊史》，《訄书》重订本，《章太炎全集》（三），320页。
③ 章太炎：《原经》，《国故论衡》中卷。
④ 章太炎：《诸子学略说》，《章太炎政论选集》，288页。

伉者，汉之刘歆"。① 同时，为了揭去今文经学家给孔子披上的神圣外衣，他还直言不讳地指出了孔子的缺点和不足："孔子最是胆小，虽要与贵族竞争，却不敢去联合平民，推翻贵族政体"，相反却依附于贵族，"依人作嫁"②；孔子的著作也缺乏系统性可靠性，"《论语》者晻昧，《三朝记》与诸告饬、通论多自触击也"③。关于经学的性质问题，章氏以《春秋》为例进行了论证，以此批判今文经学派的观点。他说：《春秋》而上有《尚书》，《春秋》而下有《史记》、《汉书》，孔子作《春秋》是承继前之史学开启后之史学，并不是什么"托古改制"；"若局于《公羊》取义之说，徒以三世、三统大言相扇，而视一切历史为刍狗，则违于孔氏远矣"。④

在方法论上，章太炎在《征信论》（上、下）、《信史》（上、下）四篇经史文论中，以"经史合一"的观点，对今文经学派的治学方法予以批判。他指出：应把科学的研究与常识的推论区别开来，史学应有史学的范围，史学的追求在于依据历史以明因果，而不能凭一般名理以此推彼；所谓平议即寻史之始卒源流为职志，而不是今文经学派大义微言的妄议方法。他主张用科学的经史之学来驳斥玄纬的经史之学，并以史实有据的"分析名相"所本的逻辑形式来驳斥康、梁的"经于成型之论"和"疑似因果之论"的荒谬逻辑。他还广征博引，以证谶纬口说为汉儒伪造，以明"微言"不合于事实，以斥今文经学之诬史为愚昧、《新学伪经考》为怪诞、《孔子改制考》为虚妄。其中，章太炎驳斥皮锡瑞等以《王制》为孔子改制的证据便是一例。这在前面已有论述。

从总体上看，章氏以实证的方法论证孔子及其学说，剥落了孔子"改制素王"、"通天教主"的神圣光环，是对改良派学说的一大打击；他以史学与逻辑学相结合的方法来论证经学问题，具有较强的说服力。对此，侯外庐在《近代中国思想学说史》中曾指出："章太炎以孔学为史学而驳斥托古改制之说，其言精当。"

---

① 章太炎：《订孔》，《訄书》重订本，《章太炎全集》（三），135页。
② 章太炎：《东京留学生欢迎会演说辞》，《章太炎政论选集》，272页。
③ 章太炎：《订孔》，《訄书》重订本，《章太炎全集》（三），134页。
④ 章太炎：《答铁铮》，《太炎文录初编》别录卷二，《章太炎全集》（四），371页。

再次，章太炎以有据可信的实证方法向人们揭示了改良派"天命"、"维新"等论调的虚伪性。戊戌变法失败后，康有为作《中庸注》，大肆宣扬"天命"论，主张保皇立宪。对此，章太炎驳斥说："《中庸》以'天命'始，以'上天之载，无声无臭'终"，"拨乱反正，不在'天命'之有无，而在人力之难易"。① 进而，他提出以资产阶级革命论代替改良派"天命"论的主张："公理之未明，即以革命明之；旧俗之俱在，即以革命去之。革命非天雄大黄之猛剂，而实补泻兼备之良药矣。"② 而《论承用维新二字之荒谬》一文，则是章太炎利用汉学家所擅长的文字训诂之学，对改良派"维新"一词痛加针砭的短论。文中说："其（改良派）较诸格致尤缪者，则有维新二字。维新之语，始见于《大雅》，再见于伪《古文尚书》。如《大雅》言：周虽旧邦，其命维新。此谓以千数百年西岐之侯国，忽焉宠受帝眷，统一神州，而为万国之共主，是故谓之新命。若今之政府，则帝制自为也久矣，更安有所谓其命维新者？欲言维新，则惟有英雄崛起，历数在躬，而后得副此称尔，而妄者以维新为变法，其缪一也"；再如伪《古文尚书》"所说：'歼厥渠魁，胁从罔治，旧染污俗，咸与维新。'亦可见未有不先流血而能遽见维新者……而妄者以维新为温和主义，其缪二也"；"衣之始裁为之初，木之始伐谓之新"，"满洲之新，在康熙、雍正二世，今之政府，腐败蠹蚀，其材已不可复用，而欲责其再新，是何异责垂死之翁以呱啼哺乳"，此为谬上加谬也。③ 语言尖刻，笔锋犀利。

此外，章太炎同改良派的其他主张也进行了针锋相对的斗争。改良派宗法宋儒，他便作《思乡原》上下篇，言朱子为乡愿之优者；改良派攻击戴震之学，他便撰《释戴》一文褒戴；改良派抑顾，他便申顾；改良派宗黄，他便《非黄》。应当指出，这些论争有着强烈的政治寓意和革命情绪，有些论据违于历史事实，不能仅简单地从学术角度来理解。

---

① 章太炎：《驳康有为论革命书》，《章太炎政论选集》，202页。
② 同上书，204页。
③ 章太炎：《论承用维新二字之荒谬》，《章太炎政论选集》，243页。

（二）从民族革命角度驳斥改良派的保皇立宪主张

站在民族独立立场，宣传"革命排满"，是章太炎一以贯之的思想主张。章氏这一思想经历了从早期狭隘排满到光复革命的升华和飞跃，1906年接任《民报》主编后他的民族革命思想基本走向了成熟。针对改良派的喉舌《新民丛报》、《清议报》、《政论》月刊和《不忍》杂志宣扬的立宪保皇论调，他在《民报》、《汉帜》、《复报》、《国粹学报》等刊物上发表了《东京留学生欢迎会演说辞》、《诸子学略说》、《洪秀全演义序》、《革命之道德》等大批宣扬民族革命思想的政论文章，对改良派展开了猛烈的攻势。其中，他运用儒学同改良派的斗争主要表现如下。

第一，章太炎以"夷夏之防"明确民族大义，对改良派背叛《公羊》家法、宣扬立宪保皇理论痛加指斥。章氏早在戊戌时期就说过："内中国，外夷狄，《春秋》三家所同，弑君称君为君无道，三家亦不有异。"① 这时，他又发展说："刘逢禄辈世仕满洲，有拥戴虏酋之志，而张大《公羊》以陈符命，尚非《公羊》旧说也。"② 对于"《公羊》旧说"与立宪保皇论调的自相矛盾之处，他作了进一步分析：康氏大同思想并非《春秋》原意，"大同唯见《礼运》……又未尝言进夷狄"，"公羊学派的人，说甚么三世就是进化，九旨就是进夷狄为中国，去仰攀欧洲最浅最陋的学说"③，其目的就是要混淆满汉界限，阻碍革命排满。他还说："长素固言大同公理非今日即可全行。然则今日固为民族主义之时代，而可混淆满、汉以同熏莸于一器哉？时方据乱而言大平，何自悖其三世之说也。"④ 最后，他得出结论道：《公羊》言"复九世之仇"，康有为却效忠满清，"甘与同壤，受其豢养，供其驱使，宁使汉族无自立之日，而必为满洲谋其帝王万世祈天永命之计"⑤，"种种缪戾，由其高官厚禄之性素已养成，由是引犬羊为同种，奉貔尾为鸿宝，向之崇拜《公羊》，诵法《繁露》，以为一字一句皆神圣不

---

① 章太炎：《太炎先生自订年谱》，光绪二十四年，载《近代史资料》，1957（1）。
② 章太炎：《中华民国解》，载《民报》第15号。
③ 章太炎：《东京留学生欢迎会演说辞》，《章太炎政论选集》，276页。
④ 章太炎：《驳康有为论革命书》，《章太炎政论选集》，195页。
⑤ 同上书，197页。

可侵犯者，今则并其所谓复九世之仇而亦议之"。①

  这里，我们对章太炎批判康有为等违背《春秋》大义的说法应作具体分析。一方面，章太炎从儒家原始典籍立论，来批判康有为的理论违背了《公羊传》的经义，从而在理论上使康有为陷入自相矛盾的境地，这一批判符合历史事实，是有力的。但另一方面，章太炎从狭隘的民族观念出发，对清代公羊学的评价却有失偏颇。清代对公羊学的一大发展就是摒弃了传统的夷夏观念，作出了有利于多民族团结的阐述。② 章太炎由于固执于传统的种族观念，使他的驳论虽顺应了革命大潮，但却缺乏时代的高度。

  第二，章太炎发展了清初顾、王、戴等汉学大师的经学思想，高扬文化民族主义，以宣传民族革命思想。章氏号召人们学习顾炎武治学的民族气节，反对改良派空谈义理、曲解历史。他说："考证六经之学，始自明末儒先，深隐蒿莱，不求闻达，其所治乃与康熙诸臣绝异。若顾宁人者，甄明音韵，纤悉寻求……惟惧不究，其用在兴起幽情，感怀前德，吾辈言民族主义者犹食其赐。且持论多求根据，不欲空言义理以诬后人，斯乃所谓存诚之学。"③ 他还称赞顾氏反清排满矢志不渝、精研朴学学以致用的精神说："宁人居华阴，以关中为天府，其险可守，虽著书，不忘兵革之事。其志不就，则推迹百王之制，以待后圣，其材高矣。"④ 进而指出顾氏反对满清统治的两种做法以告留日学生说："昔顾宁人以东胡僭乱，神州陆沉，慨然于道德之亡，而著之《日知录》"，以明民族大义；"当初顾亭林要想排斥满洲，却无兵力，就到各处去访那古碑古碣传示后人"，以"增进爱国的热肠"⑤。基于此，他号召人们爱惜历史，弘扬国粹。"为甚提倡国粹？不是要人尊信孔教，只是要人爱惜我们汉种的历史。这个历史，是说广义的，其中可以分为三项：一是语言文字，二是典章制度，三是人物事迹。"

---

① 章太炎：《驳康有为论革命书》，《章太炎政论选集》，196页。
② 参见孙春在：《清末的公羊思想》。
③ 章太炎：《答梦庵》，《章太炎政论选集》，398页。
④ 章太炎：《衡三老》，《章太炎政论选集》，325页。
⑤ 章太炎：《东京留学生欢迎会演说辞》，《章太炎政论选集》，279~280页。

他认为：只要晓得历史，"就是全无心肝的人，那爱国爱种的心，必定风发泉涌，不可遏抑的"，必能起来排满革命。①

第三，章太炎发挥汉学家之长，经史结合，引经据典，鼓吹民族矛盾，激起民族革命情感。他说："仆以为民族主义，如稼穑然，要以史籍所载人物、制度、地理、风俗之类，为之灌溉，则蔚然以兴矣。不然，徒知主义之可贵，而不知民族之可爱，吾恐其渐就萎黄也。"② 出于这种认识，他反复征引经史典籍宣传民族主义思想。在《原人》一文中，他论证出中国民族皆出于轩辕，得出了华夏不可臣服于胡虏的结论。在《序种姓》一文中，他对中国古代种族和姓氏详加考证后说：中国政权"可禅可继可革，而不可使异类间之"③。在《中华民国解》一文中，他引述《帝典》，又据《说文》，指出"夏指中国人"，夏与蛮族有别，并考证华夏是同一种族，夷狄入主中原是破坏中国政治独立，不能允许存在，必须排满革命。1908 年《民报》被封后，章太炎的政论文章虽然相对减少，但其学术文章如《刘子政左氏说》、《庄子解故》、《小学答问》、《国故论衡》、《文始》和《齐物论释》等训诂考据的朴学著作中，有关"提奖光复"的言辞依然可寻。

（三）从民主革命角度驳斥改良派的"尊孔"、"复辟"主张

在近代资产阶级革命中，民主革命思想的高扬理应走在民族革命的前列，但由于近代中国半殖民地半封建社会的特殊国情，民主革命思想一直渗融在民族革命思想之中，未能得到充分的独立和发展。章太炎对民主革命思想的宣传也不例外。章太炎运用儒学宣传民主思想主要表现为：

其一，从经学中阐发民主的大义。如对《春秋》主旨的理解上，章太炎认为，《春秋》除了强调"夷夏大防"的种族观念外，最重要的一点就是告诫统治者、警诫国君，"责君严于责臣"。他明确反对孟子提出的、为后代统治者信奉的孔子作《春秋》是为了使"乱臣贼子惧"的说法，指

---

① 章太炎：《东京留学生欢迎会演说辞》，《章太炎政论选集》，276 页。
② 章太炎：《答铁铮》，载《民报》第 14 号。
③ 章太炎：《序种姓上》，《訄书》重订本，《章太炎全集》（三），172 页。

出:"《春秋》之治,急于公卿士大夫,缓于士庶。"《春秋》经传多用"弑"、"放"表示君主被杀或放逐。章太炎解释说:书"弑"是分别归罪于君臣,书"放"是为了斥责君主之过。他说:"凡书臣之罪者,戮辱止乎其身;书君无道者,戒厉及于永世。"① 章太炎的这一解释,与前人不同,表现出了反对君权独尊的民主思想。

其二,章太炎运用汉学的考证方法,以学术论争的方式宣传民主思想。在《官制索隐》和《五朝法律索隐》等文中,他继承实事求是、言而有征的汉学传统,本着治经史不掩其污点、"无厌于甘辛黑白"的求实精神,发展了先辈学者的古史观,把官制起源的"存古"之说,更向真实推进了一步。他的官制起源三说,贯穿了反对封建专制主义的精神。一是古代天子居山说。一扫传统经学家的旧说,证明历史是古野而今文,论定天子不是天生的"可崇可贵"者,从而打破了千古以来对封建君主的迷信,否定了封建社会的三纲五常。二是古代宰官为奴说。认为宰相臣僚等一切后世所谓的尊崇者,在古代皆为奴隶,从而使人们认清封建社会君臣之义的虚伪性,揭穿封建等级制愚弄人的把戏。三是法吏起源说。说明远古社会中非氏族的平民可以问政,进而提出应当发扬法制民主的传统。

他还对儒家对法制民主的破坏提出了批评。在《商鞅》、《原法》等文中,他强调法制是民主的保障与先决,切于人事的法制是民主生活的起码要求,封建社会由于无法而导致专制局面的出现。他认为,是儒家破坏了法家的传统。他指斥今文经学家"引经附法"的目的是要实行封建专制和君主集权:"董仲舒为《春秋》折狱,引经附法,异夫道家儒人所为,则佞之徒也。"封建社会所行之法,是"经之虮虱,法之秕稗也"②。

其三,批判尊孔设教论。民国初年,袁世凯窃取政权,为"帝制复活"大搞祀孔祭天活动;康有为炮制"虚君共和"论,抬出孔教以相迎合;更有甚者,直接指斥辛亥革命是"全法欧美,尽弃国粹",民主共和制不适于中国。一时,尊孔复古逆流甚嚣尘上,封建主义专制思想猖獗抬

---

① 章太炎:《春秋左氏疑义答问》卷二上,《章太炎全集》(六),276页。
② 章太炎:《原法》,《检论》卷三,《章太炎全集》(三),436页。

头……这一切惊醒了迷陷于时局中的章太炎,他说:"余本光复前驱,中华民国由我创造,不忍其覆亡。"① 他以宣传民主思想为己任,加入到挽救革命成果的战斗行列。章太炎在《驳建立孔教议》、《示国学会诸生》等文中对康有为等人设立孔教、封建复古的言论进行了系统批判,宣传了民主共和思想。

从章太炎同康、梁斗争的全过程我们可以看出,章太炎批判改良保皇主张,宣传民主革命思想,其批判的武器、宣传的内容,都在一定程度上与儒学有关。在近代,由于经学还没有作为成熟的学术形态独立出来,与政治还存在着较多的联系,像康有为既主张改良又主今文经学,因此,要彻底推翻他的改良理论,就必须从学术与政治两方面双管齐下,才具有较大的战斗力和说服力。章太炎以"有学问的革命家"现身,援经论政,虽不免守旧迂腐之处,但由于是针锋相对,影响力自然超出了一般革命家的水平。可以说,传统的经学由于被革命家所掌握,也成为中国近代资产阶级民主革命斗争的武器。借此,我们也可以说明,传统儒学并非全是糟粕,关键在于怎样服务于时代需要,具体分析,灵活运用。

三、章太炎儒学思想与五四新文化思潮

提及新文化思潮的历史渊源,人们大都以为是西方文化直接影响下的产物,往往不重视康有为、章太炎等近代思想家的影响。尽管章太炎对五四新文化运动时有微辞,对五四新文化思潮的影响也是他本人所始料未及的,但他对这一思潮有着直接影响却是不容置疑的事实。仅从儒学思想方面看,章太炎至少对五四新文化运动产生了以下影响。

在政治思想方面,对五四新文化思潮反对尊孔设教、反对儒家独尊、反对封建专制等思想有直接影响。我们知道,近代以来中国人对传统儒学的第一次冲击是太平天国运动。太平天国的农民英雄们捣毁文庙、学宫,砸碎孔子牌位,焚烧经学典籍,无疑是激进的反儒教主义。但这只是带有

---

① 章太炎:《致陆建章书》,《章太炎政论选集》,683 页。

浓厚感情色彩的表层扫荡，并没有从根本上动摇儒家思想的统治地位。接下来是资产阶级改良派，他们以反传统的"正统"面目出现，打着经学的旗帜反经学，宣布"新学伪经"、"孔子改制"，虽震撼了古文经学的根基，但却没有从根本上触及孔子的尊圣地位。到了辛亥革命时期，章太炎才直接正面地、比较理性地对孔子及儒家学说进行了较为客观的评价和深刻的批判。章太炎《儒术真论》、《订孔》、《诸子学略说》、《东京留学生欢迎会演说辞》、《驳建立孔教议》等文的一大贡献，就是把支撑封建专制主义的儒学及作为一元价值核心的孔子的权威客观化和世俗化了。章太炎以孔子为史学家、教育家，反对建立孔教、以孔子为教主等主张，对五四新文化运动的影响十分明显。

　　"五四"时期反孔教运动的积极倡言者吴虞，其反孔思想便受到了章太炎影响。他的《儒家主张阶级制度之害》、《经疑》、《读〈荀子〉书后》、《对于祀孔问题之我见》、《儒家大同之义本于老子说》等文一再推许章太炎对孔教的抨击。他说："知政治儒教当改革者，章太炎诸人也"①，"章太炎《诸子学略说》攻孔子最有力，其《訄书》并引日本远藤隆吉'支那有孔子，为支那祸本'之言"②。他对章太炎的《诸子学略说》极力回护，斥责想把《诸子学略说》烧毁的人说："某氏收取章太炎《诸子学略说》，烬于一炬，而野蛮荒谬之能事极矣。"③ 他批判孔子的言论，时从章太炎文章中转手而来。如"盖孔氏之徒，湛心利禄，故不得不主张尊王，使君主神圣威严不可侵犯，以求亲媚"④ 便脱胎自《诸子学略说》。此外，吴虞说孔子之学本于老子、礼运大同之说乃孔子窃道家的余绪、尊老庄而抑孔子、尊道墨而抑儒家、称孔学为官僚主义等也多渊源于章太炎，而加以引申发挥。

　　陈独秀是五四新文化运动的主将，他批孔非儒的文字很多。举其大端不外乎以下三条：孔子之道不适于现代生活，孔子思想与共和政体不相

---

① 吴虞：《读〈荀子〉书后》，《吴虞集》，110页，成都，四川人民出版社，1983。
② 吴虞：《对于祀孔问题之我见》，《吴虞集》，240页。
③ 吴虞：《儒家主张阶级制度之害》，《吴虞集》，98页。
④ 同上书，97页。

容,反对尊孔复辟、以孔教为国教。就此三条与章太炎的《与人论朴学报书》、《驳建立孔教议》相较,二者主旨基本相同。此外,像鲁迅、钱玄同等章太炎的及门弟子,他们不仅继承了章太炎早期的批判孔教反对封建专制主义的精神,而且更向前跨进一步,成为五四新文化运动中彻底摧毁封建旧文化殿堂的闯将。

在学术思想上,章太炎对传统儒学乃至诸子之学的许多看法影响了"五四"时期及其以后的大批学者。除前面已经提到的诸人外,还有胡适、顾颉刚、傅斯年等学术巨匠。

胡适是开一代风气的学术大师。对于他与章太炎在学术上的先后承续关系,早在20世纪20年代初梁启超就曾指出:胡适的《中国哲学史大纲》在评论孔学方面,有不少地方是在章氏《检论》及《国故论衡》的基础上发展而成的,由"章太炎先生引起端绪,都是胡先生才告成功"的。① 为了减轻儒家独尊的压力,胡适把儒家还归到诸子百家中进行历史的考察,这种通过研究诸子以相对降低儒家的做法,正是秉承自章太炎。胡适的《说儒》继承了章太炎的研究成果,是对章太炎《原儒》所开启的关于儒和儒家演进的历史进行的再探讨。胡适对清代学术史的梳理,也是顺着章太炎反理学的角度进行的。胡适的《论戴东原哲学》一文则是在吸收章太炎的《释戴》、《悲先戴》等文章的学术观点的基础上形成的。章太炎是中国近代最早主张用资产阶级的价值观整理"国故"并率先尝试系统地研究中国学术史的学者。胡适则是踵其后步、在新的历史条件下,"整理国故"运动的倡导人,是把中国传统学术研究推向一个新阶段的后继者。

钱玄同是章太炎的学生,后又受康有为、崔适的影响,转而"颇宗今文家言"②。从他五四新文化运动时期的学术思想看,几乎无法理解他与章太炎之间师生相承的关系。而事实上,他这一时期不仅在反对孔教、诋斥儒学等政治思想上受到章太炎的启蒙,而且在学术思想上也留有章太炎的影响。钱玄同的挚友黎锦熙对此深有了解,他说:"一般人只看见钱先生

---

① 参见梁启超:《评胡适之〈中国哲学史大纲〉》,《饮冰室合集》文集之三十八,50页。
② 钱玄同:《刘申叔先生遗书·序》。

并不和他老师一样的反对今文经学,而且研讲今文,表彰南海,就以为他于章氏古文经学竟无所承,殊不知他在新文化运动中,大胆说话,能奏摧枯拉朽之功,其基本观念就在'六经皆史'这一点上,不过在《新青年》他的文章中,一般人不易看出这个意识上的渊源来耳。"① 钱玄同以六经为古史资料,主张整理"国故",这显然不是渊源于今文经学家,而是来自章太炎的影响。

章太炎对顾颉刚与傅斯年的影响不仅表现在"六经皆史"等具体的学术观点上,而且从学风上也可以看出。章太炎一向反对今文经学的"通经致用",强调"学在求是,不在致用",这一点在顾颉刚身上有所反映。他说:"学问固然可以应用,但应用只是学问的自然的结果,而不是著手做学问时的目的。从此以后,我敢于大胆作无用的研究,不为一般人的势利观念所笼罩了。这一个觉悟真是我的生命中最可纪念的,我将来如能在学问上有所建树,这一个觉悟决是成功的根源。追寻最有力的启发,就在太炎先生攻击今文家的'通经致用'了。"② 关于章太炎学风对傅斯年的影响,毛子水在《傅孟真先生传略》中曾多次论及。他说:"当时北京大学文史科学生读书的风气,受章太炎先生学说的影响很大",傅斯年"亦是崇信章氏的一人"③。

在此顺便指出,章太炎对梁漱溟、熊十力等现代新儒家儒学思想的形成也有重要影响。从心路历程上讲,熊十力尽管一再斥责章太炎对佛学的曲解,但熊氏融会儒佛、通过形而上的哲理玄思之途改造传统儒学的努力,其神旨确实是受自章太炎的影响。不同是,章、熊二人各自的思辨成果,代表了心识之路上前后相接的两个阶段而已。章太炎强调认识论,以识代心;熊十力重视本体论,扬心抑识,重建儒家的人生哲学,"完成了谭嗣同、章太炎等人的哲学未竟之业"④。梁漱溟不仅在建立新宗教问题上

---

① 黎锦熙:《钱玄同先生传与手札合刊》,18页,台北,传记文学出版社,1972。
② 顾颉刚:《古史辨》第一册《自序》。
③ 毛子水:《傅孟真先生传略》,《师友记》,92页,台北,传记文学出版社,1978。
④ 李泽厚:《略论现代新儒家》,《中国现代思想史论》,279页,北京,东方出版社,1987。

与章太炎有着相承之处①,在改造传统儒学方面有着相同的观点,而且在对待东西方文化问题的态度上,也显示出二人前车后辙的联系。只要看一看梁氏文化发展的三个路向说,就可以知道章太炎对其文化观影响的大小。

通过上面的论述,我们的目的不在于揭示五四新文化运动的传统思想渊源,而是想说明:章太炎儒学思想对五四新文化思潮的影响与他五四新文化运动时期儒学思想的表现并不完全一样,甚至有大相径庭之处。我们只有认识到这一点,才能较合理地摆正章太炎儒学思想与五四新文化思潮的关系,也才能正确全面地理解章太炎的儒学思想。

---

① 参见马勇:《近代中国文化诸问题》,232页,上海,上海人民出版社,1992。

结　语

对于章太炎儒学思想的评价，或高或低，或臧或否，但都无法改变一个事实，即其在近代中国儒学史、学术史乃至文化史上具有不可忽视的历史地位。笔者以为，章太炎儒学思想尽管瑕瑜互见，存有诸多缺陷和失误，但其主流是值得珍视的文化遗产，应当予以积极肯定。

从学术史角度考察，章太炎早年走的是旧式经生的老路，但不久他就跳出了旧学的窠臼，"非清学所能限矣"①。他所提出的"必以古经说为客体，新思想为主观"②，便是集中体现。他主张"夷六艺于古史"，把前人奉为圣训典谟的儒家经典，还以历史文献的面目；把定于一尊的至圣孔子，仅视做史学家、教育家。这不仅向历史真实迈进了一大步，而且非旧式经学家所敢言。他对儒学史的系统考察，他对清代学术的论述，他对"六经"特别是《春秋》、《左传》的研究，都不乏大学问家的卓识远见。他援引西学来研究儒学，把经学发展为历史学，把儒学发展为国学中的一门，已开现代学术研究之端绪。

从思想史角度考察，他对儒家思想的哲学阐释足以看出一个思想家的睿智。他在《菿汉微言》中曾非常自负地说："凡古近政俗之消息，社会都野之情状，华梵圣哲之义谛，东西学人之所说，拘者执著而鲜通，短者执中而居间……余则操'齐物'以解纷，明'天倪'以为量，割制大理，莫不孙顺。"梁启超称其自述"殆非溢美"③。这段话虽非专就其儒学思想而言的，但在一定程度上却也不难看出他不囿门户成见，吐纳扬弃、融会贯通其他学派乃至西学的能力。于儒家学说内部，他上探先秦，下采魏晋，不唯汉学是从，"朴学稽之于古，而玄理验之于心。事虽繁赜，必寻

---

① 梁启超：《清代学术概论》，96页。
② 章太炎：《中国通史略例》，《訄书》重订本，《章太炎全集》（三），331页。
③ 梁启超：《清代学术概论》，96页。

其源……理虽幽眇,必征诸实"①,一定意义上排除了汉宋之争,发展了以儒经为根底的清代义理之学,使儒学一度两极分化的"尊德性"与"道问学"达到了相容兼顾的统一。② 他以儒学为基础,"摭拾诸子",摄取佛学,"旁采远西",在使他整个思想体系得以发展的同时,也丰富了他儒学思想的内容。继康有为宣布"伪经"后,他宣布"伪孔",把前人顶礼膜拜的孔子仅视为史学家、教育家,他把"六经"历史化世俗化的努力,都有利于破除封建主义迷信,具有思想启蒙的意义。他怀有强烈的历史使命感,以承接和重建中国文化的道统自任。在清代学术史上,章太炎是继戴震之后存有重建道统用心的少数人之一。不过,他所宣扬的道统,与旧学家宣扬的封建道统不同,是以保存国粹、存继国性、陶铸国魂、弘扬民族精神为指向,具有鲜明的民族个性、爱国热情和时代特色。他论天人关系、论群己关系、论儒家道德、论儒学的宗教性问题等,从不同角度不同程度冲击了儒家思想支撑下的旧的社会秩序、伦理世界和文化信仰,一定程度上实现了儒家思想的近代转化和重构。正如侯外庐所说:像章太炎"在中国思想史上这样有人格性的创造,实在数不上几人"③。

考察章太炎儒学思想与时代思潮的关系,不仅有利于较为客观地认识章太炎儒学思想形成的社会基础和文化基础,而且可以看出章太炎儒学思想的现实意义和社会价值。维新变法思潮、民主革命思潮和五四新文化思潮不同程度地影响了章太炎儒学思想的形成和发展,而章太炎也一度援用儒学来宣传维新变法和民主革命思想,"五四"时期的文化巨匠也大多受过章太炎的影响。

章太炎儒学思想毕竟是近代中国这一特定历史环境下的产物,同传统儒学相比,同现代新儒学相比,同马克思主义学者的儒学观相比,都有很大不同,表现出一些特点。这些特点一定程度上也是近代儒学思想的表征。

---

① 吴承仕藏:《章炳麟论学集》,349页。
② 参见谢樱宁:《章太炎年谱摭遗》,213页。
③ 侯外庐:《近代中国思想学说史》,865页。

其一，过渡性。"近代文化既丰富多彩，又肤浅粗糙，没有完整的体系"①，与这一特征相应，章太炎的儒学思想既不像鸦片战争以前思想家的儒学思想那样具有自己较为成熟的知识体系和理论框架，又不像后来的现代新儒家较为系统地吸收了西学特别是西方近代哲学的内容，建立起一个较为完备的哲学体系，更没有做到像马克思主义学者那样把儒学作为一个客观研究对象，摒弃其中的信仰成分。他的儒学思想介乎于传统与现代之间，过渡特征明显，从而决定了其儒学思想中新旧杂陈，精华与糟粕并存。

章太炎儒学思想的过渡性还表现在承前启后、继往开来，表现在他对儒学近代化的贡献。他对儒家经学的系统研究，对儒学史的历史总结，对儒学思想的新发展，为儒学近代化奠定了坚实的基础。而他对儒学学术转型的贡献，对现代学术理念、学术方法论、学术规范的建立和应用，对儒家思想的近代阐释，则是从学术上、思想上实现儒学现代转化的重要内容。

其二，政治性。近代思想文化的发展与救亡图存的历史主题密切相关。关注社会现实问题，政治性强烈，成为近代思想文化的一大特征。章太炎儒学思想的致用性十分明显，有值得肯定的地方。但从另一个角度说，他为了现实斗争的需要，为了服务于资产阶级革命斗争的实践，有时甚至采用牵强附会的手法，曲解儒学，来加强他的立论和宣传力度，从而影响了他儒学学术研究的科学性。

其三，矛盾性。近代中西文化的急剧碰撞，各种社会矛盾的复杂多变，使章太炎应接不暇。这一点，在章太炎儒学思想中也有反映。在治学思想上，他一方面强调"学在求是，不以致用"，主张学术应脱离政治而作为纯粹思想追求；另一方面面对滚滚而来的社会问题，他又怀有强烈的救世情怀，按捺不住寂寞，强调学术的伦理实践功能，主张学以致用。他同康有为的论争也充满矛盾，一方面指责康有为好为妄说，曲经致用；另一方面他本人也援经论政，附会经说。他的学术派性和他主张的实事求是的为学精神间也有矛盾，古文经学的学术立场有时限制了他对儒学作出实事求是的评价。儒学与他所从事的资产阶级革命之间也存有一种紧张关

---

① 龚书铎：《中国近代文化探索》，9页，北京，北京师范大学出版社，1997。

系，儒学毕竟是封建社会的官方哲学和意识形态，其中含有浓厚的封建道德意蕴，他借用儒学来宣传革命思想，故时而陷入左右失据、说理无力的地步。他对后世的影响也源于他思想学说的矛盾，"五四以来，新人与旧人的若干尖端的代表者，同时出现在章氏门下"①，激进者如鲁迅、钱玄同，保守者如学衡派。章太炎的儒学思想前后多变，抵牾之处甚多，若不作具体的历史分析，有时甚至判若出自两人之口。他对儒家道德由辛亥革命时期的批判到晚年的推扬，他对王阳明、黄宗羲等人学说评价的先后变化，都是这方面的例证。

进而言之，章太炎的儒学思想与同时代的思想家康有为、梁启超、孙中山等人相比，个性特征也较为明显。其主要表现如下。

1. 强烈的民族主义色彩。

在近代思想家中，章太炎的民族主义思想十分鲜明，他儒学思想的民族主义色彩也特别浓厚。康有为以富有民族特色的儒家文化来宣传维新变法，由于其志向在于世界大同，因此也就限制了其儒学思想的文化民族主义成分。章太炎政治上高举民族革命的大旗，文化上倡导"用国粹激动种姓，增进爱国的热肠"，因此也就易于使他所从事的儒学研究与民族革命结合起来。他所推崇的大儒顾炎武等人，不仅是他学术思想的先导，而且是他宣扬的民族主义思想的代表。他评点黄宗羲、王阳明等儒家人物，也往往以民族主义为准绳。他晚年倡导国学研究，更是从振兴中华民族文化出发。

2. 融合古今中西，深厚博杂。

近代思想家大都博通古今、融合中西。但章太炎儒学思想在这一方面表现得更为突出，更富有代表性。在传统学术研究方面，他是近代第一位系统整理中国学术史的学者，这一点不仅魏源、康有为、廖平等人不能相比，就是文化巨擘梁启超也只能步其后尘。他儒学思想的深厚还表现于他对佛学、对老庄之学、对西学的深刻理解和援相为用上，他以佛解易、以老庄释儒，在儒学史上极具特色；他运用近代西学来研究儒学、阐释中学，可堪与严复并秀。

---

① 侯外庐：《近代中国思想学说史》，873 页。

3. "基于理性",富有逻辑。

章太炎是近代屈指可数的逻辑性较强的思想家。他不仅有着较为严密的逻辑思维,而且富有理论修养。他对"忠""恕"之道的逻辑学解释,对戴震学术思想的研究,采用实证的方法来作学术研究,都是他注重逻辑的力证。他从历史出发,反对今文经学的盲从、谶纬、迷信,反对尊孔设教,都是他理性主义的写照。诚如侯外庐在《近代中国思想学说史》中指出,章太炎学术思想是历史与逻辑的结合,极富理性。

章太炎儒学思想存有不足之处乃至糟粕,是无须讳言的事实。他的政治派性和学派归属影响了他学术研究的客观性和科学性。他晚年过分拘执于传统文化(如参与军阀投壶典礼等),影响了他对西方文化精华的吸收,阻碍了他与时俱进。他的儒学思想一定程度上趋向于理想化、书斋化,削弱了对社会现实的指导作用。从总体上说,章太炎的儒学思想并没能从根本上挽救近代中国的历史命运,并在晚年一度偏离出历史主流,那么,是否因此就把章太炎儒学思想归于失败呢?

笔者认为,在评价章太炎儒学思想(甚至近代其他思想家的儒学思想)时,应该抛开政治功利标准,不要一切以有用与否取舍。近代著名的思想家康、梁、严、章、孙等人晚年都曾到儒家学说中去寻找过救国救民的道理,结果自然都以失败告终。这种失败说明,传统儒学已不适合时代潮流,需要变化创新,而不能说是他们儒学思想的失败。① 要把传统儒学

---

① 第一,如果把上述思想家的儒学思想拿来同顽固守旧派和西化派相比,可以发现,这些思想家一生基本上坚持中庸之道;早年反对顽固派,使他们显得激进;晚年反对西化,使他们显得保守。其实激进和保守,仅是相对于不同的参照系而言罢了,变的是社会大潮,他的思想主旨并未发生多大变化。就此而言,笔者认为近代思想家思想大都经历过"离异"与"回归"的提法失于准确,他们所持的是文化保守主义,而非抱残守缺主义。第二,他们晚年儒学思想的产生合乎近代社会发展的逻辑,是对当时社会现状的反映。第一次世界大战所造成的西方"物质文明的破产",打破了他们的理想,动摇了他们的信念,影响了他们的奋斗目标。而西方思想家把人类未来的发展方向转向东方的宣传,更加强了他们对东方文化的信念,这种信念与长期以来所形成的对本民族历史文化的眷恋易于结合在一起。民国初年的社会现状——军阀混战、封建迷信抬头、西化思潮上涨,一方面,使他们对亲手缔造的"共和"失去信心,对西方的政治和文化是否适合中国产生疑虑;另一方面,西化思潮的过激行为和负面影响增强了他们走向儒学立场的决心。

同近代思想家的儒学思想区分开来，不能以瑕掩瑜，说他们的儒学思想在历史上没有起过进步作用。像章太炎，他援经论政，增强了宣扬革命的力度和深度；他对儒家学说的历史总结，继往开来，大大促进了儒学学术的近代化；他对儒学所进行的思想阐释，赋予儒学以时代内涵，起到了启蒙思想的作用；他对以儒家文化为代表的民族文化的重视，在当时的"西潮"形势下别具思路，有利于缓解传统与现代性之间的紧张关系。可以说，传统儒学的近代转化，与章太炎等近代思想家的努力是分不开的。即使退一步讲，虽然章太炎援经论政的思想学说已沦为历史学家的研究对象，但他在儒学史研究方面所取得的成就，对传统文化现代化的思考，融合中西文化的努力，却广为后人学习和借鉴，其儒学思想的影响至今在学界乃至思想文化界仍然存在。

通过对章太炎儒学思想的分析不难看出，他以儒学为基础，汲纳子学、佛学等学说的长处，积极吸收和借鉴西方文化的精华，交汇互融，扬弃创新，以实现传统文化的近代转化，有其合理可取之处。这种从本民族文化特点出发，以开放姿态兼收并蓄其他文化长处的做法，对于增强民族的自尊和自信，对于民族文化的现代化建设，不无裨益。

章太炎儒学思想的发展演变说明：中国思想文化的现代化是以中国传统文化为基础的现代化，有着自己深厚的文化底蕴和内在理路；借鉴和吸收西方文化而创建新文化，必须深契于中国社会发展的要求。已故美国学者列文森教授认为，近代中国的认同是死的认同，是抱残守缺的认同，创新基本上是浮面的引进，并未能实现中西文化的会通，因此，认同与创新都落空了。直至今天，国内外学术思想界认为儒学与西学根本不相容者，也依然大有人在。由上述看，这些提法值得推敲。

笔者认为，正视传统文化，正确区分传统儒学的精华与糟粕，并在实践中进行批判继承和创造转化，实现儒学的现代化；立足于以现代化儒学为主体的传统文化，广泛吸收和借鉴西方文化，实现东西方文化的融合，这才是我们对待儒学可取的态度，也是中国文化现代化的可行之路。

主要参考文献和征引书目

一、章太炎主要论著（含讲演记录）

1. 章氏丛书．杭州：浙江图书馆刻本，1919
2. 章氏丛书续编．北平刻本，1933
3. 《訄书》原刻手写底本．上海：上海古籍出版社，1985
4. 国故论衡．上海：上海大共和日报馆，1912
5. 上海国故研究会编．章氏国故论衡，上海：上海中一书局，1926
6. 菿汉微言．北京铅印本，1916
7. 太炎最近文录．上海：上海国学书室，1915
8. 章太炎文钞．上海：上海中华图书馆，1914
9. 章太炎全集．1～6卷．上海：上海人民出版社，1982－1986
10. 太炎先生自定年谱．上海：上海书店，1986年影印本；章氏国学讲习会排印本．近代史资料，1957年第1期
11. 汤国梨编章太炎先生家书．上海：上海古籍出版社，1985
12. 章炳麟论学集．北京：北京师范大学出版社，1982
13. 章太炎先生学术论著手迹选．北京：北京师范大学出版社，1986
14. 曹聚仁整理·国学概论．上海：上海古籍出版社，1997
15. 吴齐仁编章太炎的白话文．上海：泰东图书局，1922
16. 章氏星期讲习会记录．苏州章氏星期讲习会编，1935
17. 章太炎尺牍．上海：新文化书社，1935
18. 国学讲习会略说．东京：东京秀光社，1906
19. 国学振起社讲义．第1册．东京：东京秀光社，1906
20. 太炎教育谈．成都：四川观鉴庐，1920
21. 太炎学说．成都：四川观鉴庐，1920
22. 张冥飞笔述章太炎国学讲演录．上海：新文化书社，1935
23. 章太炎先生国学讲演集．上海：上海梁溪图书馆，1926

24. 王乘六，诸祖耿记. 章太炎先生国学讲演录. 20世纪80年代初南京大学据苏州章氏国学讲习会讲演记录刊本

25. 国学讲演录. 上海：华东师范大学出版社，1995

26. 汤志钧编章太炎政论选集. 北京：中华书局，1977

27. 黄夏年编章太炎集杨度集. 北京：中国社会科学出版社，1995

28. 陈平原编中国现代学术经典——章太炎卷. 石家庄：河北教育出版社，1996

29. 章太炎旅台文录. 中国文化研究集刊. 1984年第1辑

30. 朱维铮、姜义华编注章太炎选集. 上海：上海人民出版社，1981

31. 章太炎诗文选注. 上海：上海人民出版社，1976

二、章太炎参与编辑的主要报刊

《时务报》

《经世报》

《实学报》

《昌言报》

《民报》

《国粹学报》

《教育今语杂志》

《学林》

《华国月刊》

《制言》

附相关报刊：

《清议报》、《国故月刊》、《国风》、《国学丛刊》、《国学商兑》（《国学论衡》）、《中法大学月刊》、《华西学报》、《苏中校刊》、《国专季刊》、《学术世界》、《光华大学半月刊》、《国学丛编》、《雅言》、《国光》、《申报》等

三、章太炎研究论著（包括他人回忆资料）

1. 唐振常. 章太炎吴虞论集. 成都：四川人民出版社，1981
2. 许寿裳. 章太炎. 重庆：重庆出版社，1987
3. 张玉法. 章太炎. 台北：商务印书馆，1978

4. 汤志钧. 章太炎年谱长编. 北京：中华书局，1979

5. 李润苍. 论章太炎. 成都：四川人民出版社，1985

6. 姜义华. 章太炎思想研究. 上海：上海人民出版社，1985

7. 姜义华. 章太炎. 台北：东大图书公司，1991

8. 姜义华. 章太炎评传. 南昌：百花洲文艺出版社，1995

9. 王汎森. 章太炎的思想. 台北：时报文化出版公司，1985

10. 唐文权，罗福惠. 章太炎思想研究. 武汉：华中师范大学出版社，1986

11. 何成轩. 章太炎的哲学思想. 武汉：湖北人民出版社，1987

12. 谢樱宁. 章太炎年谱摭遗. 北京：中国社会科学出版社，1987

13. 章念驰编. 章太炎生平与思想研究文选. 杭州：浙江人民出版社，1986

14. 章念驰. 章太炎生平与学术. 北京：生活·读书·新知三联书店，1988

15. 章太炎纪念馆编. 先驱的踪迹. 杭州：浙江古籍出版社，1988

16. 章太纪念馆编. 先哲精神. 杭州：杭州出版社，1996

17. 汪荣祖. 康章合论. 台北：联经出版社，1988

18. 汪荣祖. 章太炎研究. 台北：李敖出版社，1991

19. 姚奠中，董炎国. 章太炎学术年谱. 太原：山西古籍出版社，1996

20. 傅杰编. 章太炎. 上海：上海三联书店，1997

21. 陈平原，杜玲玲编. 追忆章太炎. 北京：中国广播电视出版社，1997

22. 章太炎传记资料. 台北：天一出版社，1985—1988

四、相关文集或论著

1. ［美］艾尔曼著，赵刚译. 从理学到朴学. 南京：江苏人民出版社，1995

2. ［美］艾尔曼著，赵刚译. 经学、政治和宗族. 南京：江苏人民出版社，1998

3. 曹聚仁. 中国学术思想史随笔. 北京：生活·读书·新知三联书店, 1986

4. 曹述敬. 钱玄同年谱. 济南：齐鲁书社, 1986

5. 蔡元培. 中国伦理学史. 北京：东方出版社, 1996

6. 陈克明. 群经要义. 北京：东方出版社, 1996

7. 陈　来. 古代宗教与伦理. 北京：生活·读书·新知三联书店, 1996

8. 陈平原. 中国现代学术之建立. 北京：北京大学出版社, 1998

9. 陈其泰. 清代公羊学. 北京：东方出版社, 1997

10. 陈少明等. 被解释的传统——近代思想史新论. 广州：中山大学出版社, 1995

11. 陈少明. 儒学的现代转折. 沈阳：辽宁大学出版社, 1992

12. 陈少明. 汉宋学术与现代思想. 广州：广东人民出版社, 1995

13. 陈柱等. 清儒学术讨论第一集. 上海：商务印书馆, 1930

14. 陈祖武. 清初学术思辨录. 北京：中国社会科学出版社, 1990

15. 程发轫主编. 六十年来之国学. 台北：正中书局, 1974

16. 戴　震. 戴震集. 上海：上海古籍出版社, 1980

17. 戴　震. 戴震全集. 北京：清华大学出版社, 1997

18. 丁文江, 赵丰田. 梁启超年谱长编. 上海：上海人民出版社, 1983

19. 杜维运. 清代史学与史家. 北京：中华书局, 1988

20. 范文澜. 范文澜历史论文选集. 北京：中国社会科学出版社, 1979

21. 房德邻. 儒学的危机与嬗变. 台北：文津出版社, 1992

22. 冯　契. 中国近代哲学的革命进程. 上海：上海人民出版社, 1989

23. 冯　契. 人的自由和真善美. 上海：华东师范大学出版社, 1996

24. 高瑞泉主编. 中国近代社会思潮. 上海：华东师范大学出版社, 1996

25. 龚书铎. 近代中国与文化抉择. 北京：北京师范大学出版社, 1992

26. 龚书铎. 中国近代文化探索. 北京：北京师范大学出版社, 1997

27. 龚书铎主编．中国近代文化概论．北京：中华书局，1997
28. 龚自珍．龚自珍全集．上海：上海人民出版社，1975
29. 顾颉刚．古史辨．（一）．上海：上海古籍出版社，1982
30. 郭沫若．十批判书．北京：人民出版社，1954
31. 郭沫若．郭沫若全集·历史编．（一）（二）（三）．北京：人民出版社，1982
32. 郭湛波．近五十年中国思想史．济南：山东人民出版社，1997
33. 杭州大学语言文学研究室编．孙诒让研究．中华书局上海印刷厂，1963
34. 何金彝，马洪林．康有为．长春：吉林文史出版社，1997
35. 贺　麟．五十年来的中国哲学．沈阳：辽宁教育出版社，1989
36. 贺　麟．文化与人生．北京：商务印书馆，1996
37. 胡楚生．清代学术研究．台北：台湾学生书局，1988
38. 胡　适．胡适文存．合肥：黄山书社，1996
39. 胡　适．中国哲学史大纲卷上，北京：商务印书馆，1987
40. 胡维革．中国近代社会思潮研究．长春：东北师范大学出版社，1994
41. 黄开国．廖平评传．南昌：百花洲文艺出版社，1993
42. 侯外庐．近代中国思想学说史．上海：生活书店，1947
43. 蒋伯潜．十三经概论．上海：上海古籍出版社，1983
44. 江　藩．国朝汉学师承记．北京：中华书局，1983
45. 姜广辉．走出理学．沈阳：辽宁教育出版社，1997
46. 蒋　庆．公羊学引论．沈阳：辽宁教育出版社，1995
47. ［日］近藤邦康．救亡与传统．太原：山西人民出版社，1988
48. 康有为．康有为全集．（一）（二）（三）．上海：上海古籍出版社，1987—1992
49. 康有为．康有为政论集．北京：中华书局，1981
50. 李学勤．失落的文明．上海：上海文艺出版社，1997
51. 李泽厚．批判哲学的批判．合肥：安徽文艺出版社，1994

52. 李泽厚. 中国近代思想史论. 合肥：安徽文艺出版社，1994

53. 梁启超. 饮冰室合集. 北京：中华书局，1989

54. 梁启超. 中国近三百年学术史. 北京：东方出版社，1996

55. 梁启超. 清代学术概论. 上海：上海古籍出版社，1998

56. 廖　平. 廖平学术论著选集．（一）. 成都：巴蜀书社，1985

57. ［美］列文森著，郑大华等译. 儒教中国及其现代命运. 北京：中国社会科学出版社，2000

58. ［美］林毓生著，穆善培译. 中国意识的危机. 贵阳：贵州人民出版社，1986

59. 刘绍唐主编. 钱玄同先生传与手札合刊. 台北：传记文学出版社，1972

60. 刘起釪. 尚书学史. 北京：中华书局，1989

61. 刘师培. 刘申叔先生遗书. 宁南武氏刊本，1936

62. 刘小枫. 个体信仰与文化理论. 成都：四川人民出版社，1997

63. 柳诒徵. 中国文化史. 上海：东方出版中心，1988

64. 柳诒徵. 柳诒徵史学论文续集. 上海：上海古籍出版社，1991

65. 鲁　迅. 鲁迅全集．（一）（六）. 北京：人民文学出版社，1987

66. 吕　澂. 中国佛学源流略讲. 北京：中华书局，1979

67. 罗荣渠. 现代化新论. 北京：北京大学出版社，1993

68. 马　勇. 近代中国文化诸问题. 上海：上海人民出版社，1992

69. 蒙培元. 中国哲学主体思维. 北京：东方出版社，1993

70. 皮锡瑞. 经学通论. 北京：中华书局，1954

71. 皮锡瑞. 经学历史. 北京：中华书局，1959

72. 启　良. 新儒学批判. 上海：上海三联书店，1995

73. 钱基博. 现代中国文学史. 长沙：岳麓书社，1986

74. 钱　穆. 中国学术思想史论丛．（八）. 台北：东大图书有限公司，1986

75. 钱　穆. 中国近三百年学术史. 北京：商务印书馆，1997

76．阮元编．清经解．第 7 册，上海：上海书店，1988 年影印本

77．沈玉成，刘宁．春秋左传学史稿．南京：江苏古籍出版社，1992

78．史革新．晚清理学研究．台北：文津出版社，1994

79．［美］施耐德著，梅寅生译．顾颉刚与中国新史学．台北：华世出版社，1984

80．孙春在．清末的公羊思想．台北：商务印书馆，1985

81．宋　恕．宋恕集．北京：中华书局，1993

82．孙诒让．籀庼述林．1916 年刊本

83．孙诒让．籀庼遗文．1926 年刊本

84．谭嗣同．谭嗣同全集．北京：中华书局，1981

85．谭　献．复堂类稿．1885 年刻本

86．谭　献．复堂文续．刻鹄斋：1910 年刊本

87．汤志钧．近代经学与政治．北京：中华书局，1989

88．汤志钧．改良与革命的中国情怀．香港：商务印书馆有限公司，1990

89．汤志钧．乘桴新获．南京：江苏古籍出版社，1990

90．田汉云．中国近代经学史．西安：三秦出版社，1996

91．王葆玹．今古文经学新论．北京：中国社会科学出版社，1997

92．王尔敏．中国近代思想史论．台北：华世出版社，1981

93．王茂等．清代哲学．合肥：安徽人民出版社，1992

94．王泛森．古史辨运动的兴起．台北：允晨文化实业股份有限公司，1987

95．王俊义，黄爱平．清代学术与文化．沈阳：辽宁教育出版社，1993

96．汪　晖．汪晖自选集．桂林：广西师范大学出版社，1997

97．魏　源．魏源集．北京：中华书局，1976

98．吴　虞．吴虞集．成都：四川人民出版社，1985

99．夏传才．十三经概论．天津：天津人民出版社，1998

100．萧公权．中国政治思想史．台北：联经文化出版公司，1982

101. 萧萐父，许苏民. 明清启蒙学术流变. 沈阳：辽宁教育出版社，1995

102. ［日］小野川秀美著，林明德等译. 晚清政治思想研究. 台北：时报文化出版事业有限公司，1982

103. 肖万源. 中国近代思想家的宗教和鬼神观. 合肥：安徽人民出版社，1991

104. 熊月之. 西学东渐与晚清社会. 上海：上海人民出版社，1994

105. 许啸天编著. 国故学讨论集. 上海：上海书店，1991

106. 徐一士. 一士类稿. 沈阳：辽宁教育出版社，1997

107. 严　复. 严复集. 北京：中华书局，1986

108. 杨东莼. 中国学术史讲话. 长沙：岳麓书社，1986

109. 杨国荣. 心学之思——王阳明哲学的阐释. 北京：生活·读书·新知三联书店，1997

110. 杨向奎. 清儒学案新编. 济南：齐鲁书社，1985—1994

111. 尹达等主编. 纪念顾颉刚学术论文集. 上册. 成都：巴蜀书社，1990

112. ［美］余英时. 论戴震与章学诚. 台北：华世出版社，1980

113. ［美］余英时. 中国思想传统的现代诠释. 南京：江苏人民出版社，1989

114. 俞　樾. 春在堂全书. 光绪年间定本

115. 曾昭旭. 俞曲园学记. 台北：台湾中华书局，1971

116. 赵吉惠等主编. 中国儒学史. 郑州：中州古籍出版社，1991

117. ［美］张灏著，高力克等译. 危机中的中国知识分子. 太原：山西人民出版社，1988

118. 张荣明主编. 道佛儒思想与中国传统文化. 上海：上海人民出版社，1994

119. 张善文. 象数与义理. 沈阳：辽宁教育出版社，1993

120. 张世英. 天人之际——中西哲学的困惑与选择. 北京：人民出

版社，1995

121. 张舜徽. 清儒学记. 济南：齐鲁书社，1991
122. 郑师渠. 晚清国粹派：文化思想研究. 北京：北京师范大学出版社，1997
123. 支伟成. 清代朴学大师列传. 长沙：岳麓书社，1986
124. 周予同. 周予同经学史论著选集. 上海：上海人民出版社，1996
125. 朱维铮. 走出中世纪. 上海：上海人民出版社，1987
126. 朱维铮. 音调未定的传统. 沈阳：辽宁教育出版社，1995
127. 朱维铮. 求索真文明——晚清学术史论. 上海：上海古籍出版社，1996
128. 近代中国思想人物论. 台北：时报文化出版事业有限公司，1982
129. 新刊四书五经. 北京：中国书店，1994

后 记

"近代儒家思想"是目前研究较为薄弱而又具有重要学术价值和现实意义的课题。研究好这一课题，至少对解决以下两大问题有所裨益：一是有利于说明马克思主义在中国存在的文化基础。近代儒家思想既是中国古代传统文化的继续，又是马克思主义传入中国以前的主流意识形态，从一定意义上说，是传统文化与马克思主义新文化之间的过渡文化形态。加强近代儒家思想研究，有利于从源流上解释清楚：中国传统文化为什么走向了马克思主义新文化？与此同时，有关"五四"文化反传统问题和文化断层的说法也就不攻自破了。二是可以为解决传统文化现代化提供有力的借鉴。就某种程度而言，近代儒家思想的发展史就是传统文化现代化的历史，近代儒家思想研究所讨论的主题就是传统文化的现代转换问题。研究和总结这一段历史，可以直接从历史实践中获得具有说服力的答案：如何对待传统文化？如何吸收西方文化？如何实现中西文化的结合？如何发展中华民族自己健康向上的新文化？

从1993年冬开始，在业师胡维革教授指导下，我选择了"近代儒家思想"作为研究对象，边学习近代史和近代文化史，边补儒学、经学和学术史的课，还得缘旁听了李洵先生所讲的中国学术史和明清文化史；并从个案研究入手，围绕曾国藩、张之洞、康有为、梁启超、严复、章太炎、胡适的儒学思想发表了一些论文，逐步深化对近代儒学的理解和研究。

本书是上述研究的继续，是我在导师龚书铎教授指导下完成的博士论文《章太炎儒学思想研究》基础上修改而成。太炎先生是近代著名的文化大师，学问深奥博杂，研究难度很大，选择这一题目显然是无知胆大，自讨苦吃。博士生三年，去头去尾，实际用在论文上的时间不够两年，别无选择，只有一拼。荣幸的是，论文得到了专家委员会的肯定，顺利通过答辩，并被评为优秀博士论文。承蒙"东方历史学术文库"厚爱，雪中送炭，使本书得以出版。

论文即将付梓，我首先应感谢两位恩师龚书铎教授和胡维革教授多年来的教育和培养。胡老师导启我入史学之门，龚先生从论文选题立意到文字写作都付出了很大心血。两位恩师在为人、为学方面对我所产生的影响，极大地改变了我的学风、文风和人生道路，使我受益无穷。他们对学生的无私厚爱，我不会忘记。

在论文写作、答辩、修改、出版过程中，得到中国人民大学胡绳武教授、程獻教授、中央文献研究室金冲及教授、北京师范大学史学所刘家和教授、吴怀祺教授、中国社会科学杂志社阮芳纪编审、中华书局陈铮编审、北京大学历史系房德邻教授、北京师范大学近代史教研室郑师渠、史革新、王开玺、李志英、孙燕京、宋小庆先生，人民出版社乔还田先生的指导、提携和帮助，心存感激，特此致谢！论文写作参考了汤志钧、汪荣祖、朱维铮、姜义华等先生的著作，如果没有他们的开拓，本书是不可能写成的。

我还要深深感谢我的父母、妻子及所有的亲友。"哀哀父母，生我劬劳。"念及父母，我有一种沉重的愧疚和负罪感。父亲的去世，对我是莫大的打击。梦中父子相聚，觉后痛心不已。一段时间，睡梦中常被自己的泣声惊醒。父亲何所在兮？父亲去世后，母亲以瘦小之躯含辛茹苦把两个儿子培养成硕士、博士，是何等不易。我爱人吴晶利用工作余暇帮我打印了全部文稿。感谢她们。

论文写作，备尝艰辛。太炎先生的著作佶屈难懂，有些文章读上十几遍，仍然不能理解，读六七遍者乃属正常。三年博士生生活，没有寒暑假，没有星期天。为了糊口，不得不利用午休时间来写一些赚钱的东西。愚钝加上窘迫，书中错误自是难免，敬请方家指教。

2001 年孟春于京城红山子居

又记：

该书 2000 年入选中国史学会主编的"东方历史学术文库"，2002 年由社会科学文献出版社出版。百年校庆之际，北京师范大学出版社拟将该书收入"博士文库"，因版权问题未能如愿。这次再版，得到了历史学院领导和责任编辑的大力支持，深表感谢！

2009 年国庆日于东京大学白金台国际会馆